焼肉の技術

大評判店の「肉の切り方」「味付け」「提供法」

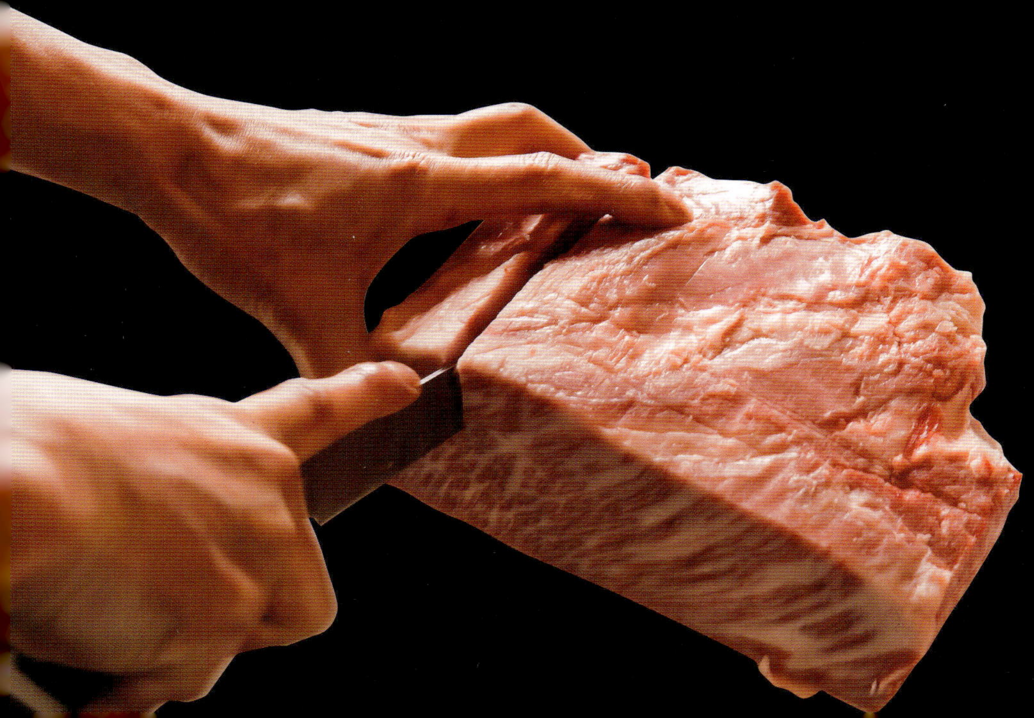

目次　contents

目次　contents

本書を読む前に

※商品開発を行なう際は、まず何よりも衛生管理が大切になります。本書の技術を参考にして商品開発を行なう際は、肉の仕入れや保存方法、焼き方などで、提供するメニューの安全性に十分に配慮してください。
※本書で紹介しているメニューの内容や価格は2014年11月現在のものです。仕入れの状況や時期によって、肉の内容や量、盛り付けが変わる場合もあります。また、紹介しているメニューの中には不定期で提供しているメニューも含まれており、常時提供しているとは限りません。
※掲載している部位名は、主に取材店での「呼び名」を基本に掲載しているため、同じ場所の部位でも呼び名が異なる場合があります。
※焼肉の技術では部位名と合わせて、その肉の品種・等級を記していますが、これは「主に使用している品種や等級」、「取材時の品種や等級」であり、常に使用しているとは限りません。
※「焼肉くにもと新館」「Cossott'e sp」の焼肉の技術は、旭屋出版ＭＯＯＫ「焼肉店22集」で掲載した内容を再編集したものになります。「焼肉冷麺　味楽園」の技術は、「焼肉店22集」で掲載した内容を再編集し、新たに取材・加筆してまとめています。

部位別索引

ここでは、各店の「焼肉の技術」を部位別の索引にまとめました。部位名は主に各店の呼び名であり、店や地域によっては名称が異なるケースもあることを踏まえて参考にしてください。

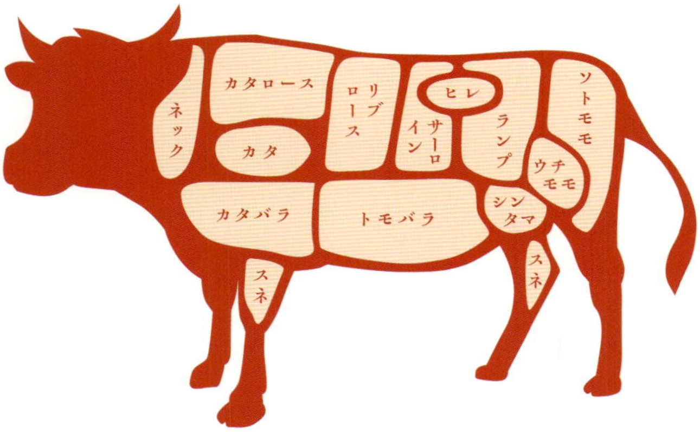

カタ・ウデ

カタロース

ヒレ・サーロイン

トモバラ（ナカバラ・ソトバラ）
カタバラ（マエバラ）

ランプ
ウチモモ
シンタマ

スネ・テール

タン

ハラミ・サガリ

胃の部位

ハツ・レバー

腸の部位

その他の部位

はじめに

～本書の「焼肉の技術」について～

「焼肉の技術」に〝基本の技術〟と〝独自の技術〟があるとすれば、
現代の焼肉店は後者において目を瞠《みは》るものがあります。
たとえば、「肉の切り方」においては、おいしさや食べやすさ、
見た目の美しさを向上するために、独自の庖丁技が工夫されています。
それぞれの部位ごとに、肉の味わいや食感を生かす技術が探求されています。
「味付け」についても、新しい味わいのタレで肉の旨みを引き出す、
部位ごとに多彩な調味料や薬味を使いこなす。そんな焼肉店が増えてきました。
そして「提供法」にも独自性が見られます。器づかいや盛り付け、
さらに肉の焼き方、食べ方にも新しいアイデアが取り入れられています。
〝基本の技術〟はとても大切ですが、それだけではない〝独自の技術〟から
生まれた焼肉メニューが、現代の焼肉ファンを魅了しています。
本書が紹介するのは、そうした〝現代版〟とも言える「焼肉の技術」です。
登場する大評判の焼肉店には、独自の〝焼肉哲学〟や〝焼肉テクニック〟があり、
たとえば同じ部位でも「肉の切り方」「味付け」「提供法」に各店の特徴があります。
その新しい発想や注目のテクニックに迫ったのが本書の「焼肉の技術」であり、
もっとおいしい焼肉、もっともっと魅力的な焼肉を生み出す技《ワザ》の数々です。

東京
表参道

よろにく

2007年にオープンし、すでに名店と呼ばれる『よろにく』。焼肉の名店は数多くあるが、その流れとはまったく違う次元から現れた感がある。場所は南青山の裏通り。薄ぼんやりと「よろにく」の文字が浮かぶ行燈とのれんが、通常の焼肉店とは一線を画していることを物語る。

DATA

住　　所　東京都港区南青山 6-6-22 ルナロッサ B1F
電　　話　03-3498-4629
営業時間　月～金 18時～24時（L.O.23時）、土 17時～24時（L.O.23時）、日・祝 17時～23時（L.O.22時）
定 休 日　無休
規　　模　75坪・78席
客 単 価　1万円前後

東京
表参道

よろにくの焼肉

"焼き"で完成するここだけの焼肉。誰もが感動するその味

薄明かりに浮かび上がる「よろにく」の文字を頼りに地下へ降りて扉を開けると一変、華やいだ雰囲気に包まれる。たくさんのサービススタッフの笑顔に迎えられ、すぐにほっとするはずだ。高級な焼肉店であることに間違いない。スタイリッシュに花が飾られ、バーカウンターにワインセラーと焼肉店らしからぬモダンな空間が広がるが、店内はスタッフの軽快なサービスとお客が心から肉を楽しんでいる姿、何とも温かい活気にあふれている。

焼肉の可能性を広げるおまかせコース

２００７年にオープンした『よろにく』出身の店主達は、２０１０年には赤坂に赤身肉を売りにする『みすじ』、２０１４年には生肉を売りにする『生粋』を出店し、焼肉と料理の可能性を広げ続けている。この『よろにく』の存在が他店に与えている影響は大きい。一例を挙げれば、今多くの焼肉店で提供している薄切りのサーロインを炙り、小さな丸いご飯を巻いて食べる食べ方は『よろにく』が発祥と言われる。ザブトンをさっと焼き、タレにたっぷりひたして卵黄をからめて食べるすき焼き、塩昆布をのせて食べるタンなど、確かにとても印象深い焼肉がここにある。

そうした魅力が最大限に味わえるのが、同店の計算しつくされたコースだ。メニューにはアラカルトメニューもあるが、多くのお客が様々な部位が楽しめるコースで注文する。コースは焼き物中心でデザートまで楽しめる。お肉の希少性で７０００円と９０００円の2種類。

コースの流れは、キムチとナムルがまず出され、冷製盛り合わせ、サラダと続いて焼き物。塩数種、タレ数種の肉のあとに、一度口の中と胃の中をすっきりしてもらうため、お吸い物が入る。このお椀が間に入ることで、次に続く肉を食べる準備ができる。ここからがまたすごい。希少部位「シャトーブリアン」「シルクロース」、特選部位「サーロイン」「ザブトンのすき焼き」とどんどんお客のテンションがあがっていく肉の最上部位が続く。〆の食事は阿波の手延べそうめん。〆はコシのある手延べそうめんをだしの効いたつゆで食べさせる。器も上品な清涼感があり、火のイメージを一新。さらにクオリティーの高いデザートでお客の高揚感を呼ぶ。特にかき氷はこれだけでも食べにきたいと思わせるほど絶品だ。本当においしく食べてもらうための味の流れ、提供方法などすべて計算し、高い満足感を与えるのが『よろにく』のコース

創業者の桑原氏のセンスを具現化していく各現場のスタッフ。技術管理、商品開発統括、精肉仕入担当、デザート担当の面々。

である。さらに、コースの肉はすべてスタッフが説明する。最高の素材を最高の状態で食す提案をしてくれる。数秒単位で変化する薄切り、じっくりとやわらかく火を入れていくかたまり肉など、繊細な火入れ、スタッフの焼きの技術はレベルが高い。

素材のよさを引き出す計算されたカット

肉は信頼する老舗の精肉店から主に仕入れる。ヒレやサーロインなど高級部位が得意な精肉店ということもあり、上質の肉を同店のメニューに合わせて熟成させた状態で入れる。黒毛和牛のメスの中でも使用する肉は但馬系統の牛が多く、マーブリングはBMS8～10を指定。ただし、ただ脂が入っていればいいわけではなく、脂の質と肉自体の味の濃さを重視する。そのため、いい肉を作ろうという思いを持つ農家の肉をリクエストもするという。

素材のよさばかりではない。肉の職人、和食の職人がそれぞれの専門分野でレベルの高い技術を持っている。肉ではもちろん、肉の旨さを引き出し、商品価値を高める判の取り方やカッティングと1切れ1切れが計算されている。料理では、だしの旨さに感動するお客も多い。

創業者の桑原氏はDJとして音楽活動、海外リリースも果たした人物。焼肉好きが高じて研究を重ね、これと思った焼肉店に2年以上通いつめ、タレをわけてもらえるほどになって店をオープンした。今でもタレを取りに尊敬する師匠のお店に週一度通っている。桑原氏もテーブルを回り、肉を焼く。小気味がいい立ち居振る舞いに焼きの技術。桑原氏のホスピタリティーはサービススタッフにも徹底されている。だから、一度来店するとお客はまた来たいと思うのだ。

「よろにく」のオリジナリティー

口に入れる瞬間まで最高の状態で食べてもらうことを徹底。単にいい肉を出せばいいという発想ではないところに、他店とは違う『よろにく』の焼肉がある。自身でテーブルを担当し、肉を焼いていく創業者の桑原秀幸氏。ご飯を巻いて食べる「シルクロース」、卵黄をからめて食べる「すき焼き」、高級ヒレをどこか懐かしいソースで食べる「ビフカツ」など名物メニューを生み出している。

シルクロース

ザブトンのすき焼き

ビフカツ

東京 表参道

よろにくの技術

ザブトン

サシが細かく入り、脂の甘みと赤身のコクも味わえる『よろにく』のザブトン。この味わいと肉質のやわらかさが、すき焼きの割下のような甘いタレと卵黄のコクによく合う。肉をいったん冷凍庫でしめ、手切りで美しい切り口を生み出す。

品種・等級

黒毛和牛 A5

提供メニュー

ザブトンのすき焼き → P.21

POINT

手袋と布をあてて切ることで品質を保つ

1 表面の脂やスジを丁寧に掃除した状態で仕入れる。店でもさらに掃除し、1日冷凍庫でしめる。

2 肉を扱う時は手袋が基本。脂が体温で溶けてくるので、テーブルナプキンをあてて肉を守り、肉がだれないようにする。

「ザブトンのすき焼き」のカット

判の長さは 12 ～ 13cm。 1 枚 18 g が目安。サシの美しさを見せる方向でカットする。

カイノミ

ナカバラの一部といってもヒレにいちばん近い場所にあり、ヒレのような赤身肉のおいしさも味わえる極上部位。『よろにく』ではかたまりを１本で切り出す「１本焼き」が人気。薄切りでも厚切りでも味わえない、しっとりとした焼き上がりを生むカット。

品種・等級

黒毛和牛 A5

提供メニュー

カイノミ１本焼き → P.28

POINT

バラの極上部位をかたまりで切る

1 ほどよく脂を残しながら、スジは徹底的にそぎ取る。

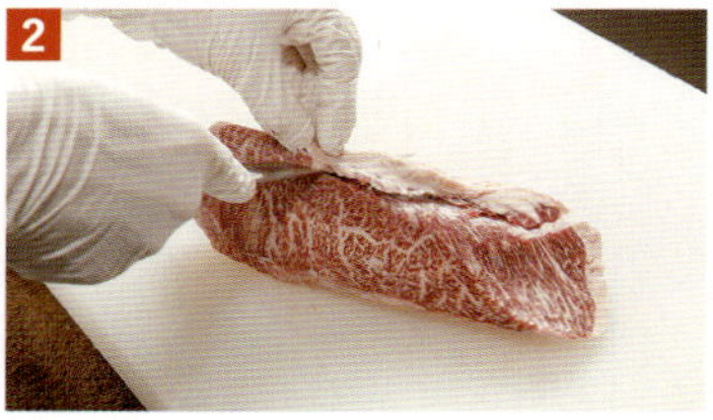

2 かたまりの形にもよるが、焼きやすさと形の面白さも考えて、細長い１本に切り取る。１本約280 g のボリューム。

「カイノミ１本焼き」のカット

ブロックの形を生かしながら切りだす。形によって火のあたりにムラが出そうな場合はこれを２つに切って焼く。

ミスジ

同じミスジでも場所によって脂の入り方、きめの細かさ、スジの入り方が違う。『よろにく』では、赤身が強くややかたい部分を「アカミスジ」、肉のやわらかい部分は「本ミスジ」としている。ここではその分割とアカミスジのカットを紹介する。

品種・等級

黒毛和牛 A5

提供メニュー

アカミスジ　→ P.23

1

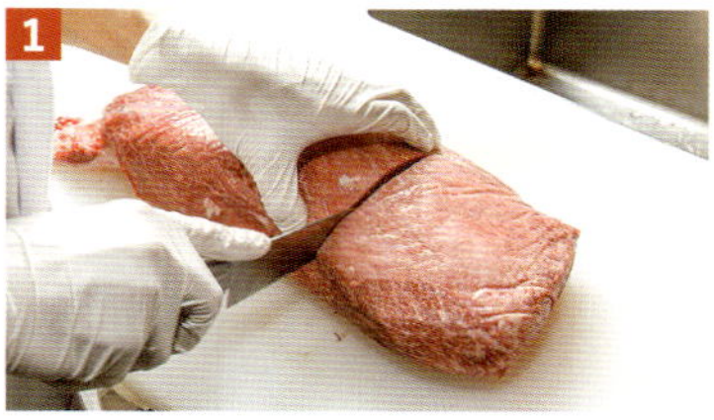

表面のスジを丁寧にそぎ取ったブロック。左右でも肉のやわらかさが違うため、肉の弾力を見てその中間くらいで2つに切る。

POINT

部位の中の肉質の違いを見極める

2

①の写真右側のかたまりは本ミスジとして使用する。切った断面を見ると、上下で明らかに肉質が違うのがわかる。

3

ミスジの中心のスジを境に肉質が違っているので、ここに庖丁を入れる。

4

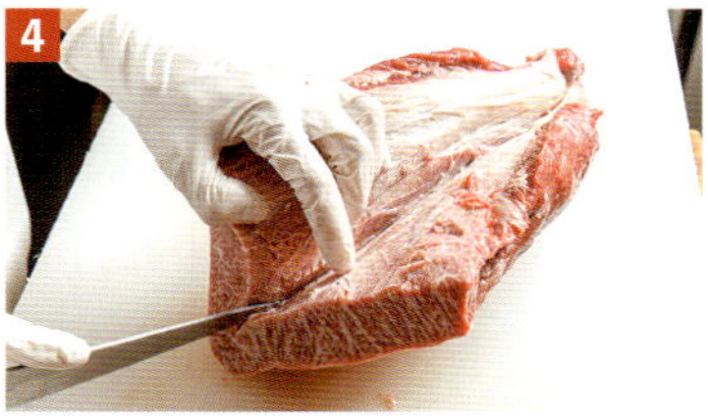

肉の境目をよく見ながら庖丁を入れて開き、肉を切り離す。

5

右から2つのブロックが本ミスジ。左がアカミスジ。ミスジの中でも特に赤身が強く、旨みが濃い部分。

6

アカミスジのカット。分割した断面を生かして判にする。繊維の流れと判の大きさを見てやや斜めに庖丁を入れる。

7

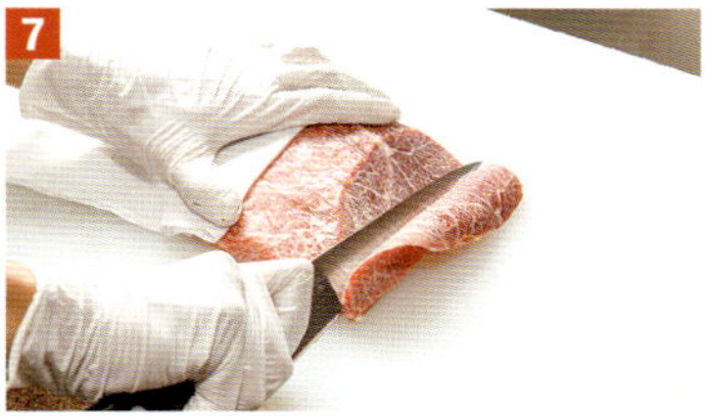

本ミスジよりアカミスジは厚めにカットする。しっかりとした歯応えを楽しんでもらうため。

「アカミスジ」のカット

なめらかな切り口でカットされたアカミスジ。大判で口いっぱいに広がる大きさ。

ヒレ

ヒレの中心部分、最も肉質がよいとされるシャトーブリアンを使用する。きめの細かさ、肉のやわらかさはもちろん、肉がギュっと詰まった中に瑞々しさも感じる赤身肉。ヒレを得意とする精肉店から仕入れる自慢の肉の一つだ。

品種・等級

黒毛和牛 A5

提供メニュー

うまい棒 → P.22
シャトーブリアン → P.23
ビフカツ → P.27

1

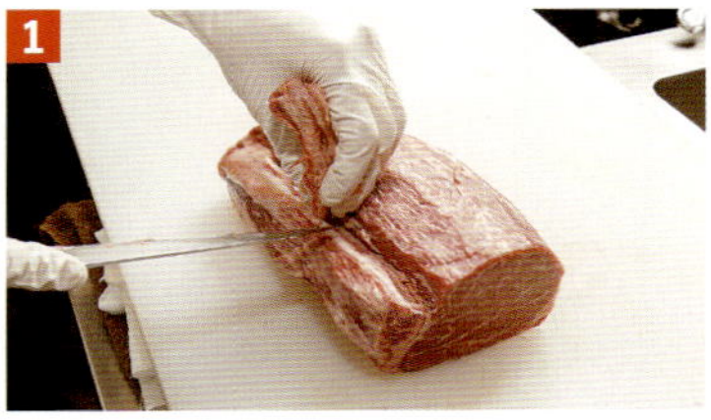

肉のくぼんだところに大きなスジが入っている。このスジに対してV字に庖丁を入れ、切り取る。

2

ほぼ掃除した状態で仕入れるが、残っている脂やスジを大胆に取っていく。

3

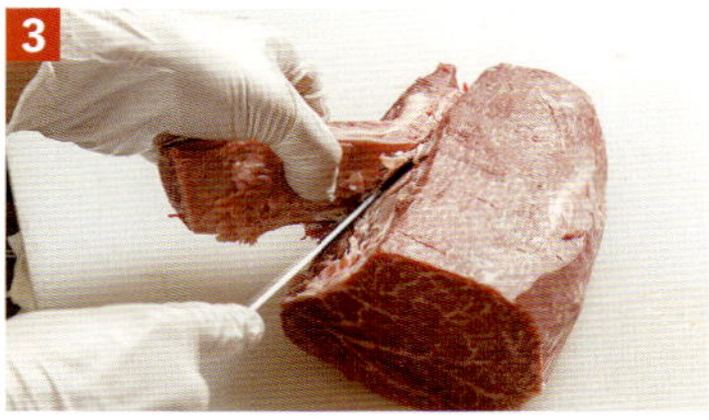

スジを取ってからヒレミミを切り出す。ヒレミミはややかたいが、その食感と旨みの強さが魅力に。

POINT

ヒレミミの魅力を高めて商品化

4

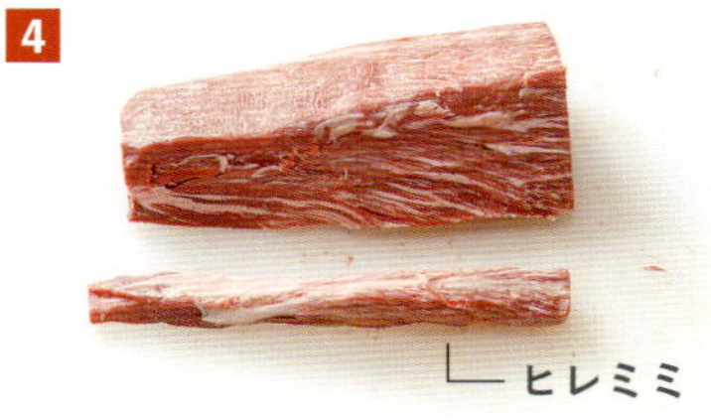

ヒレとヒレミミ。ヒレミミは細長い形を生かして「うまい棒」の名で提供する。

薄切り

驚きを与える焼肉の一つで、“口の中でほどける”とはこのことかとお客に知らしめるシャトーブリアンの薄切りカット。

厚みは7～8mm。この厚みだからこそ、シャトーブリアンのやわらかさが際立つ。噛む必要がないほど。

厚切り

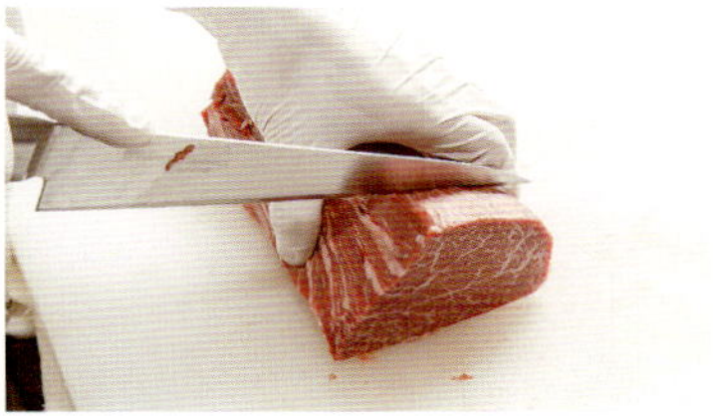

繊細な火入れで仕上げる厚切りカット。焼き上げてから衣をつけ、「ビフカツ」として提供する。

「ビフカツ」のカット

約3cmもの厚み。「ビフカツ」では、やわらかく温めるように焼くことで赤身らしい旨みを引き出す。

サーロイン

マーブリング 8 〜 10 のメスの和牛を主にリクエスト。サシの入り方も見事なサーロインを厚切りの柵に切って焼く。厚みは約 2 cm。繊維に沿ってカットすることで適度な歯応えを生かしている。脂をたっぷり含んでいるのでおろしポン酢と合わせる。

品種・等級

黒毛和牛 A5

提供メニュー

サーロイン柵焼き → P.26

柵焼きのカット

1

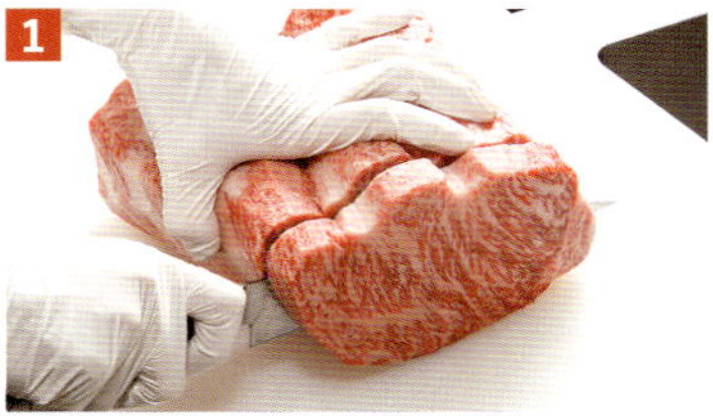

サーロインの端の厚い脂は取り除く。さらに表面に残っている脂、スジもきれいにしてから切り出す。

2

2 cm の厚みで切り出す。サーロインならではのきれいなサシが入っている。

POINT

歯応えを感じさせるカットの方向で

3

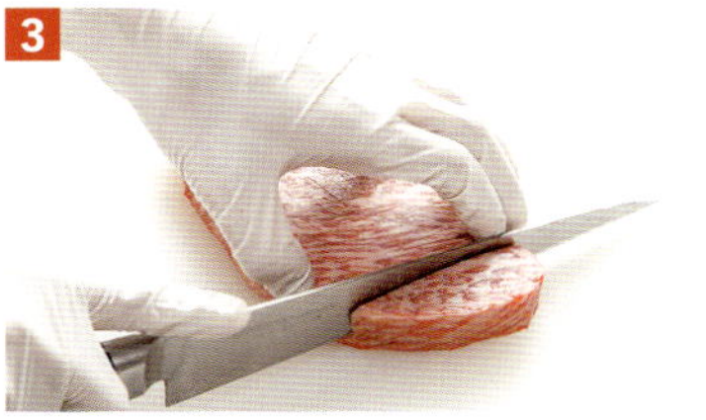

肉の目に沿って切る。幅は 1 切れの長さとグラム数によって調節する。

「サーロイン柵焼き」のカット

長さの取れない端の部分は幅を大きく取る。いちばん長いカットで長さ 7 〜 8 cm。

「よろにく」の

シルクロース®

今や数々の焼肉店で取り入れている一口大の小さな丸いご飯を巻く食べ方は『よろにく』が発祥。絹のような舌触りの「シルクロース」とほどけるご飯、甘いタレのコラボは『よろにく』ならではの味。「シルクロース」は商標登録済み。

しっかり熟成されて旨みが深まったロース系の肉と、パラリとほぐれるご飯。粘りの少ないご飯を、絶妙な加減で一口にまとめている。「タレをたっぷりからめて」とスタッフが食べ方の提案をする。

東京
表参道

よろにくの技術

ハツ

ホルモン系の焼き物はハツとミノ、コプチャンと数を絞る。ハツはコースの中で塩の焼き物として最初に登場する。鮮度のいいものを仕入れるが、あけてみて少しでも肉がだれていると廃棄するという。身にハリがあり、しまっているものを使う。

品種

黒毛和牛

提供メニュー

ハツ　900円

POINT

厚切りでサクッとした食感を生かす

1

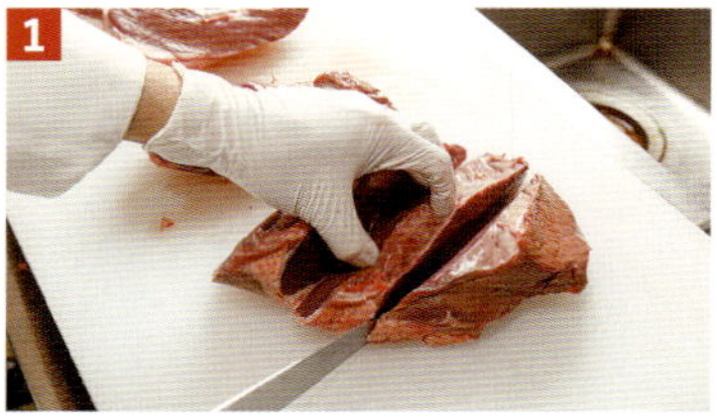

ハツは最初に脂膜がついている部分やかたい部分などを大胆にはずしてから、サク取りする。できるだけ幅を揃えて取っていく。

2

サクの表面のスジや脂を取る。サクに対して平行に庖丁を入れ、表面がなめらかになるよう厚くそぎ取る。掃除しながらサクの形も整えている。

3

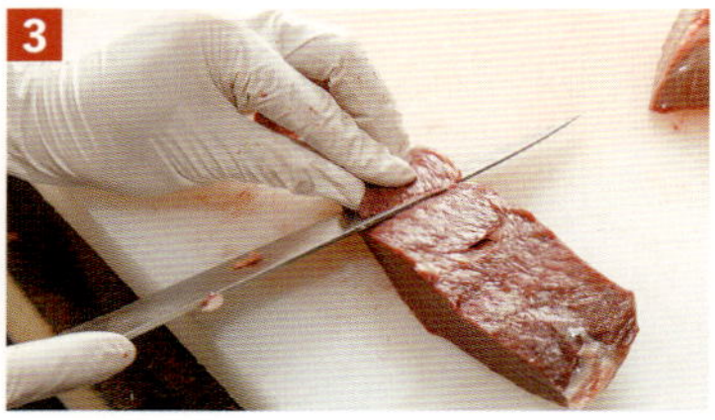

判の大きさと厚みを考え、サクに対してやや斜めに庖丁を入れてカットする。厚みは1cm程度。

鮮度のよさを生かしたハツのカット。角を立たせてすっきりと見せる。この厚みでサクッとした歯切れのよさを感じてもらう。

ミノ

上ミノとされる部分のみを仕入れる。丁寧に掃除されたミノは身がほんのり甘く、シコシコとした食感が魅力。コースに組み込まず、アラカルトメニューで提供し、メニューのアクセントにする。歯応えを楽しんでもらうため、ごく薄切りで。

品種

黒毛和牛

提供メニュー

上ミノ　1,200円→ P.24

POINT

ごく薄切りで歯切れもよく

1

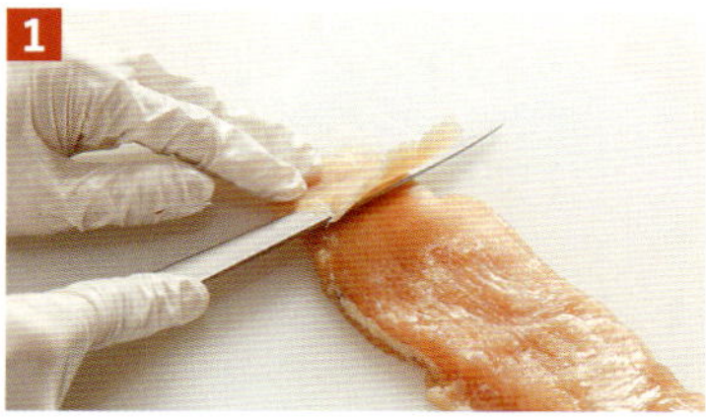

独特の食感があるため、食べづらいと感じさせない厚みと大きさを計算。白身魚の薄造りのような庖丁の技。

2

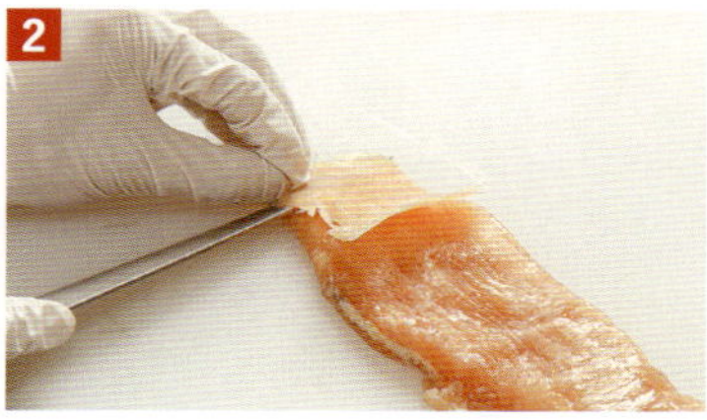

サクに厚みがないため、庖丁の角度を寝かせて左側から入れ、判を大きく薄切りにする。

「上ミノ」のカット

内臓肉とは思えない繊細さ。身の甘さを引き立てる塩で提供する。

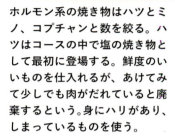

タン

上質な黒タンをとことんみがいて使用する。少しでも違った食感が混ざると味が損なわれるという理由から、周りの色の赤い部分を取り、まさに芯部分のみ切り出す。脂がよくのったやわらかい部分だけを使うという贅沢さ。1日10本をさばく。

品種

黒毛和牛

提供メニュー

厚切り上タン → P.24
タン → P.24
タン塩昆布のせ → P.29

縦カット

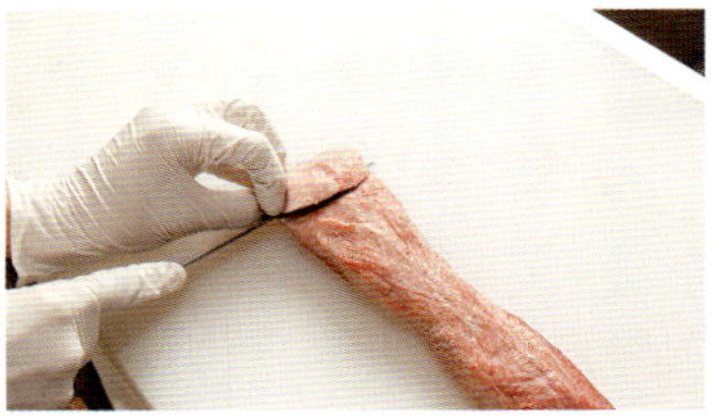

タンモトから厚切りで切り出す。判面を大きく取るため、庖丁は斜めに入れる。1本から取るのは2切れ。

「厚切り上タン」のカット

1切れの厚みは約2cm。これを3等分して柵状に切る。サクサクとした歯触り、旨み、ジューシーさを味わってもらう。

観音開き

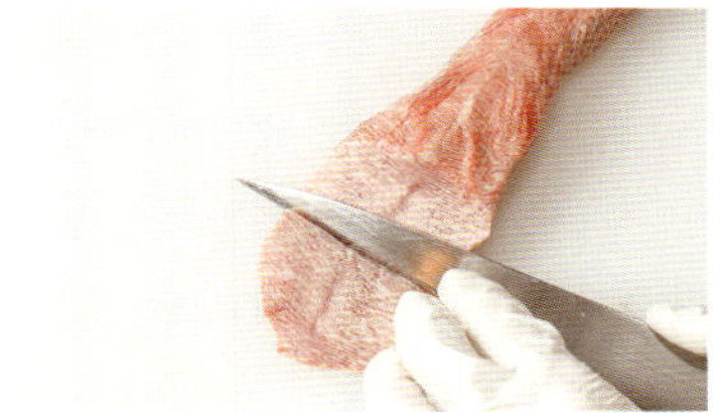

薄切りのカット。同店では観音開きにして大判にする。まず一度目の庖丁を深く入れる。

「タン」のカット

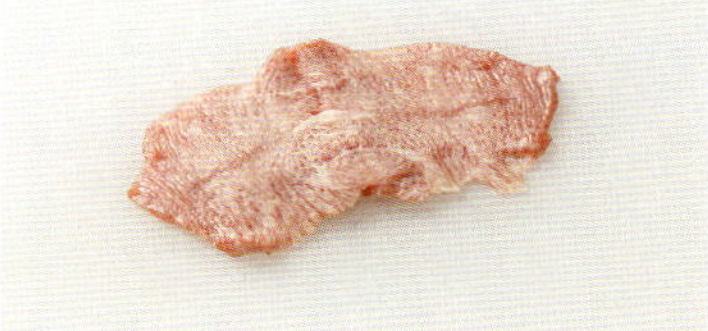

2度目の庖丁も厚みと角度を揃えて入れて切り離す。これを開くと2枚がフラットで、1枚で切り出したかのような姿に。

横スライス

1

タンモトからタンサキ近くまでスライスし、やわらかい火入れで焼いて巻き上げる。そのためのカット。長方体に形を整えたら冷凍庫で1日しめる。

POINT

肉をしめてから手切りする

2

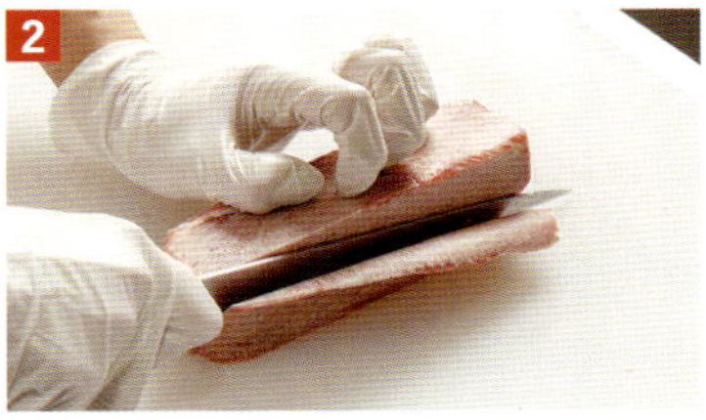

翌日、手切りでスライスする。タンを縦に置き、繊維に沿った方向で薄く切る。1本のタンから取れるのは8枚。

「タン塩昆布のせ」のカット

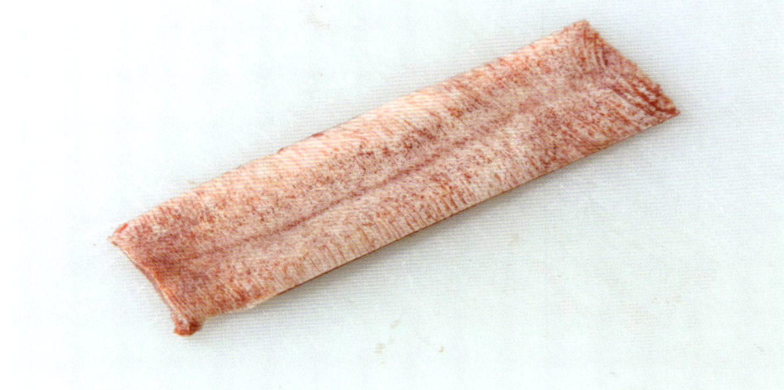

しめる前にきっちりラップに包んで形を整えることで、この整った形のカットに。

東京
表参道

よろにく
のメニュー

シルクロース

※コースの中の一品

絹のようになめらかな舌触りの美しい霜降り肉に、甘いタレをたっぷり含ませて、一口に丸めたご飯と一緒に食べる。真似する店が続出するほど、間違いのない組み合わせは『よろにく』考案の食べさせ方。肉のなめらかさを生かすようやわらかく焼き上げる。

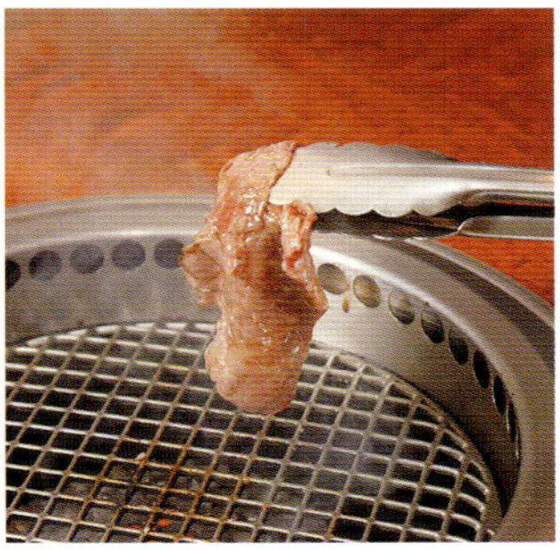

ザブトンのすき焼き

※コースの中の一品

タレを吸い込んだつややかなザブトン。サシが細かく入り込んで肉はやわらかく、適度な歯応えもある。すき焼き風の食べさせ方はよく見かけるが、小ぶりの卵黄だけをからめるのが“よろにく流”。肉の旨みを尊重し、卵黄はごく一般的な種類をssサイズで揃える。

うまい棒

※コースの中の一品

カルビのような歯応えがあるヒレの端、ミミの部分を棒状のまま焼き上げ、「うまい棒」のユニークなネーミングで提供する。ヒレの上品な旨みも脂のコクもある部分で、かたまりで焼くことで、噛むほどに広がるその味が堪能できる。数が多く取れないため、裏メニュー的存在。

シャトーブリアン

※コースの中の一品

とろける肉の絶品の旨さを体験できるシャトーブリアン。口に入れると厚切りではなく、この厚みにカットした理由がよくわかる。この厚みだからこその身のほどけ具合。一口目は塩、胡椒の下味のみ、二口目はつけダレで。肉の味が驚くほど変わって楽しい。

アカミスジ

※コースの中の一品

ミスジの中で下側の部分。上側が本ミスジで肉質が微妙に違うため、同店では「アカミスジ」「ミスジ」と分割して商品化する。アカミスジはその名の通り、赤身の瑞々しい味わいがあり、脂のあまり得意ではないお客におすすめする。塩もタレも合う。

厚切り上タン、タン盛合せ

※コースの中の一品

やわらかいタンモトは厚切り、タンナカから先を薄切りに。この基本だけで語ることができないほど惜しげもなく周囲をトリミングし、中心のやわらかい部分のみを使うのが『よろにく』。観音開きにする薄切りはなめらかな歯触り、厚切りはほどよい歯応えで、タンの旨みを存分に味わってもらう。

上ミノ

※コースの中の一品

正肉中心の流れの中で、アクセント的な存在となるミノの薄切り。器が透けて見えるくらいごく薄くスライスし、正肉とは違う独特の歯応えを上品に楽しんでもらう。白身魚の薄造りのような心地いい口当たり。塩と胡椒でさっぱりとした味ですすめる。

「よろにく」の
しめの一品とデザート

コースの〆でも出されるそうめんと、アラカルトでも注文できるかき氷。『よろにく』の肉を食べた後に、さらなる満足感を与えるのが、〆の食事とデザートだ。

阿波の手延べそうめん

1,000円（税別）

キリリと冷やし、のど越しよく食べてもらう和風だしのそうめん。肉をたっぷり食べたあとにもスルスルと入っていき、だしも飲み干すお客がほとんど。量のほどよさも計算されている。『よろにく』の肉のあとの食事は、あえて冷麺ではないというこだわりの一品。

京都小山園のほうじ茶

1,000円（税別）

香ばしくてほろ苦い、ほうじ茶のシロップがふんわりとした氷にまぶされて、口の中で瞬時に溶けていく。かき氷専門店にも負けない本格派で、『よろにく』の本気度が誰にでも伝わるデザート。添えられた黒豆のほんのりとした甘みがこの苦みによく合う。濃厚ミルク味の「薩摩白くま」もある。

サーロイン柵焼き

※コースの中の一品

極上のサーロインを厚みのある柵切りでカット。この肉をよりおいしくするのが、焼きのテクニックで、四面をすべて焼かず、二面は香ばしく焼き、残り二面は焼き目がつかない程度に焼く。香ばしさとやわらかさのバランスで、極上サーロインが味わえる。おろしポン酢とシャキシャキのせん切り野菜で、また違った食べ味も楽しめる。

よろにく

ビフカツ

※コースの中の一品

衣を薄くまとったヒレ肉は、血の香りが漂ってきそうな美しいルビー色。時間をかけてジワジワと温めていく繊細な火入れで、この焼きの状態が生まれる。肉汁があふれ出すのではなく、肉汁を肉に封じ込めていくイメージ。焼き上がったら厨房で衣をつけて揚げて客前へ。懐かしいソースのほか、塩もおすすめ。

ロースターの火のあたりも計算し、まずは網の隅に肉をのせ、フタをする。この時、ロースターのファンを止めて蒸し焼きの状態を作り、ゆっくり肉を温めていく。温まってきたらフタをはずし、肉を返しながら表面を焼き固める。全体に焼き色が薄くついたら、いったん肉を休ませておく。肉汁が落ち着いてきたら蓋をして蒸し焼きに。さらに蓋をはずして表面の焼き色を深める。この工程をもう一度繰り返し、芯温を60度程度で仕上げる。

カイノミ１本焼き

※要予約メニュー

ヒレの下についているカイノミを１本で切り取り、かたまりで焼く。撮影時は１本 280 g。ヒレに似て肉質はやわらかく、やや繊維質の分、肉々しい。焼き上げた肉の断面は瑞々しく、肉汁がたっぷりと身に保っている。ほんの少しの塩でも肉の旨みがぐっと立ちあがってくる。

“休ませては焼く”を繰り返し、余熱を利用しながら内側をしっとりと焼き上げる。表面に脂が浮き出てつややかになったら、卓上でカットして提供する。

タン
塩昆布のせ

※コースの中の一品

潔くタンの外側をトリミングし、水平に薄くスライス。両面を炙るように焼き、網の上で一口におさまるよう折りたたんで皿に取る。上にのせるのは塩昆布。黒タンの持つ濃厚な旨みに、塩昆布の旨みと塩味。塩昆布もまた旨み深く炊かれた最上のものを使用する。

「よろにく」流派のお店

「生粋《なまいき》」の注目メニュー

『よろにく』出身の店主が2014年2月にオープン。店名から推察される通り、牛の「生肉」に特化した店だ。生肉を提供するための衛生管理基準を満たした仕入れ先と調理設備にして、この店を出店した。桑原氏のセンスが随所に光る料理の数々にファンが増大している。焼肉メニューではなく、生肉の衛生管理基準を満たした店でないと提供できない料理だが、牛肉料理の新しい可能性を追求し続ける同店の注目メニューとして紹介したい。

平ユッケ

1,680円（税別）

『生粋』看板メニューの一つ。豊富なユッケの中でも、薄切りにして重ね盛りの大胆な食べ応えに人気が集まる。ユッケ肉の下には貝割れ菜や大葉、細切り人参、細切り胡瓜などのシャキシャキ野菜。ユッケダレと卵黄の濃厚味をからめた贅沢な味わいと、野菜と合わせてさっぱり食べる味わいと、どちらも捨てがたい。

DATA

住　所　東京都千代田区外神田6-14-7 2F
電　話　03-5817-8929
営業時間　17時～24時（L.O.23時）
定休日　月曜日
規　模　63坪・98席
客単価　8000円～1万円

ユッケ盛合せ

（ホワイトユッケ、ぶつ切ユッケ、納豆ユッケ）

1,980円（税別）

自慢のユッケ肉の甘みを３種類のトッピングで提供。ホワイトユッケは豆腐の白和えペースト、ぶつ切ユッケには卵黄、そして納豆ユッケには納豆を混ぜ込む。ここでしか味わえない多彩なユッケメニュー。

生粋盛合せ

（霜降り刺し、赤身刺し、ユッケ）

2,180円（税別）

牛肉の刺身とユッケの盛り合わせ。脂がとろける霜降りのサーロインと赤身の瑞々しさが味わえるトウガラシ、個性の違う肉を組み合わせてその味の違いを堪能してもらう。ユッケは専用のタレをからめ、刺身はワサビ醤油ですすめる。

レンコンユッケ

※要予約メニュー

蓮根の天ぷらの台の上に、ユッケをのせたカナッペ風の一品。ミスジやサーロイン、ザブトンなどユッケ用の肉の端材を活用する。濃厚で甘いユッケダレをからめた生の肉と蓮根のサクサク感が絶妙にマッチする。

ローストビーフのブルスケッタ

1,580円（税別）

サーロイン、またはリブロースなどロース系の極上肉を使ったローストビーフ。これを細かく切って、こんがり焼いたバゲットの上に。肉の旨みが深く、贅沢な味わい。辛子入りのドレッシングですすめる。

フォアグラと生肉の軍艦巻き

※要予約メニュー

フォアグラと生肉、そして海苔。この発想に誰もが驚く一品。フォアグラは下茹でして臭みを抜いたもの。ユッケ肉と同じサイコロ状に切り、歯切れのいい上質な海苔で軍艦巻きに。フォアグラはヒレとフォアグラをロースターで焼き上げる“ロッシーニ風”でも提供する。

トモサンカクの生春巻き

※要予約メニュー

生春巻の皮に薄くスライスしたトモサンカクをのせ、サニーレタス、細切り胡瓜と一緒に巻き込む。トモサンカクはモモの中でもサシがよく入り、コクのある部位。やわらかでとろけるような甘みに合わせ、少し辛味を効かせたナッツ味噌をぬる。

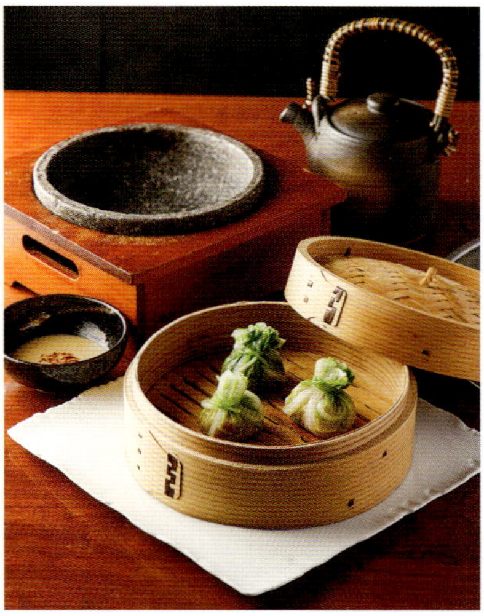

白菜茶巾蒸し

※要予約メニュー

この一品は『よろにく』でも提供。サーロインやリブロースなどロース系の肉を白菜で包んで茶巾蒸しに。熱々の石鍋の上に茶巾蒸しの入った蒸籠をのせてお湯を注ぐ。フタをあけるとブワッと蒸気が立ち上がり、蒸された茶巾蒸しは肉汁があふれんばかり。エンターテイメント的な演出はコースの最後の方で。焼肉とは違う肉のおいしさも味わってもらう。ごまダレを添える。

東京
浜松町

焼肉
くにもと新館

コーヒー店時代の名残が残るシックな外観。名だたる焼肉店が範とする店が、ここ『焼肉くにもと』だ。上質な牛肉のおいしさを存分に味わってもらうため、メニューは各部位を一切れずつ盛り合わせるおまかせ中心。余分なものをそぎ落としながらお客を喜ばせる焼肉の完成形がここにある。

DATA

住　　所 ：東京都港区浜松町 2-8-9 カノウビル 1F
電　　話 ：03-3435-7605
営業時間 ：火〜金 17 時〜 22 時 30 分（L.O.22 時）、土・日・祝 17 時〜 22 時（L.O.21 時 30 分）
定 休 日 ：月曜日
規　　模 ：15 坪・20 席
客 単 価 ：8000 円〜 1 万円

舌の上いっぱいに広がるカットで記憶に残る焼肉を作り出す

『焼肉くにもと』が開業したのは15年前のこと。大阪の焼肉店で修業をしたのち、東京で焼肉店開業を目指すが、東京の焼肉店の様子を見て、まだ自分たちのやりたい焼肉スタイルが受け入れられないのではないかと、飲食店のスタートはコーヒー店だった。数軒のコーヒー店を経営している間に、焼肉事情も変わりつつあった。特にマニアックな部位の名で売り、繁盛しているホルモン店を目の当たりにし、これなら専門性を高めた焼肉店もいけると確信。カルビやロースといった一般的な焼肉ではなく、上質な黒毛和牛をよりおいしく味わってもらえる焼肉店を作りたいと兄・国本芳信氏とともにオープンしたのが『焼肉くにもと』だ。さらにこの本店が軌道にのってから、芳明氏が新館をオープン。

以来、厳選された肉のおいしさと高い焼肉の技術で、同業者も憧れる店として名を馳せている。

〝旨い肉〟だけを食べさせる自慢の一皿

『焼肉くにもと』の焼肉は、おまかせの一皿にすべて凝縮されているといっていいだろう。近江牛や但馬牛、仙台牛、島根牛など、最高級の黒毛和牛の肉を部位によって使い分け、それぞれの部位の性質に合わせた肉の切り方、肉質や脂の入り方を見極めた味付けを施し、おまかせ用の箱に一切れずつ盛り込んでいく。

おまかせのメニューは「上等」５１５０円、「飛び切り」８２４０円、「別格」１万３００円の3種類。値段が高くなるにつれ、二人前で約３００ｇ、３６０ｇ、４００ｇと量が増え、より上質な部位が盛り込まれる。店は予約制で、お客は予約時にどの「おまかせ」にするかを選ぶ。もちろん来店してから、もっと肉が食べたいお客は、追加の焼き物として「切り落とし」メニューやその日のおすすめメニューを選ぶこともできるし、サラダやご飯物などサイドメニューを注文することもできる。とはいえ、お客にとってしばりの多い店であることに変わりはない。

それでも一度『焼肉くにもと』の焼肉を食べたお客は「もう一度食べたい」とリピーターになっていく。それだけ肉の旨さが記憶に残るからだ。その秘密の一端は一切れ一切れのボリュームにある。これは、口の中が肉でいっぱいに満たされることで、その旨さが脳に直結し、記憶として残るという『焼肉くにもと』の考えによるものだ。部位の種類によって当然切り方は変わってくるが、口に入れた瞬間の〝旨さ〟に誰もが圧倒されるのだ。

店主の国本芳明氏。肉の性質だけでなく焼き方も考慮したカットの技術など、細部まで計算した技術で焼肉を作る店として同業者からの評価も高い。

炭火だからこそのカットの方法

『焼肉くにもと』の肉は炭火で焼く。炭火はガス火より火力が強く、遠赤外線の熱の効果もある。炭火とガス火では火の入り方が違うため、おのずと肉の切り方も変わってくるという。

そうした炭火の性質を考慮したカットの技術の中でも、今回、公開してもらったイチボの切り方（↓38ｐ）はあまり知られていないものだ。イチボは赤身肉の中でも脂の甘みも味わえる部位だが、きめがやや粗く、特にかたい部分の肉の繊維は扱いが難しい。通常、肉のカットは、見た目の美しさと噛み切りやすさを考えて、繊維を断ち切る方向でカットしていく。ところが、この理屈がイチボのかたい部分にはあてはまらないという。イチボのかたい部分の繊維に傷をつけると、焼いた時にこの繊維がギュッと縮み、いやなかたさになってしまうからだ。隠し庖丁も逆効果になるという。

そのため、『焼肉くにもと』では、繊維を傷つけないよう、繊維に沿ってカットする。繊維に沿うことでサクッと歯切れよく食べられる。ただし、イチボの中でもやわらかい部分は、あまりこの繊維が気にならない。サシがきれいに見えるよう繊維を断ち切る方向で切る。

通常、焼肉店では、美しいサシを見せたいがため、どんな肉も繊維を断ち切る方向でカットすることが多いが、実は肉の場所によっては、繊維に沿って切る方が〝旨い焼肉〟になることを教えてくれる技術だ。

「焼肉くにもと新館」の炭火限定の技

コースの中で食感に変化をつけるために、カットした肉に庖丁で刃打ちすることもある。この刃打ちの意味は「炭火焼き」でのおいしさを考えてのこと。遠赤外線効果で肉の内側からじっくり熱が入る炭火焼きでは、刃打ちした部分以外はふっくらと焼き上がり、刃打ちした部分に肉汁がたまるような感じで焼き上がるという。クリノミやシンシンなど肉質がやわらかい部位に有効だ。

焼肉

東京 浜松町

くにもと新館 の技術

イチボ

臀部に位置する部位。先端に近い方は比較的やわらかいが、後ろにいくにつれ、きめは粗く肉質はかたくなる。実はこのかたい部分の肉の繊維は扱いが難しいという。その点を踏まえ、同じイチボでもやわらかい部分とかたい部分で肉の切り方を変える。同じ部位でも少し場所が違えば切り方が変わる注目の技術だ。

品種・等級
黒毛和牛 A5

提供メニュー
おまかせの一品

POINT

脂とスジをていねいに取り除く

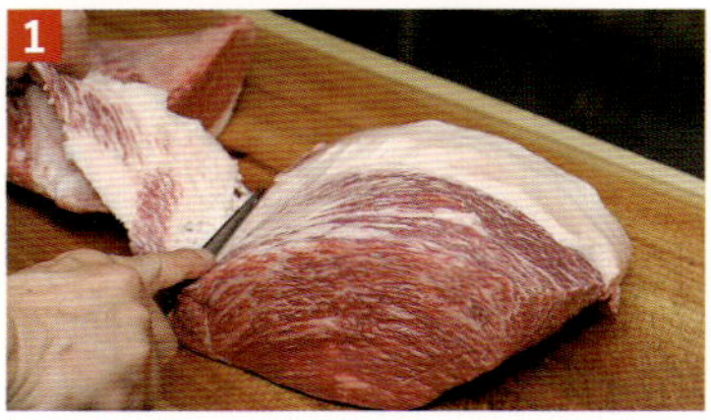

撮影時は仙台牛のイチボを使用。脂とスジをある程度掃除したものを仕入れるが、さらにていねいに掃除する。表面の脂を庖丁で大きくそぎ取る。

「焼肉の仕事の８割はそぎ落とす作業」だという。シルバースキン（薄皮）もそぎ取る。これが残っていると口にあたってしまうので、完全に取り除く。

取り除いたスジや脂で使えるものはサイドメニューのガーリックライスや牛すじ煮込みに使用する。

掃除の終わった状態。歩留まりは約50％。写真奥の先端部分はやわらかく、手前側になるほどかたい。さらに左右でも肉質は微妙に違う。

POINT

肉質の違いを見極めてサク取りする

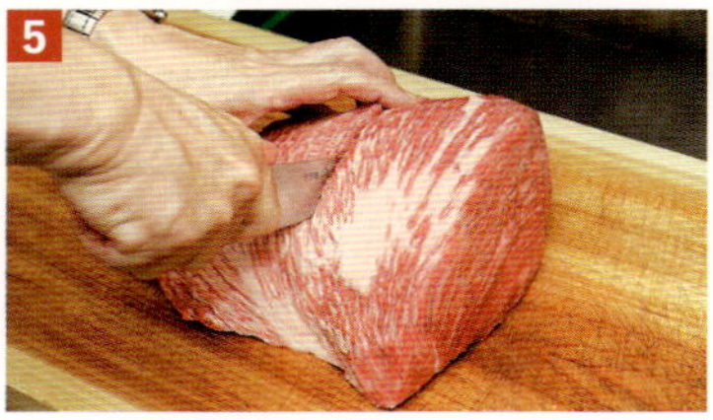

工程④の写真手前のブロックをサク取りする。このブロックの中でもやわらかい部分とかたい部分があり、その中間あたりで２つに切り分ける。

さらに左右でも肉質は微妙に違ってくるので、切り分けた⑤をさらに２つに切る。

もう一方も２つに切る。ここまでの庖丁を入れる位置は､肉を手で触ってみてその弾力の違いにより､判断している。

サク取りの終わった状態。写真奥は肉質がやわらかく、手前になるにつれてかたい。かたい部分の肉の繊維をどう扱うかで食べた時の食感が違ってくる。

やわらかい部分

POINT

やわらかい場所はサシを美しく見せる

イチボの中でもやわらかい部分は、この繊維があまり気にならないため、通常の理屈通り、繊維を断ち切る方向でカットする。

前頁の④の先端部分や⑧の写真奥のサクは肉質がやわらかい。サシがきれいに見えるよう繊維に対して垂直に庖丁を入れる。

一切れの大きさは口に入れた時に舌の上いっぱいに広がる大きさにする。この一口の食べ応えが満足感につながる。

特にかたい部分

POINT

繊維を傷つけないように切る

工程⑧の写真手前のブロックをカットする。この部分は肉質がかたく、繊維を傷つけると、焼いた時に繊維がギュっと縮んでかたくなってしまうという。

繊維を傷つけないよう、繊維に沿って庖丁を入れる。通常、噛み切りやすさを考えて繊維を断ち切る方向でカットするが、イチボのかたい部分は繊維に沿ってカットする。

やや厚みを持たせた薄切りにカットする。繊維に傷をつけてしまうと縮んでかたくなるため、刃打ちはしない。

繊維を断ち切ると見ばえはよいが、肉質によっては繊維に沿ったカットも。

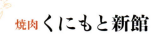

東京 浜松町

焼肉

くにもと新館の技術

クリノミ

カタサンカクとも呼ばれる部位。肉質はきめが細かくやわらかい。ここでは、判を大きく取れない場合のカットと、炭火焼きの時に有効な刃打ちの方法を紹介。厚めに切った肉に刃打ちすることで焼き上がりがふっくらとジューシーに仕上がる。

品種・等級

黒毛和牛 A5

提供メニュー

おまかせの一品

POINT

半端なサクはぐるりとカットする

1

形のうまく取れない部分を切りつける場合、垂直に庖丁を入れるのではなく、かたまりに対して斜めに庖丁を入れる。

2

かたまりから肉をむき取るようにぐるりと庖丁を入れていく。

3

この方法で何切れか取れば無駄がない。特にクリノミのようにやわらかい部位は繊維が気にならないので有効な方法だ。

POINT

刃打ちすることでふっくらと焼き上がる

4

庖丁のかかとを使い、数か所刃打ちする。炭火の場合、刃打ちした部分以外はふっくらと焼き上がり、刃打ちした部分には肉汁がたまり、その対比が楽しめるという。

シンシン

モモ系部位の中でもきめが細かく、赤身肉の風味が存分に味わえる部位。『焼肉くにもと』では、おまかせの中で食感に変化を出すためにあえて繊維に沿って切り、歯応えを出す場合もある。あえて繊維に沿って切ることで食感の変化を生み出す技だ。

品種・等級

黒毛和牛 A5

提供メニュー

おまかせの一品

POINT

繊維に沿って切り歯応えを出す

1

「おまかせ」のコースの中で、食感の変化を出すためにあえて繊維に沿って切り、しっかりとした歯応えを出す。

2

繊維に沿って切っているので噛み切りにくい。これを解消するために庖丁のかかとで数か所刃打ちする。

POINT

繊維を断ち切る方向のカット

3

シンシンの肉質のやわらかさを生かして提供する場合は、繊維に対して垂直に庖丁を入れる。その日の「おまかせ」の内容によって臨機応変に対応する。

繊維を断ち切るカット（写真左）と繊維に沿ったカット（写真右）。

塩にもタレにも注目のテクニック

その日出す「おまかせ」の内容が決まったら、切りつけた肉を実際に「おまかせ」用の器に盛り付けてみる。この時、芳明氏の頭の中で、実際にその「おまかせ」の内容を頭の中で順番に食べてみるというシミュレーションをしている。塩からタレの流れを「これでいい」と思い定めてから味付けしていく。

塩

最初に食べてもらいたいのは塩で味付けた肉。さっぱりと塩味で食べてもらってからタレへと移行してもらう。塩で出す部位はその日によって変わるが、撮影時の「飛び切り」で３種類。

POINT

均等に味付けするテクニック

調味料の味が均等に行き渡るテクニックがある。バットの上に均等にごま油を敷き、胡椒、炒りごまをふり、その上にカットした肉を並べる方法だ。

ふり塩をする。塩は片面のみ。まんべんなく塩をふり、味にバラツキが出ないようにしている。胡椒も同様にふる。

続いてごま油を回しかけ、炒りごまをふる。片面のみに塩をふることで塩味を調整し、味のぶれを防ぐ。

タレ

もみダレは醤油ベースのタレにごま油とネギを加えたものを使用。もみ込まずに軽くくぐらせる程度で提供する。

タレをはじくような脂の強い部位はあまり使用しない。同店で使用する肉はもみダレに軽くくぐらせると、タレが肉にすっとなじむ。

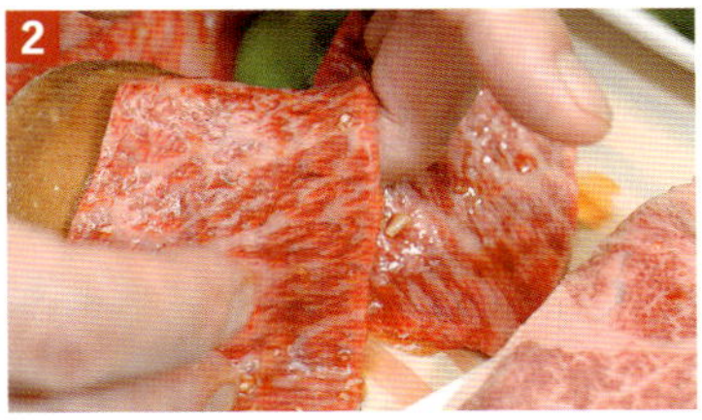

肉がタレを吸い込み、しなやかになったところを盛り付ける。

つけダレはバナナやトマトで自然な甘さに

一般的なタレよりも砂糖の量を減らし、バナナやトマトで甘みのバランスを取っているのも注目のテクニックだ。くどさのない自然な甘さで、控えめの味ながらしっかりと肉の旨みを引き立て、後味もすっきりとしている。

おまかせ「飛び切り」

1人前 8,240円（税別） ※注文は２人前〜

おまかせは「上等」5250円、「飛び切り」8240円、「別格」１万300円の３種類。値段によって部位や量が変わり、予約時に注文してもらう。写真はハラミ、ミスジ、クリノミが塩、シンシン、サーロイン、イチボ、特選ヘレがタレ。ハラミにはワサビを添える。

焼肉 くにもと新館

東京
麻布十番

Cossott’e sp

麻布十番の通りから離れた、マンションの二階。〝コソット〟という店名通り、外観から焼肉店と気付く人は少ない隠れ家的なたたずまいだが、最高の状態で肉を食べてもらいたいとオーダーを受けてから肉をカットする姿勢が評判を呼び、常に予約で席が埋まる人気店だ。

DATA

住　　所：東京都港区六本木 5-13-11 2F
電　　話：03-6441-2646
営業時間：17 時〜翌 1 時（L.O.24 時）
定 休 日：無休
規　　模：20 坪・29 席
客 単 価：１万円

東京
麻布十番

Cossott'e sp の焼肉

お客の注文を見ながら、肉はすべて注文を受けてからカット

お客の好みに応じる自在さが魅力

焼肉激戦区の麻布十番にオープンしてまだ2年足らず。だが、扱う肉の質の高さと肉のカットや味付けの多彩さが評判を呼び、すでに予約で席が埋まる人気店になっている。

店主の込山秀規氏は、元々はサラリーマン。縁があって、26歳の時に請われて焼肉業界に転じた。肉のことをまったく知らないままに、今も世田谷の人気店として名高い『ら・ぼうふ』の新規オープンを任され、ここで店長を務めながら食肉市場に通い、肉の仕事を覚えていったという。ここで店長を十年務めた後、独立して世田谷区弦巻に『コソット』をオープン。『ｓｐ』はその２号店になる。

オープン以来、扱う肉はＡ５クラスの黒毛和牛。しかもメス。込山氏は市場に直接足を運び、その目で選んだ〝本当にいい肉〟を一頭買いする。

こうして選んだ肉を常に最高の状態で出すため、切り置きはせず、必ずオーダーを受けてからカットしている。これは、肉の鮮度が落ちるのを防ぐだけではなく、お客側の様子にも細かく対応したいという思いがあるからだ。お客の注文状況を見ながら、厚みや大きさ、量を考えてカットし、味付けも単調にならないよう工夫しているのである。

その自在さをお客が知っているから、来店客の8割がおまかせで注文するという。おすすめの部位はもちろんだが、部位に応じた多彩なカットや味付けなど、『コソットｓｐ』の肉の旨さ、技術の高さを最も堪能できるのが「おまかせ」だとお客が知っているのである。

スタッフが食べたいものや食べたい量などを聞き、それに合わせて臨機応変に内容を組み立てることもする。すべての肉をオーダーが入ってからカットするからこそ、こういった対応も可能だ。込山氏にも1人前何ｇ、一切れ何ｇという発想はなく、お客本位のおまかせを自在に作り上げていく。

しかも、おまかせの注文が多ければ多いほど、一頭買いする肉をバランスよく売ることにもつながる。また、「カルビ」９９０円、「赤身」９９０円、「上カルビ」１８９０円、「上赤身」１８９０円など、部位名ではない焼肉メニューを豊富に揃えることで、使用する部位に幅を持たせ、肉の在庫を上手にコントロールする工

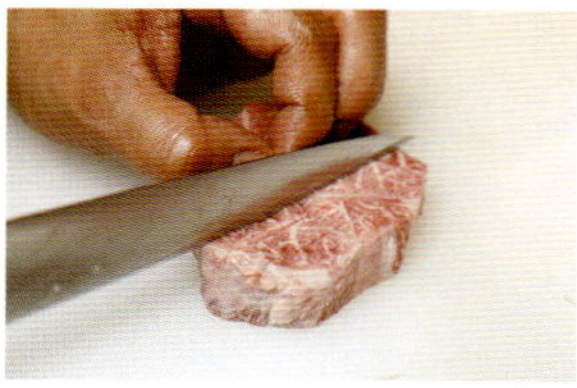

Cossott'e sp

店主の込山秀規氏。サラリーマンから一転、焼肉店店長へ。現在も人気店の『ら・ぼうふ』を作り上げた。独立して『コソット』を開業、『コソットｓｐ』は２店目になる。

夫もしている。こうした点においても、同店の売り方はまさに自在である。

柔軟な発想で繰り出すカットの技

　他の焼肉店ではなかなかお目にかかれない『コソット』の部位にスネがある。スネはスジが多く、肉質がかたいため、焼材には敬遠される部位だ。だが、濃厚な旨みがある。込山氏はこのスネ肉をあえて厚切りでカットし、噛むことで感じる肉の旨さを実感してもらう。

　この発想も独学で肉の技術を学んだ込山氏だからこそ生まれるものだろう。もちろん、ジャガードと隠し庖丁を施し、食べやすさを工夫して提供するが、こうした込山氏の果敢なチャレンジが、現代の焼肉ファンを魅了しているのだろう。

　自在なカッティングの技と斬新なアイデアはウチモモでも垣間見える。やわらかい赤身肉は、薄切りでもゴロリとしたダイスカットでも提供するが、お客に驚きを与える一品はかたまりのまま焼き、ローストビーフのように仕上げるもの。焼きの部分はお客にまかせ、厨房で仕上げを行う。

　こうした『コソット』の柔軟性は次ページ以降で紹介したい。技術があってこその自在さだが、お客が店に対し寄せる信頼は、店全体が醸し出すホスピタリティーにもあるといえる。お客を喜ばせたい、楽しんでもらいたいという店のスタッフの気配りが居心地のよさ、くつろげる空間と時間を作り出していることも付け加えておきたい。

「Cossott'e sp」の多彩な技

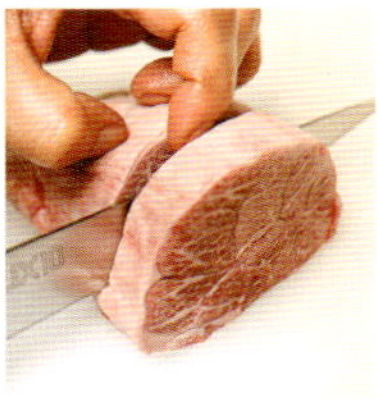

同じ部位でも厚みや切り方、味付け、焼き方のバリエーションで、新鮮な驚きを与える『コソット』の焼肉。焼材では珍しいスネも味付けに塩麹を使ったり、かたまり肉の仕上げの焼きにバーナーを使ったり。焼肉の常識にとらわれない多彩な技で、リピーター客を常に楽しませている。

東京 麻布十番

Cossott'e sp の技術

スネ

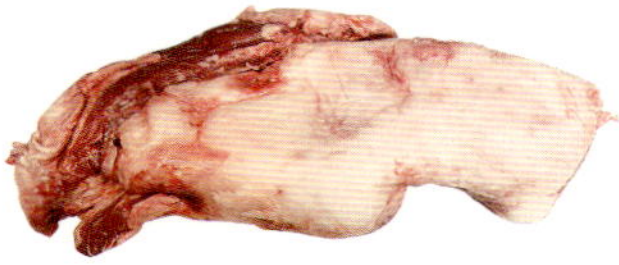

上質な和牛肉だからこそできる技だが、他の部位に比べれば肉質はかたくスジも入り込んでいるスネ肉を厚切りで提供。ジャガードと隠し庖丁のテクニックで適度な歯応えに変え、濃厚な肉の旨みを味わってもらう。

品種・等級

黒毛和牛 A5

提供メニュー

おまかせ肉盛→ P.56

POINT

肉の割りやすい場所で分割する

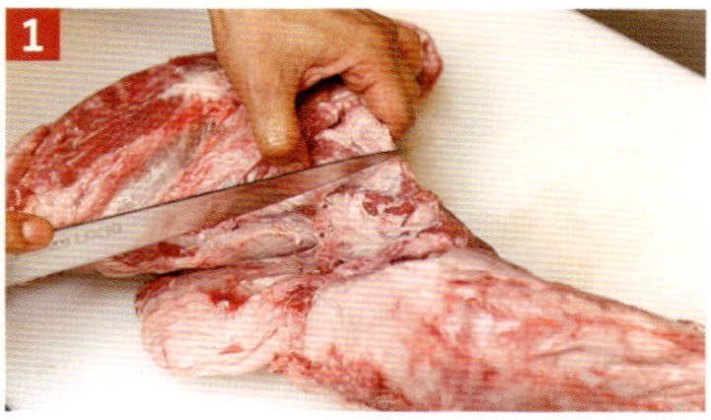

前スネを分割する。脂とスジが大きく入った肉の割りやすい場所に庖丁を入れ、切り開いていく。

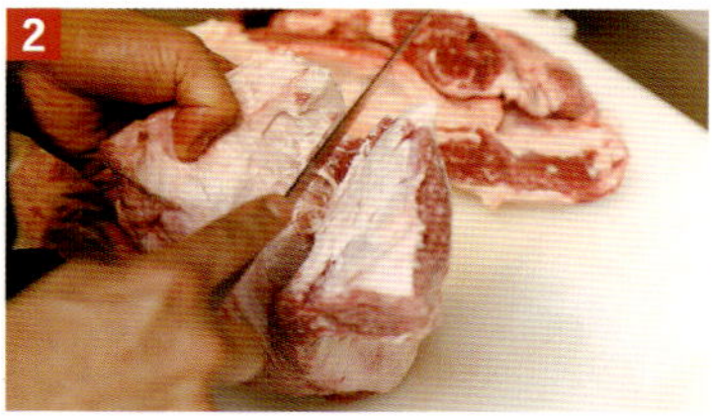

撮影時は6分割した。それぞれ肉の周りについている脂やスジをていねいにそぎ取り、掃除する。

やわらかい部分

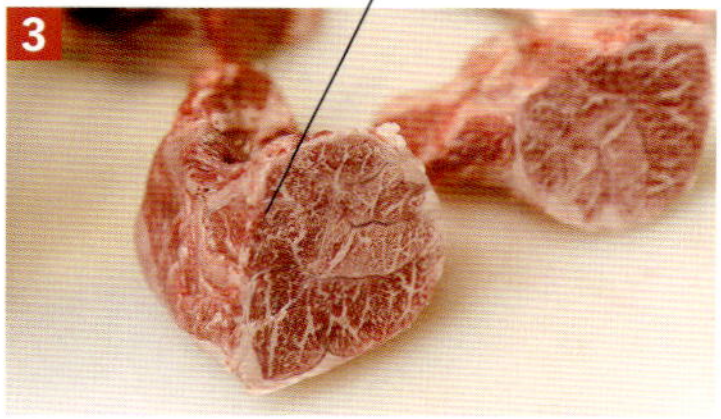

スネの中でも比較的やわらかい部分とかたい部分がある。写真は比較的やわらかい部分の断面。

かたい部分

特にかたい部分の断面。③に比べて赤味が強く、黒っぽいスジが入っている。

やわらかい部分

POINT

2cm の厚切りにしてからジャガード

比較的やわらかい部分のカット。繊維に対して垂直に庖丁を入れ、約 2 cm の厚みに切る。

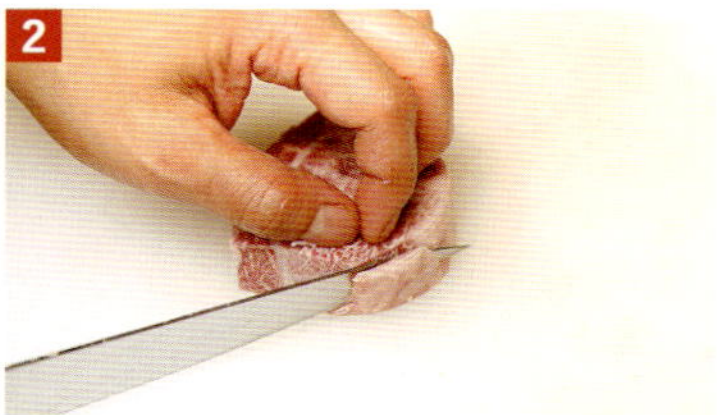

カットした肉の周りに残っているスジや脂を取り除きながら、形よくトリミングする。

肉の表面にジャガードを垂直に入れ、繊維を断ち切る。この工程でスネのかたい肉の繊維がやわらかくなる。

4

さらに隠し庖丁を細かく入れる。肉を切り離さないよう加減しながら、厚みの 1/2 〜 1/3 程度まで。

POINT

自家製塩麹を使って味付けする

5

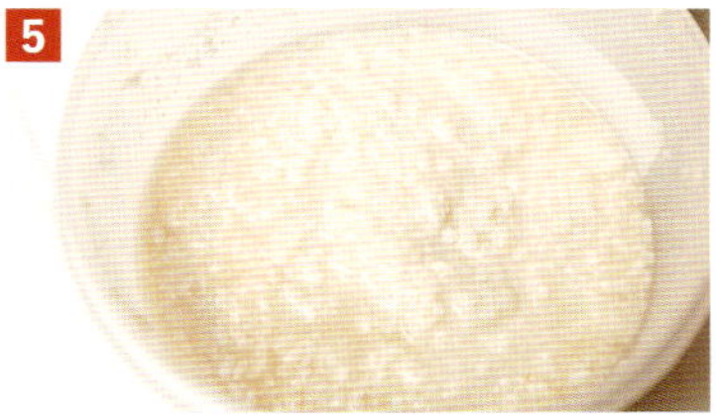

肉をやわらかくする効果がある塩麹を味付けに使う。この塩麹も自家製。醤油を少し混ぜて味を調える。

6

カットした肉に軽く塩をふってから、醤油を混ぜた塩麹をたっぷりとなじませる。仕上げに黒胡椒、刻みネギをふる。

かたい部分

POINT

スジがかたいためやや薄切りに

1

赤味の強い部分はスネの中でもかたい。繊維に対して垂直に庖丁を入れ、やわらかい部分よりやや薄くカットする。

2

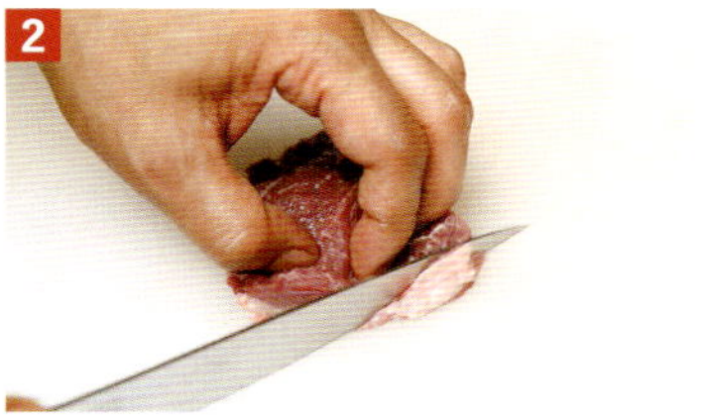

カットした肉の周りに残っているスジや脂を切り取り、形を整える。

3

ジャガードを入れてスジを断ち切り、肉をやわらかくする。

POINT

隠し庖丁でさらに噛み切りやすく

4

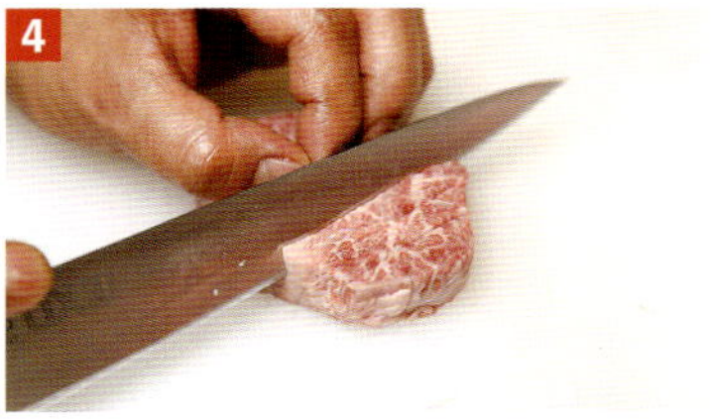

さらに厚みの 1/3 〜 1/2 まで 7 〜 8 mm 間隔で隠し庖丁を入れてから半分に切る。

POINT

ゴマ油のタレを表面にぬる

5

風味をつけるため、おろしニンニクを混ぜたごま油を表面にぬる。

6

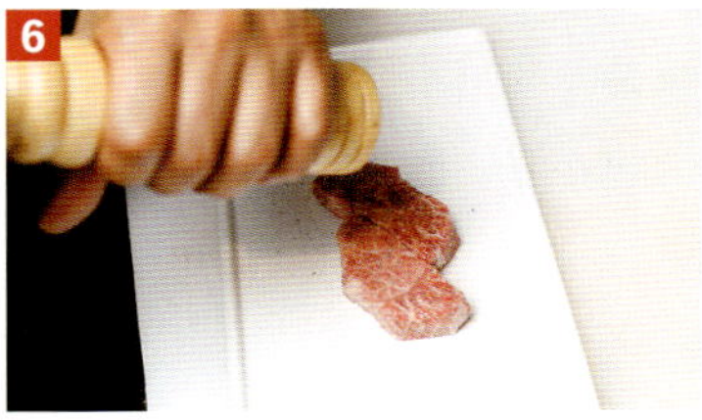

塩、黒胡椒、乾燥パセリをふって仕上げる。焼きすぎると肉がかたくなるのでスタッフが焼き方を説明。

やや薄切り（自家製塩麹）

塩麹の効果でスネ肉にまろやかな旨みを加える。

厚切り（ごま油・ニンニク）

厚切りにすることで肉々しい赤身の旨みを感じさせる。

東京
麻布十番

Cossott'e sp の技術

ウチモモ

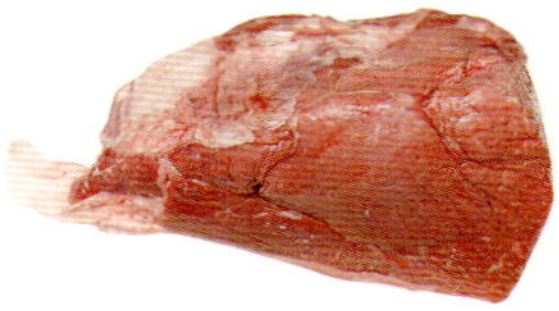

脂肪はほとんど入らず、ヘルシーでジューシーな赤身肉。同店でも赤身肉の人気は高く、上物として扱い、「おまかせ」の注文にも積極的に組み込んでいる。やわらかい肉質、あっさりとした味の特徴を生かし、カット、味付けで多彩に展開する。

品種・等級
黒毛和牛 A5

提供メニュー
おまかせ肉盛→ P.56

POINT

筋肉の境目で分割する

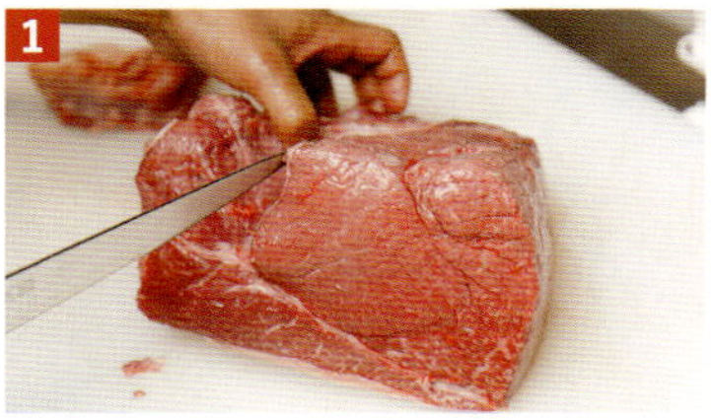

ウチモモはいくつかの筋肉が集まった部位。大きく肉が分かれる場所があるので、そこに庖丁を入れて分割する。

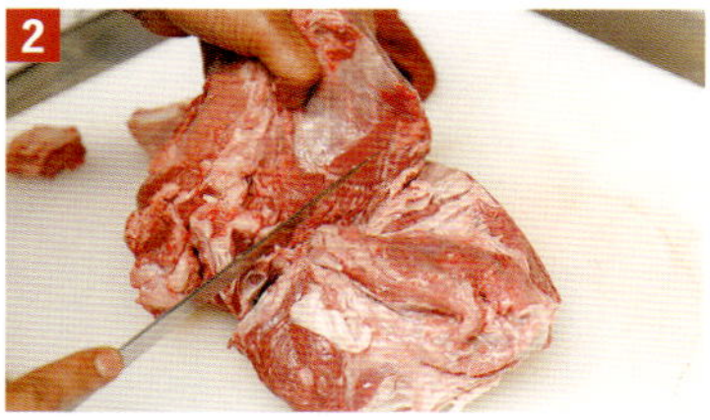

筋肉の境目に庖丁を入れ、分割していく。分割後、表面の脂やスジ、残っている血管をきれいに掃除する。

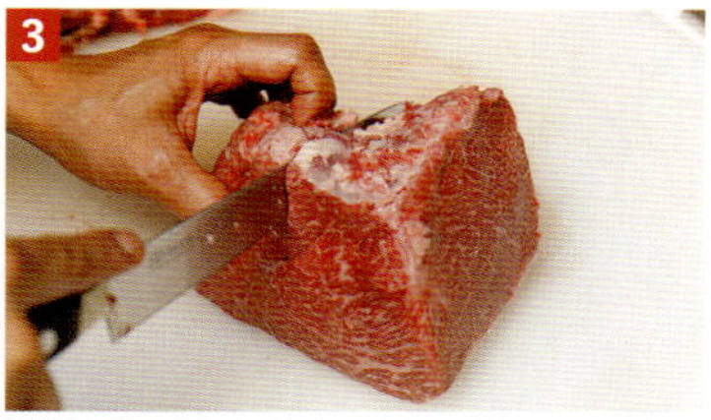

分割したかたまりを繊維に沿ってサク取りする。

ダイスカット

POINT

形の取れない部分はダイス状に

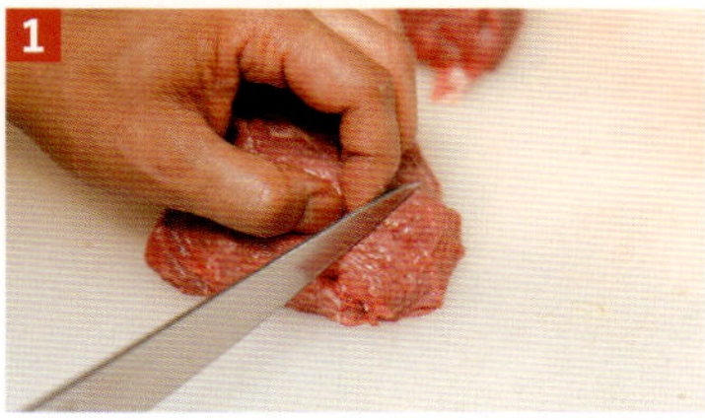

サクの端の部分など、判が大きく取れない部分はダイス状にカットする。肉の弾力、赤身のジューシーさが味わえる。

POINT

塩味でしっかりと味付け

ごま油とニンニク、ネギの風味を加えた塩味でしっかりと味付けする。おろしニンニクを混ぜたごま油をぬる。

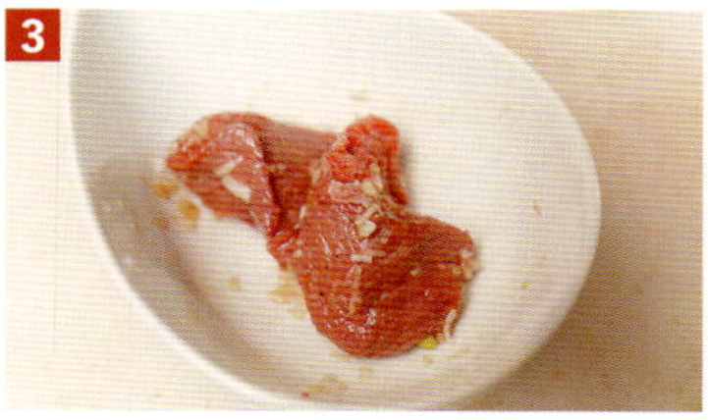

醤油、塩、黒胡椒をふり、みじん切りにした白ネギをまぶす。

ダイスカット（ごま油・ニンニク）

仕上げに青ネギを散らして彩りよく提供する。

POINT

ブロックカットは蒸し焼きに

ブロックカットは焼き方にも独自の工夫がある。スタッフが焼き方を説明し、まず、肉の表面に焼き色をつけるように四方を焼いてもらう。

焼き色がついたら、いったん厨房に下げ、アルミホイルで包む。再度客席のロースターへ。厨房でタイマーをかけ、２分たったらひっくり返してもらう。

さらに２分焼き、厨房でアルミホイルをはずす。仕上げに表面をバーナーで炙り、香ばしさをプラス。

ブロックカット

POINT

ジャガードで食べやすさを工夫

同店人気のローストビーフ風に仕上げる焼肉。幅３～４cm、厚さ２～３cmくらいの80～90gのブロックに切る。

肉の表裏にジャガードを入れてから、２～３mm間隔で斜めに隠し庖丁を入れていく。厚みがあるので食べやすさを考慮する。

薄切り

POINT

大判の薄切りでやわらかさを生かす

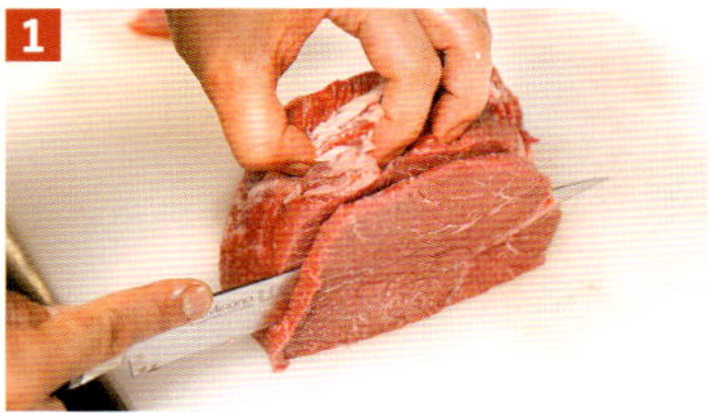

やわらかい肉質を存分に味わえる大判のカット。判が大きく取れる部分を使い、５mm程度の厚みの薄切りにする。

POINT

ワサビ醤油をたっぷりぬる

シンプルにワサビ醤油で味付け。甘みのあるもみダレを少し加えることでまろやかに仕上げている。

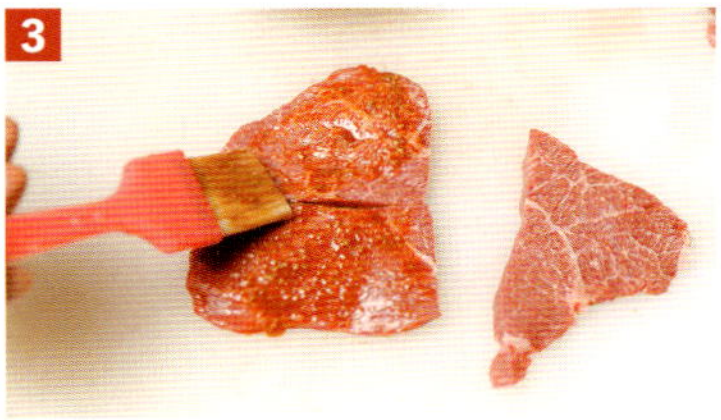

カットした肉の表面にたっぷりとぬる。

葉野菜の上に盛り、塩、胡椒をふって醤油をぬり、客席へ。

同店の自在なテクニックを象徴する２品。

東京
麻布十番

Cossott'e sp の技術

サーロイン

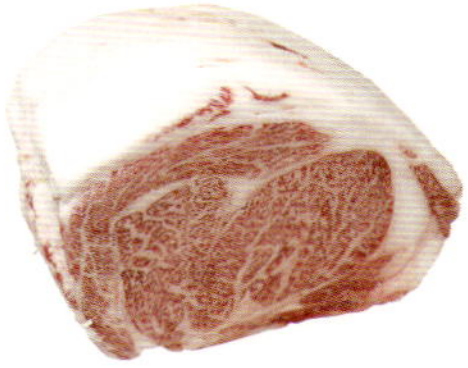

サーロインは主に焼きしゃぶにする。同店で使用する肉は身がしまっているため、厚切りのステーキカットよりも薄切りが向くという。4分割したものをそれぞれ密封した状態で店に入れ、在庫に応じて開封し、掃除して使用する。

品種・等級

黒毛和牛 A5

提供メニュー

なかおちカルビ　1,890円
特上サーロイン　2,690円
おまかせ肉盛　→ P.56

ゲタ

POINT

はずしたゲタを中落ちカルビに

1

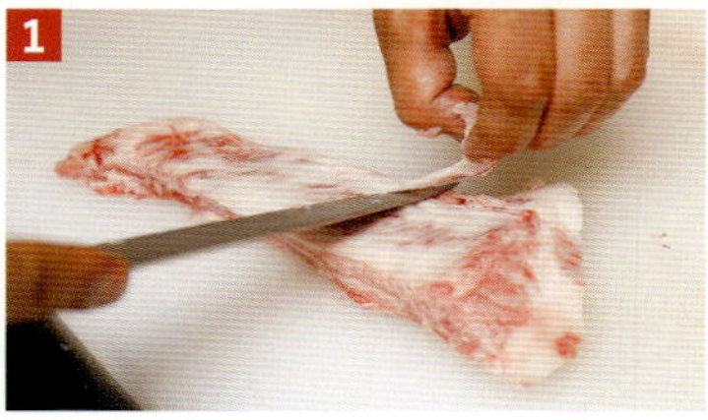

はずしたゲタはさらに余分な脂を取り除き、中落ちカルビとして商品化する。

2

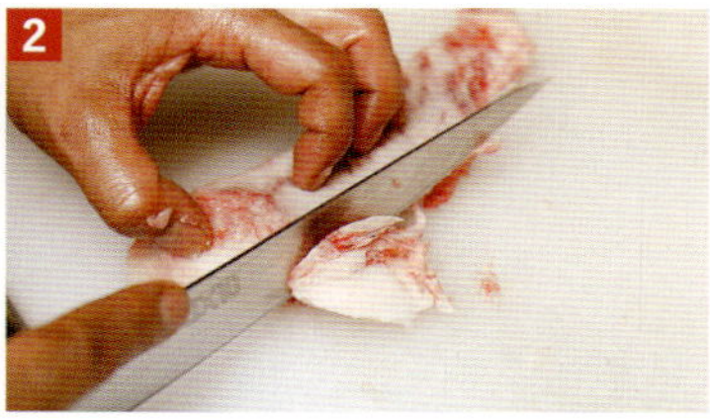

ゲタは形がまばらなため、トリミングしながら掃除する。

3

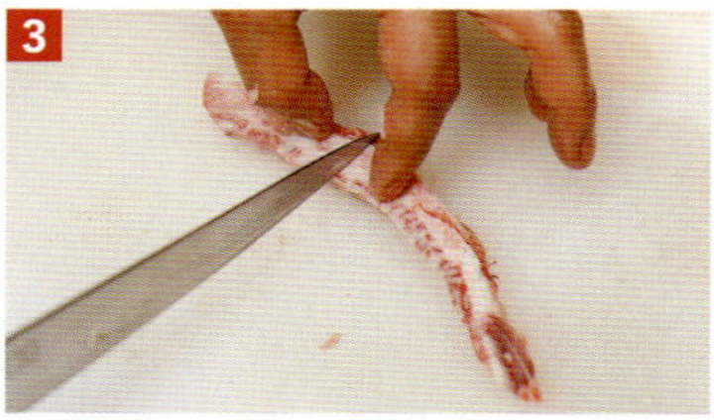

大きさを見てタテ半分に切り、さらに一切れの大きさを揃えてカットする。

POINT

ゲタ、マキをはずす

1

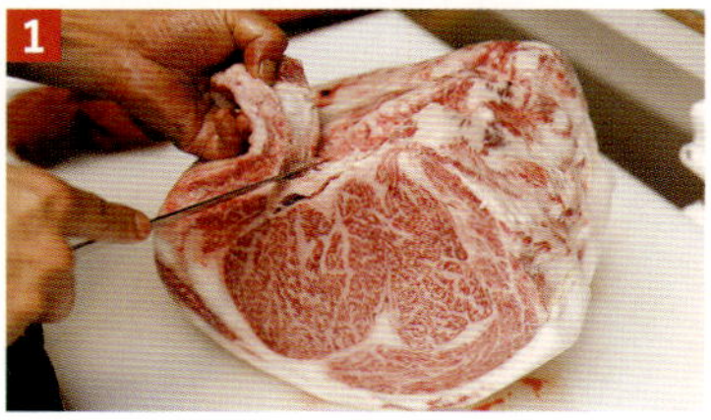

撮影時に使用したサーロインはリブロースに近い部分。ゲタがついているので、まず、これをはずす。

2

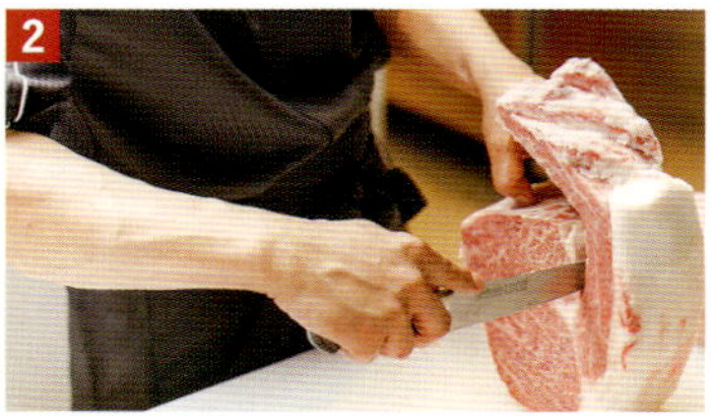

続いてサーロインの中心をぐるりと巻き込んでいるマキをはずす。中心部分との境目に庖丁を入れて切り開く。

3

マキをはずした状態。ゲタ、マキ、サーロインとそれぞれ表面の脂やスジを丁寧に掃除する。

マキはやわらかく、ゲタは適度な歯応えがある。

POINT

ふわっとした食感を楽しませる

4

焼きしゃぶは、ロースターの上に肉を広げ、表面がピンク色に変わったら裏に返す。

5

ふわっとした食感を楽しんでもらうため､焼き過ぎないよう注意してもらう。スタッフが焼き上げることもある。

6

白髪ネギや茗荷、貝割れ菜などの薬味を巻いてさっぱりと食べてもらう。自家製のポン酢ですすめる。

中心部分

POINT

中心部分を焼きしゃぶにする

1

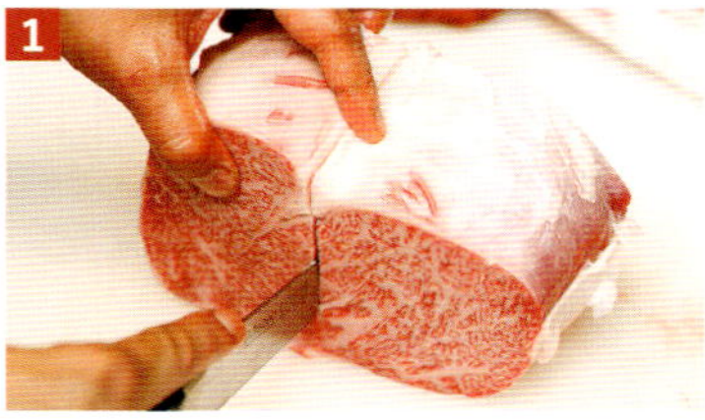

ゲタやマキをはずしたサーロインの中心部分を焼きしゃぶにする。表面の余分な脂を取り除いてから半分に切る。

2

スライサーを使ってスライスするため､台にのせやすい大きさにしている。

3

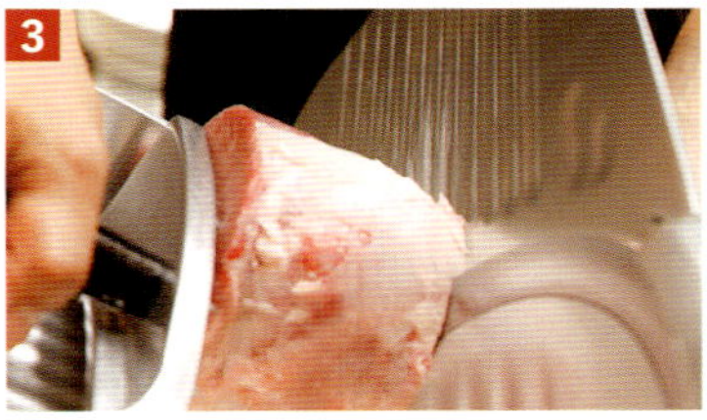

スライサーで 2～3 mm 幅に薄くスライスする。アラカルトメニューでは 4 枚 2800 円。1 枚から注文できる。

マキ

POINT

分割したマキの商品化

1

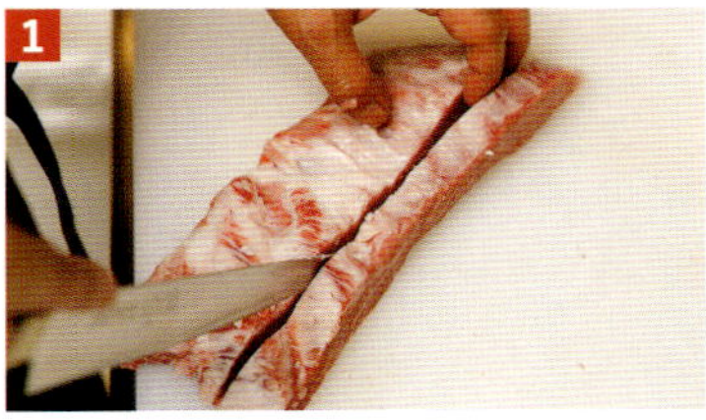

切り離したマキは「おまかせ」の一品などに使用。厚みが取れない部位なので、サクは細長く取る。約 2 cm 幅に切る。

2

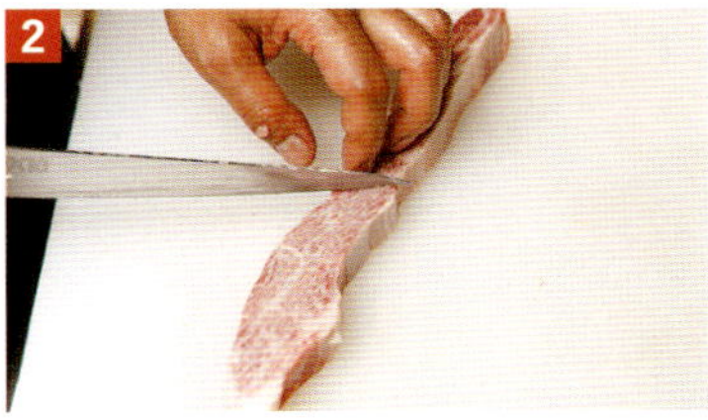

サク取りした断面を起こし、ほどよい大きさに等分していく。

3

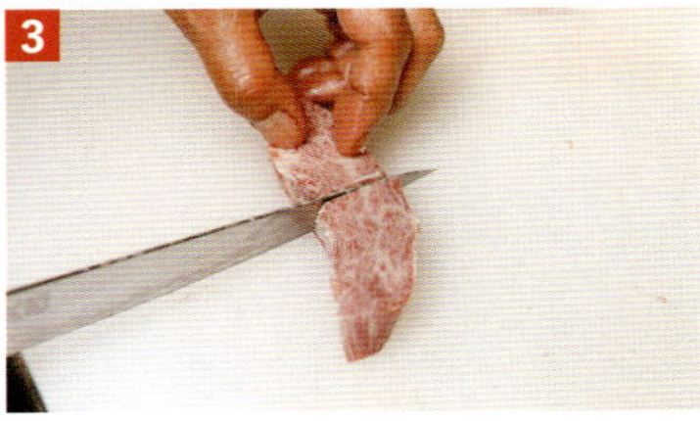

やわらかな肉質なので厚みを持たせている。写真は一切れ約35g｡大きさや厚みはお客の食べ具合に応じて変える。

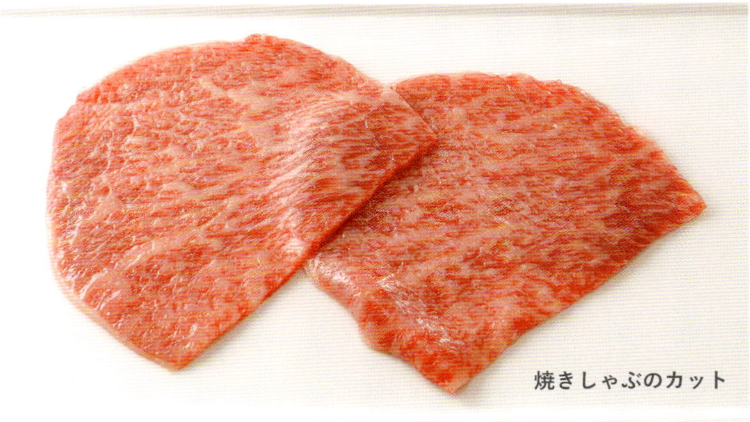

焼きしゃぶのカット

見た目も美しいサーロインの中心部分。

東京 麻布十番

Cossott'e spの技術

アカセン

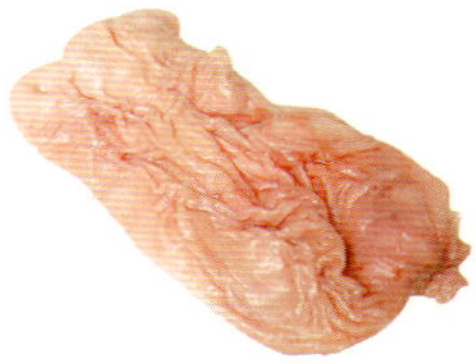

内臓肉の質の高さにも定評がある『コソット』。一切れの満足感を高めるため、カットを大きめにし、食べ応えを重視。鮮度抜群のアカセン（ギアラ）は上品な甘みがあり、女性客にも人気。女性客だけの場合は、カットを小さめにする配慮もする。

品種

和牛

提供メニュー

アカセン（ギアラ）　990円

1

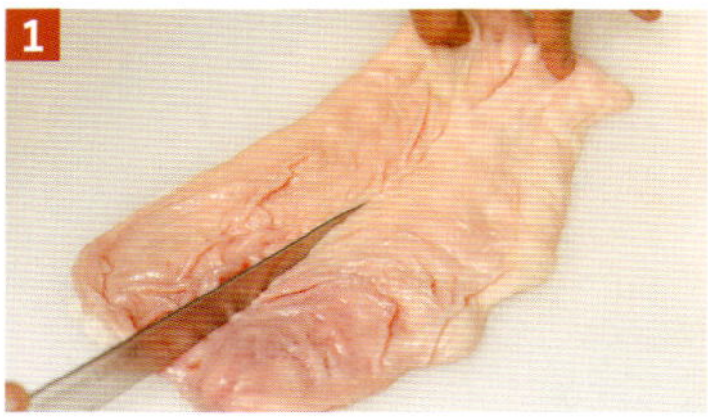

軽く水洗いしてヌメリを取る。水気を取ってから、カットしやすい幅にサク取りする。

POINT

両面に庖丁を入れて噛み切りやすく

2

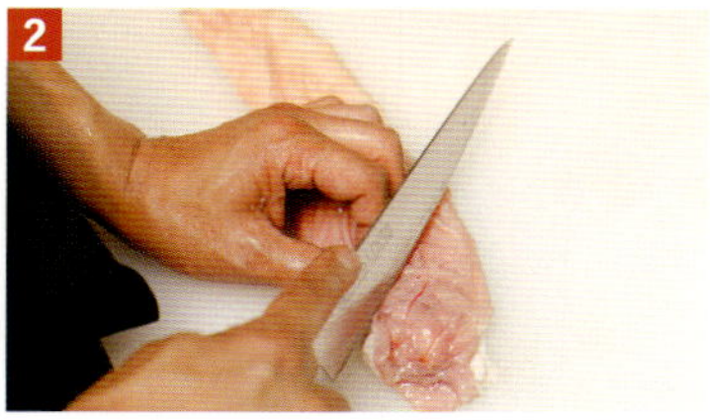

シコシコとした歯応えがあるので、両面に斜めに細かく庖丁を入れ、噛み切りやすくする。

3

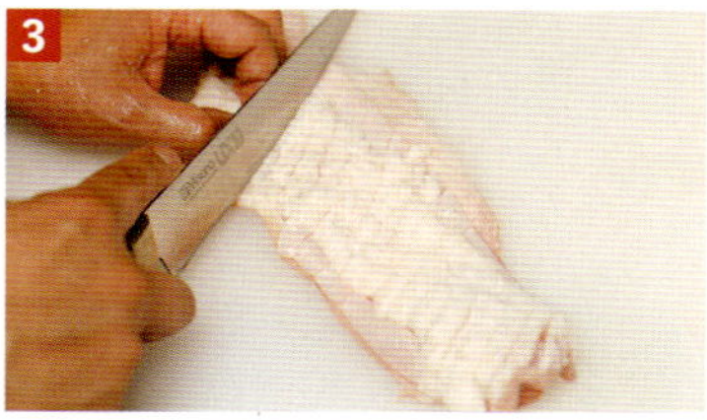

脂側にも庖丁を入れる。両面に庖丁を入れるため、焼いた時に焼きちぎれないよう深さに注意している。

4

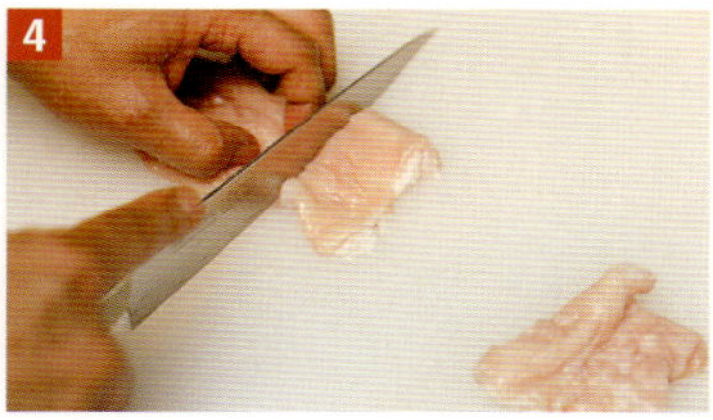

両面に隠し庖丁を入れたら、一口大にカットする。

POINT

シンプルな味付けで鮮度を生かす

5

鮮度抜群の内臓肉はそれぞれのおいしさを生かすよう、ごま油と塩、醤油でシンプルに味付けする。

Cossott'e sp

ハツモト

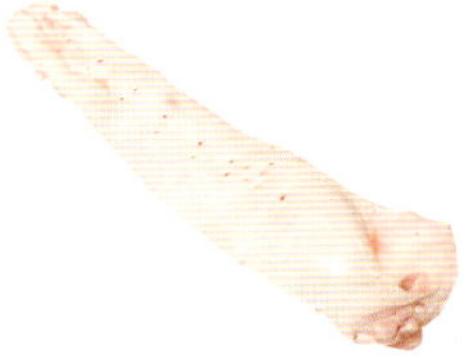

『コソット』のハツモトは他であまり目にすることがないほどの脂の厚みが特徴。コリコリとした歯応えの中に噛むほどに感じる脂の甘みがアクセントになる。これも口の中で存分に味わってもらうため、大ぶりにカットして出す。

品種

和牛

提供メニュー

ハツモト　990円

1

軽く水洗いして残っている汚れを取り除き、丁寧に水気を取ってからサク取りする。

2

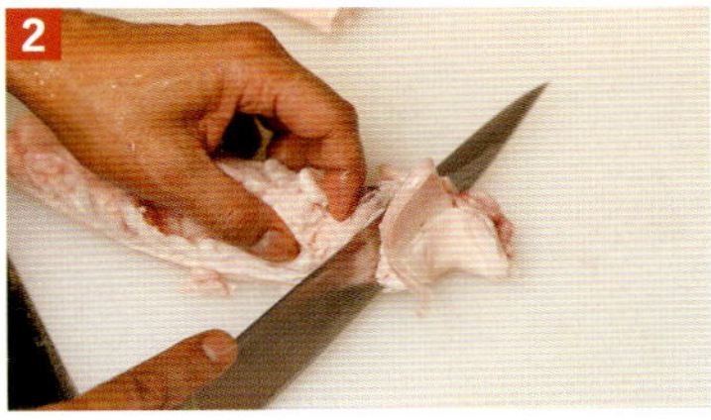

端のかたい部分は切り落とす。

POINT

細かい格子状に庖丁を入れる

3

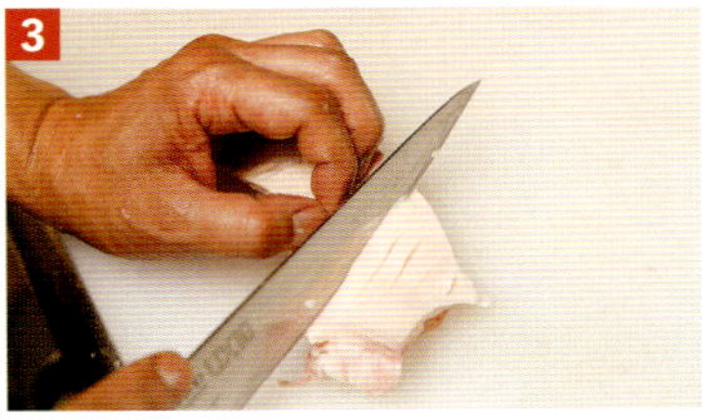

サク取りした身に対し、２～３mm 間隔で斜めに庖丁を入れる。

4

身の左右を逆にして同様に庖丁を入れる。庖丁目を入れることで食べやすく、焼き上がりの香ばしさも増す。

5

脂側にも格子状に庖丁を入れてから、２～３cm 程度の幅で切り分ける。口いっぱいに広がる大きさを意識。

6

ごま油と塩、醤油で味付けする。最小限の味にとどめることで内臓肉の風味を生かしている。

どちらも大ぶりのカットで肉そのものの旨さを味わってもらう。

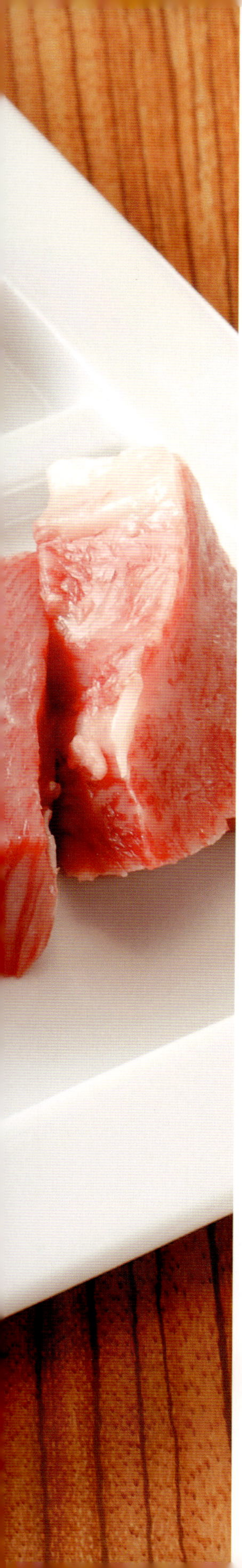

おまかせ肉盛

※写真は２人前

来店客の８割は「おまかせ肉盛」を注文する。お客の人数に合わせ、その日のおすすめの肉を盛り込んで作る。基本は５種類（１人前３５００円前後）。最初にサーロインの焼きしゃぶを出し、その後、次の２種類、さらに２種類と分けて提供する。写真はウチモモ２種類（右上：ごま油やニンニクで味付けしたダイスカット　左上：ワサビ醤油で味付けした薄切りカット）、スネ（左下：おろしニンニク入りのごま油で味付けした厚切りカット）、サーロインのマキ（右下）を盛り合わせたもの。

「おまかせ肉盛」の最初に出す焼きしゃぶ。香味野菜とポン酢でさっぱりと食べてもらってから、味の濃い肉を出していく。

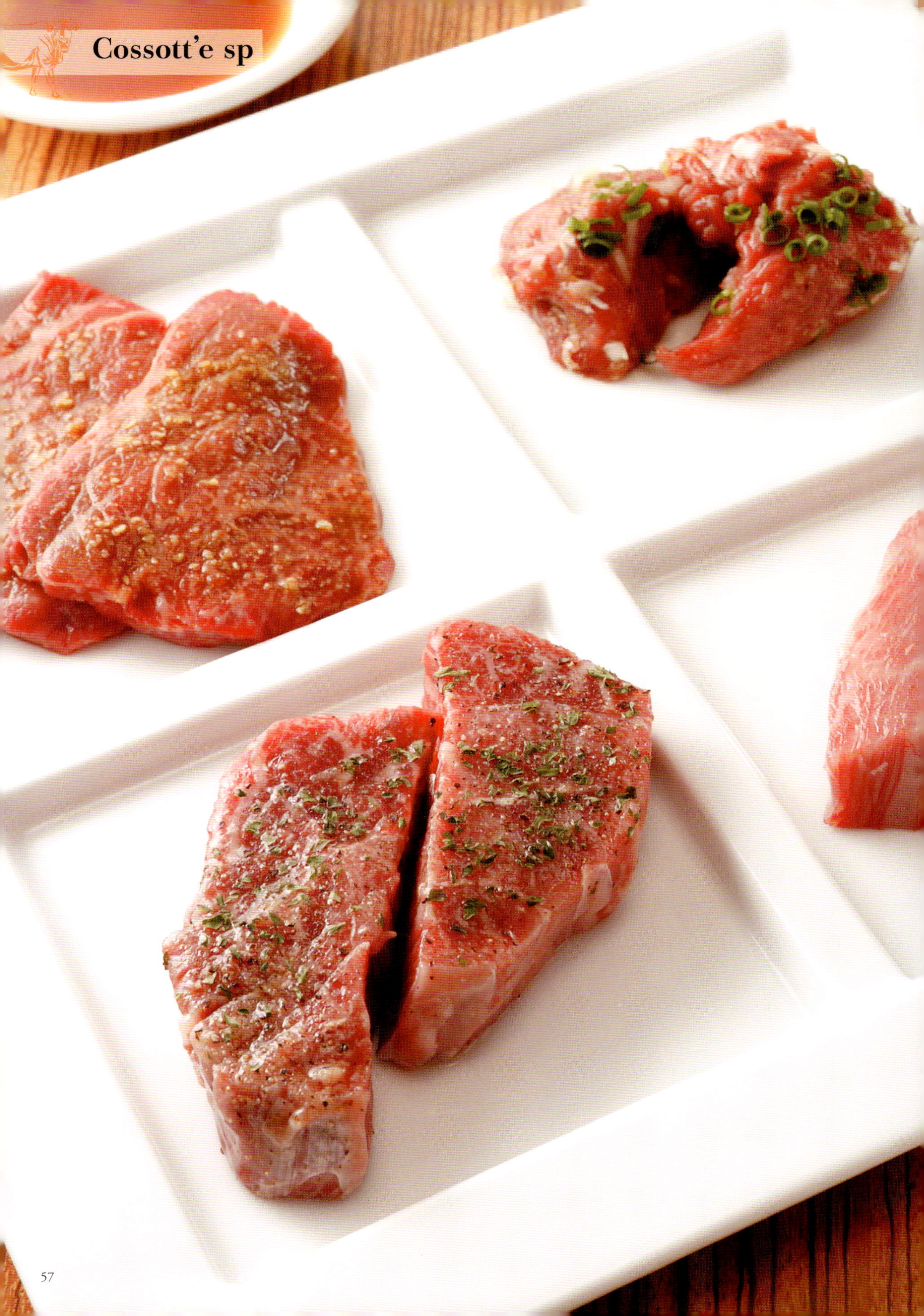

神奈川
横浜市

炭焼喰人

横浜市のベッドタウンにありながら、ファミリー客だけでなく、遠くからやって来るリピーター客が多い。人気の秘密は長期低温熟成した和牛肉のおいしさと、店主こだわりの〝超厚切り焼肉〟にある。信頼する精肉業者の手により、旨みが最大限に引き出された素材の魅力をさらに高めている。

DATA

住　所	神奈川県横浜市都筑区茅ヶ崎中央26-25ラフィネ・プラン１F
電　話	045-929-2919
営業時間	17時～23時
定休日	不定休
規　模	約30坪・42席
客単価	5000円

神奈川 横浜市

炭焼喰人の肉

〝長期低温熟成〟した和牛と超厚切りの焼肉で評判を呼ぶ

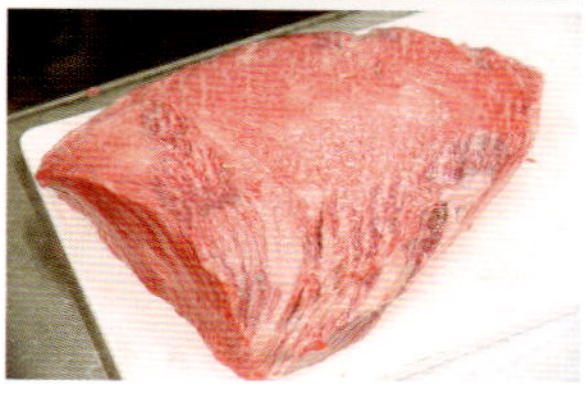

店主の山本大祐氏が店をオープンしたのは２０００年のこと。現在の店と同じ都筑区だが、最寄り駅からも遠い住宅街の中だった。初回の来店では見つけづらい場所にありながら、こだわりの厚切り肉で人気を博し、２００８年に規模を大きくして横浜市のベッドタウン・センター南駅近くのこの地に移転オープンした。移転前は約10坪・20席。移転後は30坪・42席。席数だけでも2倍の規模になった。

移転前からお客の9割がリピーターで、一度来店した人のほとんどが再来店したくなる店、それが『炭焼喰人』だ。現在も、最寄駅からの距離は縮まったが、それでも横浜市のベッドタウンとして背後に住宅地を控え、ファミリー客が圧倒的に多い。そんな中で地元客ではない、評判を聞きつけて遠方からわざわざ車を飛ばしてやってくる、東京から来るファンも多い。こうした人気の秘密は店主の山本氏がこだわりを持つ〝長期低温熟成肉〟と〝超厚切り肉〟にある。

『炭焼喰人』で使用する正肉のほとんどは、長期間にわたって低温熟成させたものだ。信頼する卸肉業者では、〝肉のおいしさは熟成で決まる〟という考えを持ち、安全で確かな技術によって黒毛和牛の肉を熟成させている。

その方法は、昨今流行のドライエイジングではなく、ウエットエイジングによる。最初にと畜後の死後硬直が終わるまで（約20日間）枝肉の状態で熟成庫に吊るしたのち、雑菌の繁殖を防ぐため、紫外線にあてて殺菌。これをブロックに分けて真空包装し、湯煎する。湯煎することで肉の表面に膜を作り、ドリップの流出を防ぐのだという。この状態で部位に応じで45〜２００日以上熟成させるというもの。この間、雑菌が繁殖し、腐敗が進まないよう温度は0℃に保たれる。

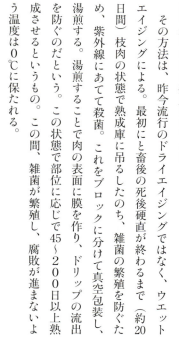

肉の旨みが引き出された熟成肉を使う

この熟成の時間で肉のタンパク質が旨み成分のイノシン酸に変わり、肉の旨みがぐっと増し、肉がやわらかくなるのだという。熟成による独特の香りと深い旨みを持つ肉の味わいにファンは多い。「旨い肉にこだわるなら長期低温熟成がマスト」と山本氏はいう。

店では、こうした方法で熟成された肉を、部位を指定して仕入れる。しかも、部位の中で本当に使いたい部分のみをパーツで買

炭焼喰人

高校生の頃から焼肉店でアルバイトをし、社会人になってからも"焼肉"をやりたいとの思いから、開業を視野に入れ、再び焼肉店に戻った。29歳で念願の『炭焼喰人』を開業。

うこともする。たとえば、イチボなら先端側のやわらかい部分を指定して仕入れる。さらに、正肉は掃除の終わった状態で仕入れるものが多い。トウガラシは間に大きなスジが入っているが、このスジも取り除いてもらう。内臓肉も同様で、レバーは血管がつながっていた部分はスジも多いため、端のおいしい部分を仕入れる。徹底的に無駄を省く姿勢により、仕込みの省力化とコスト削減をバランスよく図っている。

厚切り肉やかたまり肉で話題を呼ぶ

一方の"超厚切り肉"は、火で炙った肉のかたまりにガブリと喰らいつく、というイメージがまず頭の中にあった。昔のアニメで見た光景のように。焼肉の原点ともいえるこの光景を実現するために厚切り焼肉に合う肉をオープン当初から探し、現在ではインパクトのある2～3cmの贅沢な厚切りで「幻のかいのみ」1800円、「厚切り上ハラミ」2100円を提供し、同店の看板メニューとなっている。予約によってシャトーブリアンは厚切りのほか、かたまり肉でも出す。上ロースに使っているイチボも裏メニューとして厚切りがある。

また、お客の要望により、ハラミ1本、タン1本とかたまり肉を用意することもある。ドカンとかたまりで焼いてワイルドにかぶりつく。肉好きなら誰もが憧れるシチュエーションを実現してくれるのがこの店だ。こうした厚切り肉、かたまり肉が店名の『炭焼喰人』のイメージにも見事に合致し、店への興味を喚起している。

「炭焼喰人」のタレ

黒毛和牛のA4・A5ランクのメスを長期熟成させた肉を使用。肉の深い旨みと和牛特有の脂の甘みに負けないよう、もみダレは三温糖とザラメを多めに配合して重みを出し、リンゴと生姜で味に深みを加えている。その分、つけダレは、濃口醤油、みりん、酒、上白糖、ハチミツのみで作り、さらりと薄めに仕上げる。内臓肉にはニンニクや生姜で風味よく作る味噌ダレを用意する。

カイノミ

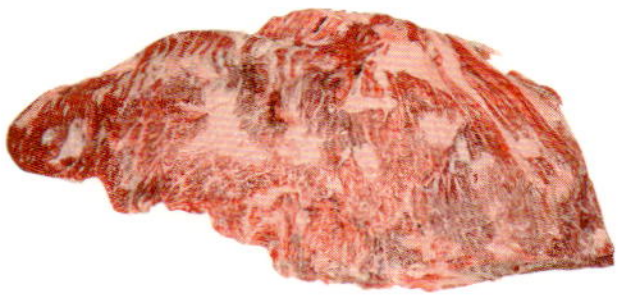

ナカバラのモモに近い場所にある部位。長期低温熟成によりやわらかく、旨みと香りも増した肉をインパクト大の厚切りでカットする。じっくり焼くことで外側のカリッとした食感、内側のしっとりとしたジューシーさを味わってもらう。

品種・等級

黒毛和牛 A4・A5

提供メニュー

幻のかいのみ　1,800 円→ P.68

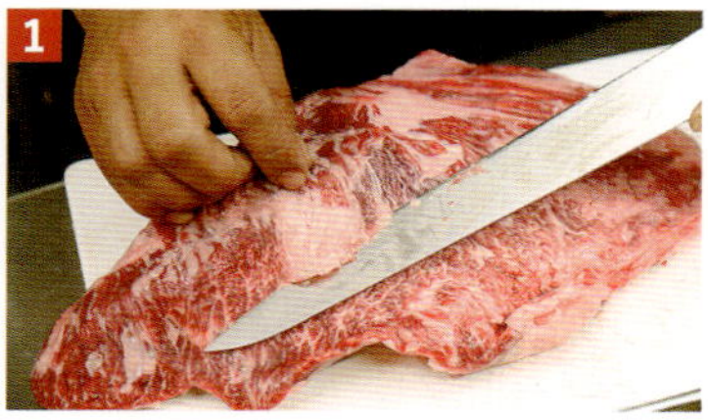

熟成が終わり、掃除した状態で仕入れる。パックをあけたら、肉を確認しながら残っている脂やスジを取り除く。

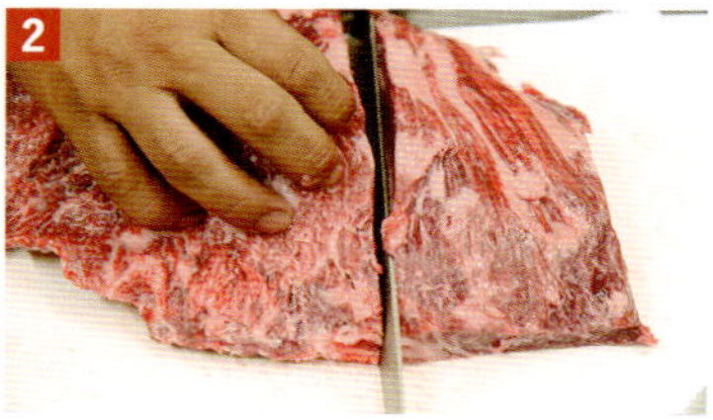

サク取りしていく。ブロックの形に合わせ、繊維に沿って庖丁を入れる。

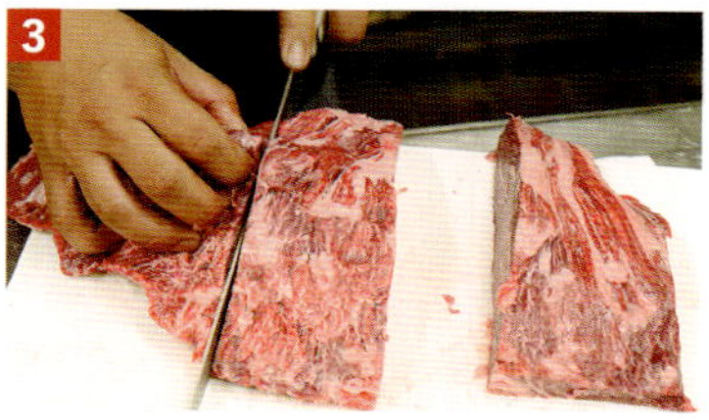

肉の薄いところは幅を広く、肉の厚いところは幅を狭く取る。

POINT

庖丁の角度で判の大きさを調節する

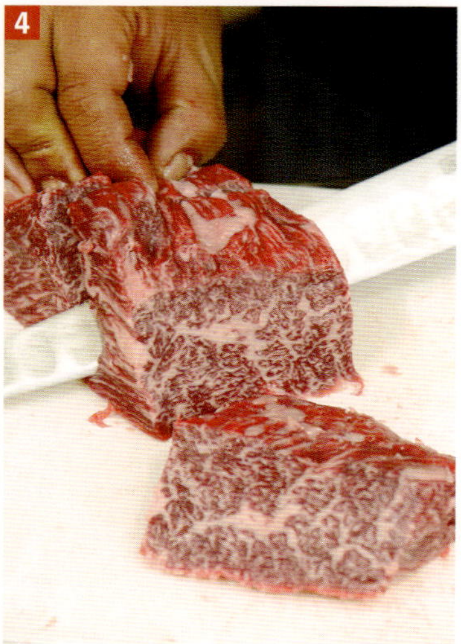

1 枚 100 g のかたまりに切る。厚みの目安は約 3 cm。庖丁はやや斜めに入れ、判の大きさと厚みを調整している。

「幻のかいのみ」のカット

熟成された厚切り肉の旨さが楽しめる『炭焼喰人』の看板メニュー。

ウデサンカク

カタからウデにかけての部位で、三角形の形をしているのでウデサンカク。クリと呼ばれるのもその形から。赤身のさっぱりとした風味と香りが特徴。同店では、ウデサンカクの中でも特に肉厚の部分を使用し、1人前90ｇのステーキで提供する。

品種・等級
黒毛和牛 A4・A5

提供メニュー
特選赤身ステーキ　1,500円→ P.68

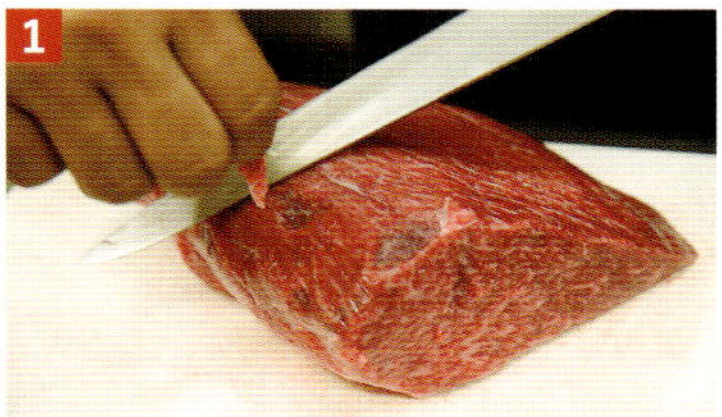

パックから出したウデサンカクを掃除する。熟成されて旨みが増した状態で仕入れる。

POINT
大判を生かしてカットする

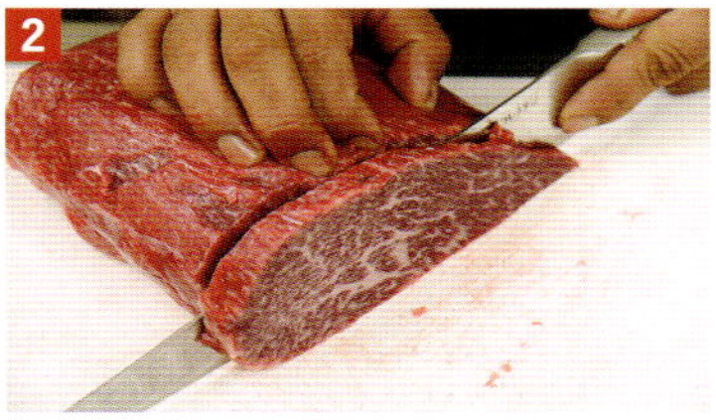

断面の形を生かし、大判でカットする。１枚90ｇ。焼き上げてから好みの大きさにハサミで切って食べてもらう。

予約の状況などを見ながら、肉はカットしておく。バットの上に紙を敷いた上に並べ、営業まで密封して冷蔵庫へ。

形が美しく肉厚の部分を使用する。「赤身ステーキ」という商品名で提供している。

ハラミ

黒毛和牛のハラミを使用。サシが美しく入り、和牛ならではの旨みとあふれ出る肉汁、適度な歯応えも楽しめる。素材のよさを生かし、肉厚の部分は食べ応えのある厚切りのスティック状に切る。肉の薄い部分は薄切りにして「ハラミ」にする。

品種
黒毛和牛

提供メニュー
厚切り上ハラミ　2,000円 → P.67
ハラミ　1.290円

POINT
スジは大胆に取り除く

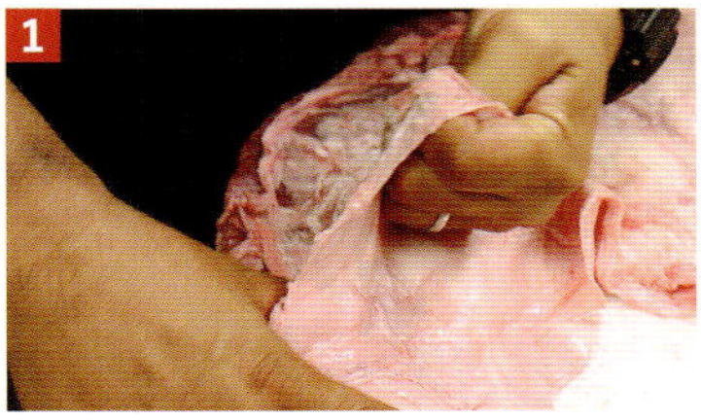

ハラミは片側１本で仕入れる。厚い膜がついているので庖丁を入れながら手ではがす。

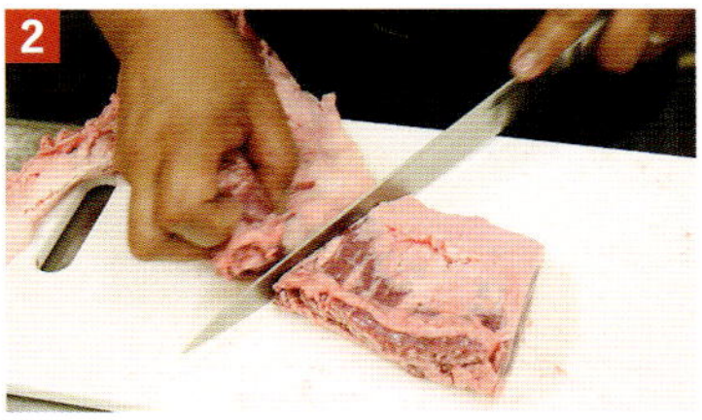

サク取りする。肉厚の部分は「厚切り上ハラミ」用、薄い部分は「ハラミ」用にする。サク取り後、表面の余分な脂を掃除する。

厚切りカット。繊維を断ち切る方向で庖丁を入れ、約2cmの厚みで切る。

薄切りカット。肉が薄いので斜めに庖丁を入れ、そぎ切りにする。

トウガラシ

ウデの一部で、サシはあまり入らず、赤身らしい肉の風味とコクが楽しめる部位。トウガラシのような形をしていることからこの名がある。『炭焼喰人』では「やみつき激ウマ赤身肉」に使用。ややかたい部位のため薄切りにし、特製ダレをからめて提供。

品種・等級
黒毛和牛 A4・A5

提供メニュー
やみつき激ウマ赤身肉　790 円→ P.70

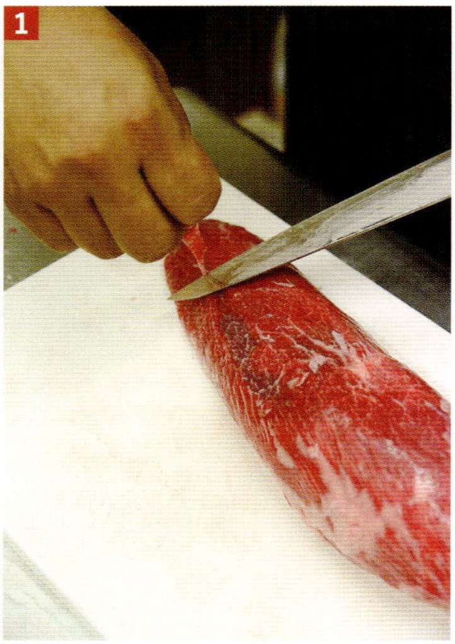

1

長期低温熟成した肉を使用。トウガラシは真ん中にスジが入っているが、これを取り除いた状態で仕入れる。表面に残っているスジをそぎ取る。

2

仕入れの段階でサクに近い形になっているため、断面を生かして３mm 程度の厚みの薄切りにする。１人前 70 ｇ。

POINT

専用のタレでコクのある味に

3

もみダレと味噌ダレを同割で合わせ、ごま油を加えたタレをからめる。赤身肉の味の濃さに合わせた専用のタレ。

4

器に肉を広げて盛り、小口に切った青ネギと白ごまをたっぷりとふって仕上げる。

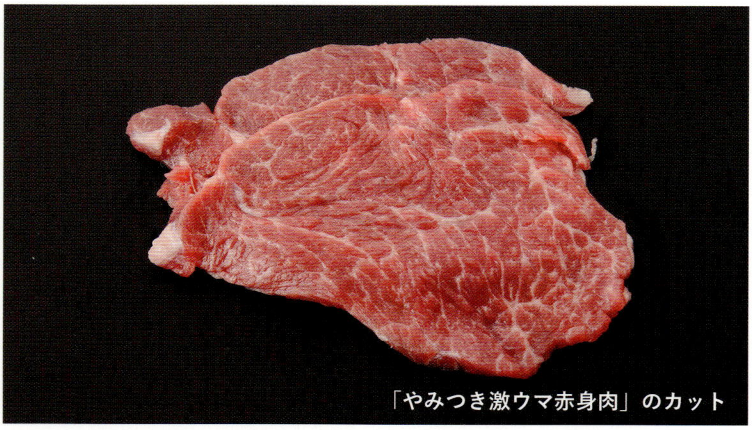

「やみつき激ウマ赤身肉」のカット

きめがやや粗く、歯応えのあるトウガラシの肉質に合わせ、薄切りに。

イチボ

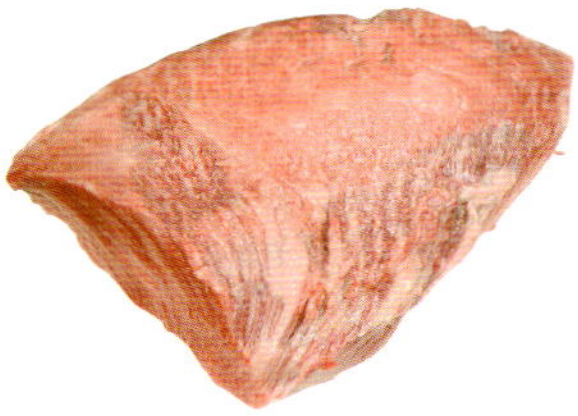

イチボの中でも味がよく、肉がやわらかいとされる先端部分のみを厳選して仕入れる。熟成して旨みが増したイチボを使う店主自慢の焼肉メニューだ。中でも特にやわらかい部分は「厚切り上ロース」として、裏メニューで提供している。

品種・等級

黒毛和牛 A4・A5

提供メニュー

特選上ロース　1,100 円→ P.71

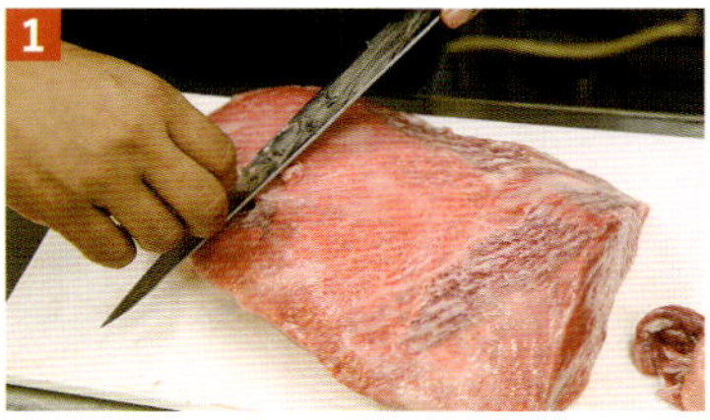

1

熟成して旨みが増したイチボは先端部分に限定して仕入れる。残っているスジや脂をそぎ取る。

POINT

同じ部位でもやわらかさが違う

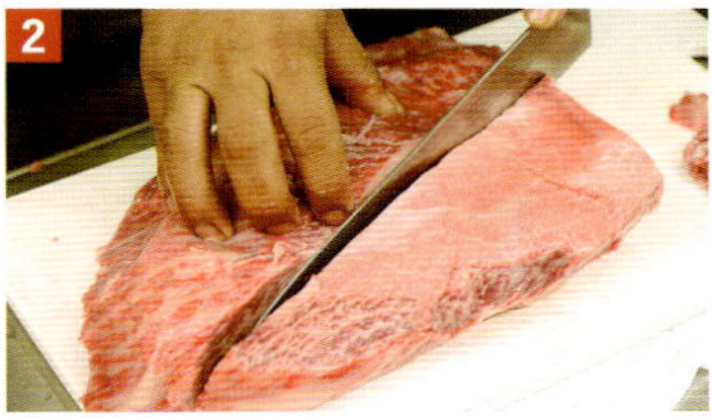

2

左右でも肉質は変わり、特にやわらかい部分（写真右側）を「厚切り上ロース」用に切り分ける。

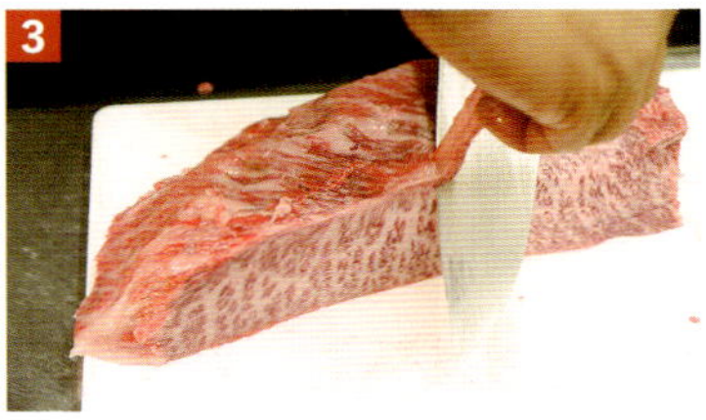

3

間にスジが入っている場合があるので、丁寧に取り除く。そぎ取ったスジはスープなどの材料に活用。

4

「特選上ロース」用のサク取り。繊維の流れを見て、できるだけ繊維に沿って切り分けていく。

5

１人前６枚で 70 ｇ前後を目安にカットする。やわらかい部位なので、厚みは臨機応変に調整している。

POINT

肉の旨みを生かすもみダレで調味

6

赤身の美しさを見せるため、タレはもみ込まず、器に盛ってから上からかける。白ごまと青ネギを散らして仕上げる。

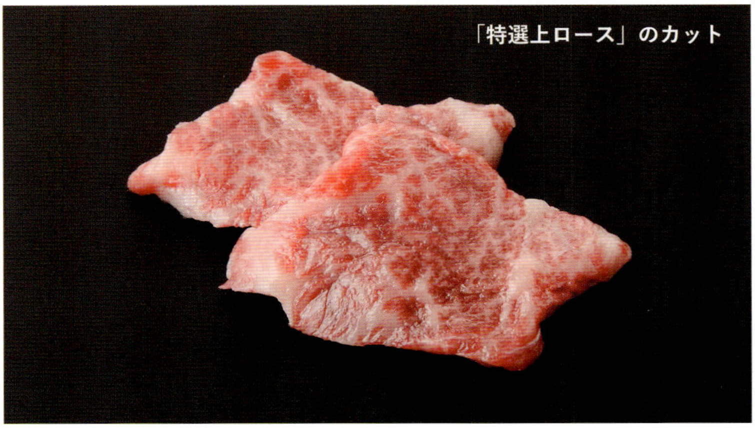

「特選上ロース」のカット

サシがほどよく入った自慢のイチボのカット。

レバー

レバーの中心は血管につながっていた部分でスジが多く、おいしくないため、端のスジや血管が入り組んでいない部分を指定して仕入れる。鮮度を落とさないよう手際よく薄い皮膜をむき、サク取りしていく。

品種

和牛

提供メニュー

炙りレバー　　900円

1

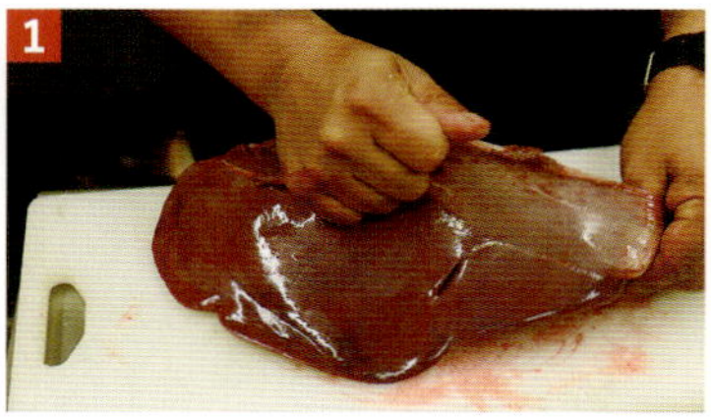

レバーを覆う皮膜をむく。皮膜とレバーの間に親指を刺し入れながら、反対側の手で大きくむいていく。庖丁でむくより手の方が肉の状態がよくわかるという。

2

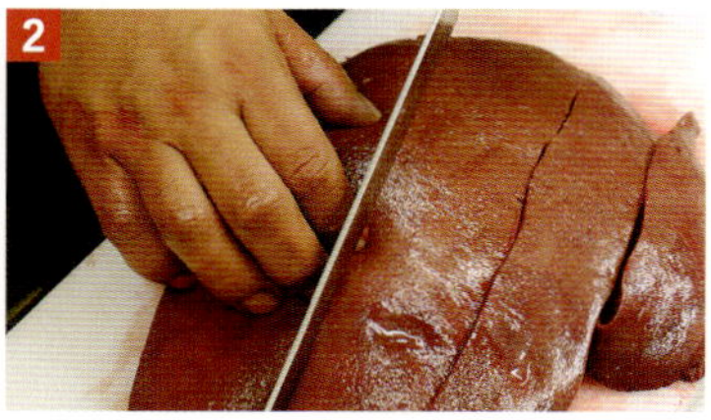

サク取りする。余分な血管部分やスジが少ない場所のため、すぐにサク取りできる。

3

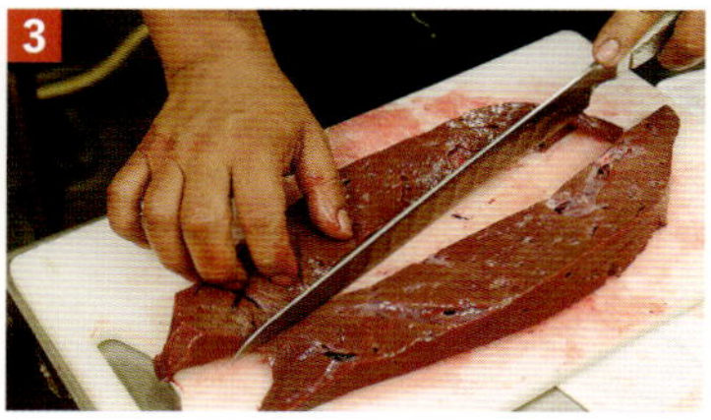

サク取りした身をヨコ半分に切る。これは間に入っているスジや血を取り除くため。

4

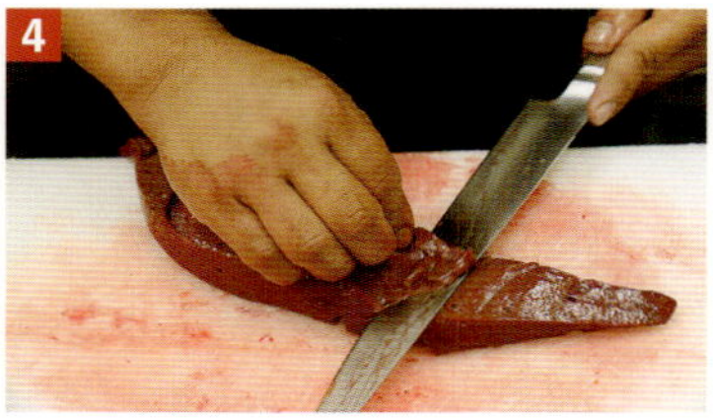

切った断面のスジや血を庖丁でそぎ取る。スジが残っていると、口当たりが悪くなるので必ず取り除く。

POINT
角の立った切り口で鮮度をアピール

5

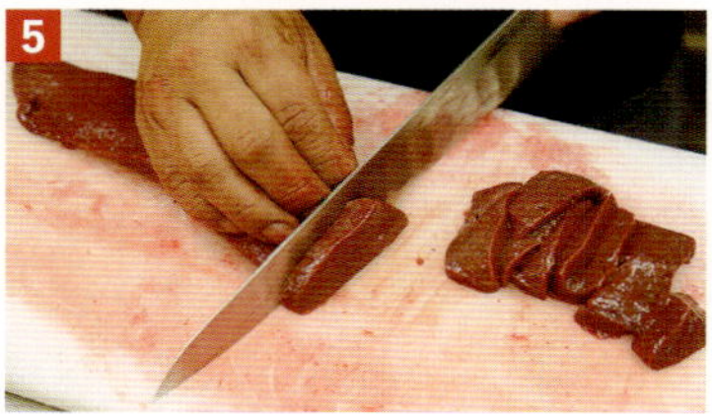

少し厚みを持たせてカットする。身がだれて見えないよう、角を立たせるため、垂直に庖丁を入れている。

POINT
醤油とごま油、ニンニクで味付け

6

味付けは醤油がベース。塩よりも香りよく仕上がる。醤油にごま油、おろしニンニクを混ぜてレバーにからめる。

炙りレバー

900円（税別）

プリプリとしたレバーの新鮮さが魅力の一品。生で食べないよう商品名に“炙り”と入れて提供する。焼き過ぎると肉がパサつくので中まで火が通ったところで食べてもらう。さらしネギと青ネギ、白ごまをのせて、レバーのクセをやわらげ、ごま油を添えて提供。

神奈川
横浜市
炭焼喰人
のメニュー

厚切り上ハラミ

2,100円（税別）

見るだけで肉の風味や香りが伝わってきそうな厚切りカット。霜降り状のやわらかい肉質は黒毛和牛ならではのもの。上ハラミには味が濃い肉厚の部分を使用する。スティック状にカットし、さらしネギと青ネギをのせて提供。

幻のかいのみ

1,800円（税別）

ナカバラにある部位で、バラ系部位の中でも肉のやわらかさ、脂の甘みに優れ、特上カルビの味わい。この肉を約３cmの“超厚切り”、１人前100ｇというボリュームで提供する。厚切り肉を焼く楽しさを味わいながらお客が焼き上げ、ハサミで切って食べてもらう。脂が多いので塩とワサビでシンプルにすすめる。

特選
赤身ステーキ

1,500円（税別）

カタからウデにかけての部位・ウデサンカクを使用。赤身肉特有のすっきりとした旨みがあり、しっかりとした歯応えも魅力で、１枚90ｇの大判で提供。噛むほどに口に広がる味を楽しんでもらいたいからだ。厚みは個体によって微妙に調整する。

シャトーブリアン

1人前 3,200円（税別）※注文は2人前～

この分厚さ。約 300 g の大迫力の姿で3人前。かたまりで焼き上げることで、シャトーブリアンだからこその上品な肉汁と肉のやわらかさが存分に味わえる。もちろん、高級肉かつかたまり肉なので、焼くにはテクニックがいる。そこで、これはスタッフが焼き上げる。下味は軽くヒマラヤ岩塩をふるのみ。ワサビ醤油ですすめる。

やみつき激《ごく》ウマ赤身肉

790円（税別）

赤色が美しく肉々しい味を持つトウガラシを、クセになるような濃厚ダレで味付け。タレは正肉用のもみダレと内臓肉用の味噌ダレをミックスし、ごま油を加えてコクのある味を作りだす。ややかたい部位のため、カットは２mm 程度の薄切り。１人前約 70 ｇ。

特選上ロース

1,100円（税別）

「ロース」の質がおいしい店かどうか見極める基準になるという店主の山本氏。上質な肉を 1,100 円のお値打ち価格で提供する。タレも肉の旨さを引き出している。きめが細かくサシもよく入った赤身肉のしっかりとした旨みが味わえると人気だ。

東京
不動前

焼肉
しみず

私鉄沿線のローカルと言っていい立地ながら、店主の肉に対する情熱が口コミで広く知られ、遠くからもお客を呼ぶ『焼肉しみず』。使用する肉は生産者にまでこだわる黒毛和牛メスのA5クラス。上質の肉をリーズナブルに提供するコストパフォーマンスの高さでも注目される。

DATA

住　　所：東京都品川区西五反田 4-29-13TY ビル 2F
電　　話：03-3492-2774
営業時間：火～土 17 時～ 24 時（L.O.23 時）、日・祝 17 時～ 23 時（L.O.22 時）
定 休 日：月曜日
規　　模：25 坪・42 席
客 単 価：5500 円～ 6000 円

生産者まで指定した上質肉。丁寧な扱いで旨さを引き出す

東急目黒線沿線の不動前駅。駅前商店街を抜けるとすぐに住宅街が広がる立地ながら、２００９年のオープン以来、口コミで人気を拡大している『焼肉しみず』。テーブル席を主体にしたカジュアルで明るい店舗に、平日は近隣のサラリーマンや肉好きの目的客、週末は近隣の家族客やカップル客を中心に集客する。

その魅力は、なんといっても肉質のよさとコストパフォーマンスの高さにある。正肉は黒毛和牛のＡ５クラスのメスを中心に仕入れる。内臓肉は毎朝芝浦の業者に赴き、鮮度抜群の上質のものを確保している。

いずれも業者まで自ら足を運ぶことで目利きの目を養い、業者と密に連絡を取り、顔を合わせることでお互いの信頼関係を築いてきた。特に内臓肉の業者は、何度も足を運び、やっと取り引きするに至ったという。

カタからウデの部位に特化して売る

前述の通り、同店では黒毛和牛はメスのＡ５ランクを中心に使用するが、部位はカタからウデにかけての上半身に特化している。この部分はサシが多く入る部位、赤身の風味がよい部位など、部位によって肉質や味わいが変化に富み、焼材として多彩なメニューに商品化することができると考えているからだ。カタからウデの上半身をセットで半身分を購入し、業者の冷蔵庫で２～３週間寝かせてもらい、ある程度分割した状態で仕入れている。

「銘柄に頼ると肉質のバラツキが大きい。最近はできるだけ、こだわりをしっかり持っている生産者から指定で仕入れるようにしています」と店主の清水優氏。

現在、使用する牛肉の８割は、但馬系統のブランド牛〝田村牛〟だ。精肉業者だけでなく生産者とも顔を合わせ、自身が納得のいく肉を使用している。

温度管理や肉の扱いに細心の注意

こうした上質の肉をベストな状態で食べてもらうため、肉の扱いにも細心の注意を払っている。できるだけ掃除したものをパックした状態で仕入れるが、肉のドリップを吸収し、肉にドリップが戻らないよう、底に〝血吸いシート〟を入れてもらう。店に入れてからも、肉がだれないよう厨房の温度管理はもちろん、軍手の上にラテックスグローブをはめて作業。肉を保管する際には

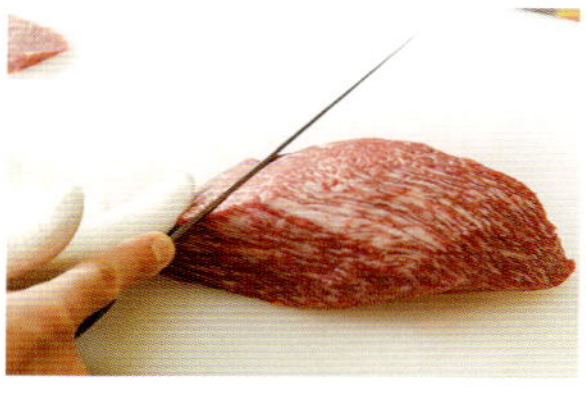

バットの上に肉芝と呼ばれる肉パットを敷く。

商品の売り方にもいろいろと工夫を凝らす。正肉は、店で部位ごとに細かく分割して商品化する。「クリ」や「トウガラシ」など、専門的な部位名で売り出しつつ、一枚売りで５４０円に設定して注文しやすさを工夫。

「おまかせ盛り」「1枚オーダー肉」「1人前オーダー」など、提供スタイルを工夫した注文のしやすさが好評だ。

さらに、内容はおまかせで、よりお値打ち価格に設定した盛り合わせの「おまかせ盛り」を用意することで、気軽さを打ち出しながら、ロス防止にも役立てる。

また、黒タンの根元部分を厚切りで使いながら、手頃な価格設定で人気の「厚切りタン」１０００円などの名物メニューを提供するほか、オーストラリア産のタンを使った「クルクルネギ巻タン塩」１７００円などひと味変わった創作系メニューも導入し、メニューに幅と遊び心を加える。

一方、内臓肉は、1ポーションを60~70gに抑えて一皿６００円前後の価格に設定し、酒客の気軽な注文を促している。他店ではあまりお目にかかれない骨を外した「テール」６２０円、スパイシーな味付けの豚ノドナンコツ「ドーナツ」４９０円など、つまみ感を高めたメニューでお客を楽しませる。

原価率は、肉類で50%、全体で40%半ば。家族経営で人件費を抑えている分、肉を始めとした食材にコストをかけてお客に還元する方針で、現代のシビアなお客の心を掴み、ファンの増大に成功している。

店主の清水優氏。他業種で飲食店の経営を学んだのち、2009年に『焼肉しみず』を開業。生産者にまでこだわった肉の仕入れ、その肉をいかにおいしく提供するか。その真摯な姿勢がお客を呼ぶ。

「焼肉しみず」の肉の扱い

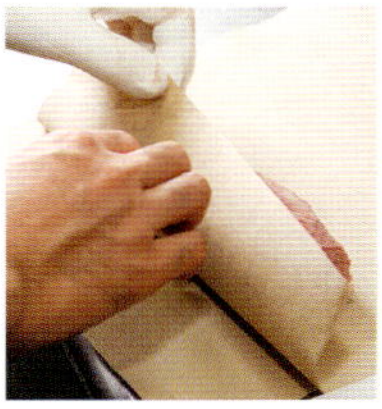

旨い肉だからこそ大切に、丁寧に扱う。分割や掃除は業者に徹底してもらい、仕込みの無駄を省きながら店に入れた肉はお客の口に入るまで丁重に。肉がいたまないよう、分割した肉は“血吸いシート”を敷いてパックしてもらう。サク取りした身は“肉芝”の上にのせたり、ミートペーパーに包んで保管。肉が劣化しないよう軍手の上にラテックスグローブをはめて作業する。

ミスジ

さっぱりとした赤身の風味が楽しめる部位。きめが細かく肉質はやわらかいが、場所によってはスジが気になる部分もある。『焼肉しみず』ではスジが入り組んでいる部分は切り落とし、煮込みなどに使用。場所によってカットの向きも変えている。

品種・等級
黒毛和牛 A5

提供メニュー

ミスジ	1枚 540円
おまかせ5種盛り	2,480円→ P.86

1

ミスジは掃除して3分割したものを仕入れる。注文の様子を見ながらパックを開けて使っていく。

2

場所によって肉のやわらかさやスジの入り方が違う。写真のようにスジが入り組んだ部分は煮込みに回す。

POINT
スジを避けてカットする

3
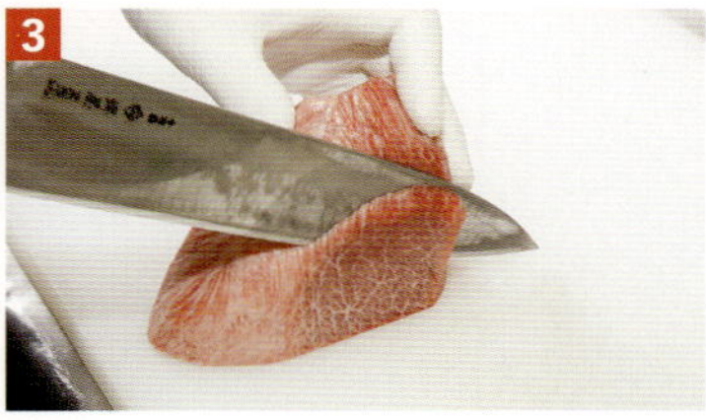
端の方はスジがかたい。スジを避けてカットする。分割した断面を下にして置き、繊維の入り方も見て、縦に薄切りにする。

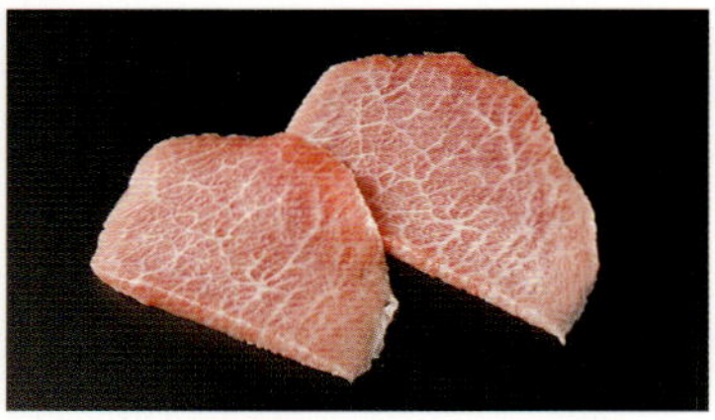
ミスジの中でもスジがかたい部分のカット。やわらかい部分は木の葉形のカットにする。

ザブトン

カタロースの下部分に位置する部位で、名称通り、ザブトンのような形をしている。小分割部位の中でも認知度は高く、同店の1枚切りのメニューの中でもよく出る商品。きれいに入ったサシがよく見えるよう大判でカットする。

品種・等級
黒毛和牛 A5

提供メニュー

ザブトン	1枚 540円
おまかせ5種盛り	2,480円→ P.86

1
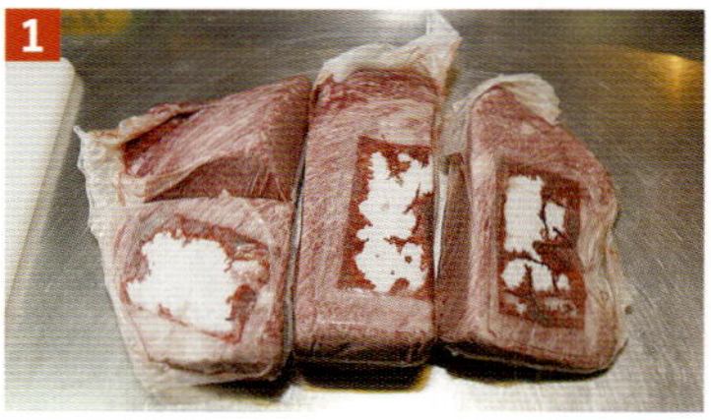
掃除して分割した状態で仕入れる。1ブロックがそのままサクになるよう分割してもらう。この状態で仕入れることで仕込みに無駄がなくなる。

2

注文状況や在庫に応じてパックを開き、使っていく。きれいに掃除してもらっているので掃除の手間もない。

POINT
サクの形を生かしてカットする

3

サクに対して垂直にカットする。やわらかい部位でも繊維に対して斜めに入れると、噛んだ時の歯切れが悪くなるという。

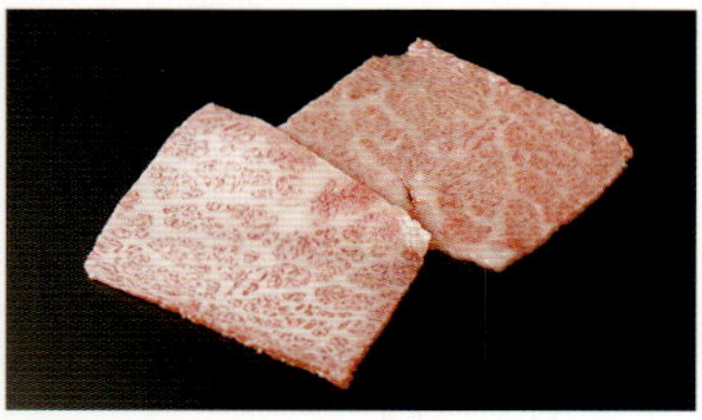
繊維を断ち切るカットでサシを美しく見せる。

クリ

カタサンカクとも呼ばれ、赤身の味が濃く、同店で使用する部位の中でいちばん赤身と脂のバランスがいい部位だという。肉質もやわらか。しっかりと肉の旨さを味わってもらうため、大判でカットする。大判で取れない部分は、観音開きにするなど工夫する。

品種・等級

黒毛和牛 A5

提供メニュー

クリ	1枚 540 円
おまかせ 5 種盛り	2,480 円→ P.86

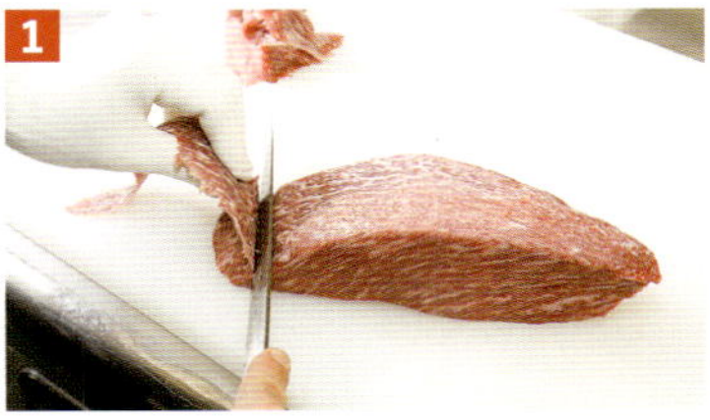

きれいに掃除した状態で仕入れるが、スジが残っている場合は取り除く。焼いて口にあたるほどのスジではないが、1枚の質を揃えるために取り除いている。

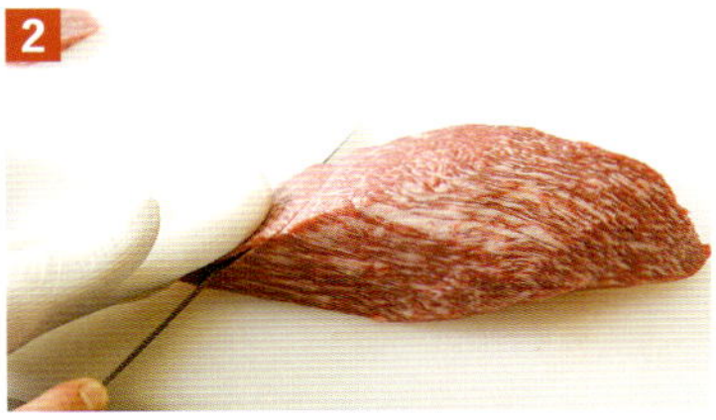

サクの形に合わせ、左側から庖丁を入れる。最初の1枚は形がきれいに取れないため切り落としのメニューに使う。

POINT

庖丁の角度で判の大きさを調整

庖丁は繊維を断ち切る方向に入れ、薄切りにする。判の大きさの取れない部分は観音開きにし、大きさを揃える。

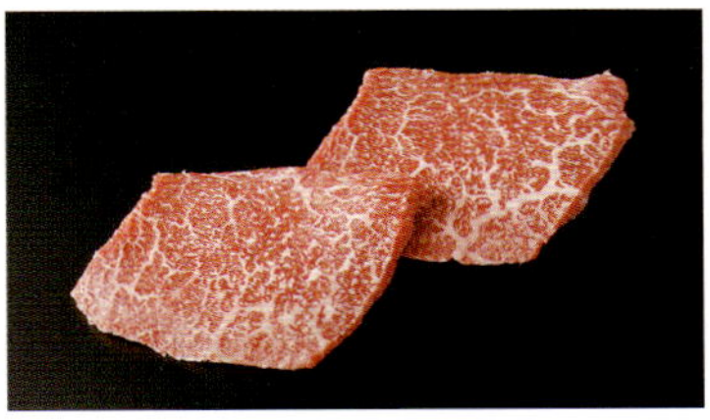

噛み応えを楽しんでもらうため、正肉の焼材には隠し庖丁は入れず、肉を切る庖丁の入れ方で食べやすくする。

トウガラシ

サシがあまり入らないカタの部位で赤身の風味や香りが魅力。ややかたい肉質だが、火を入れ過ぎずレア気味の焼き加減にし、よく噛んで食べると濃い肉の味が出てくるという。繊維の入り方は個体によっても違うので、肉の目を見てカットする。

品種・等級

黒毛和牛 A5

提供メニュー

トウガラシ	1枚 540 円
おまかせ 5 種盛り	2,480 円→ P.86

POINT

スジは大胆に取り除く

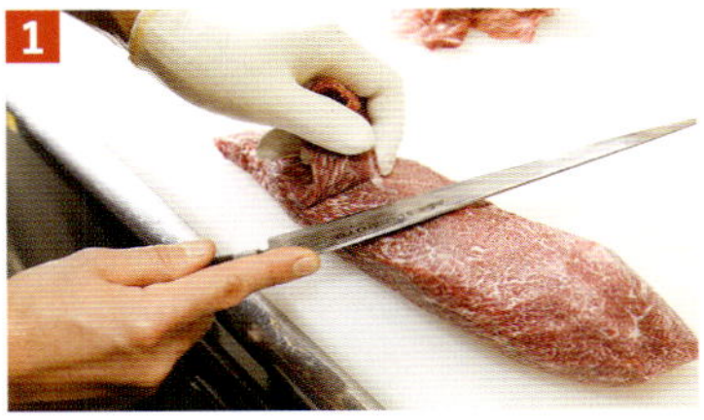

スジが少しでも残っていると食感が変わってしまうので、大きくスジを取る。取ったスジは煮込みに使用する。

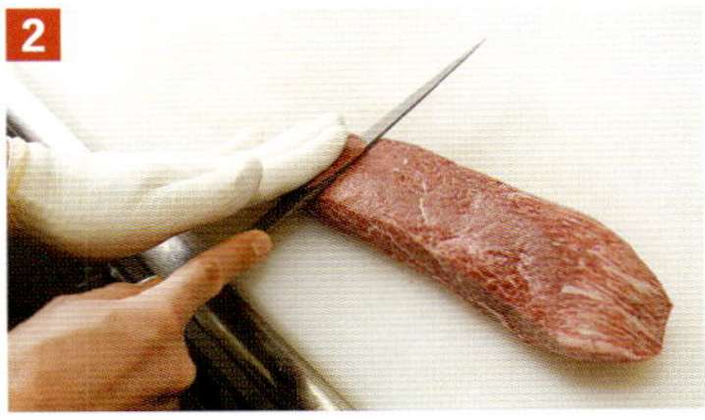

繊維の入る方向を確認し、繊維を断ち切る方向でカットする。判がきれいに取れない最初の1枚は煮込みに使う。

サクの形に合わせ、左側から斜めに庖丁を入れ、判を大きく取る。

赤身らしい肉の旨みと香りが楽しめる焼肉として人気がある。

カタロース

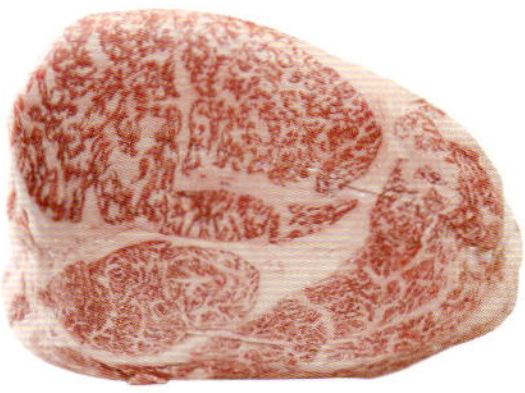

カタロース１本で仕入れ、カタシン、エンピツ、マキの３つに分割して使用する。それぞれ肉質や味に違いがあり、カットの方法も異なる。分割時は手際よく分割し、時間がたって肉がだれないようにする。肉を押さえる左手に手袋は必須。

品種・等級

黒毛和牛 A5

提供メニュー

肩ロース	1 枚 540 円
おまかせ 5 種盛り	2,480 円→ P.86

３つに分割し、それぞれ表面の脂やスジを取り除いた状態。少しでも残っていると食感に影響するので大胆に取り除く。

POINT

肉の分かれる場所に庖丁を入れる

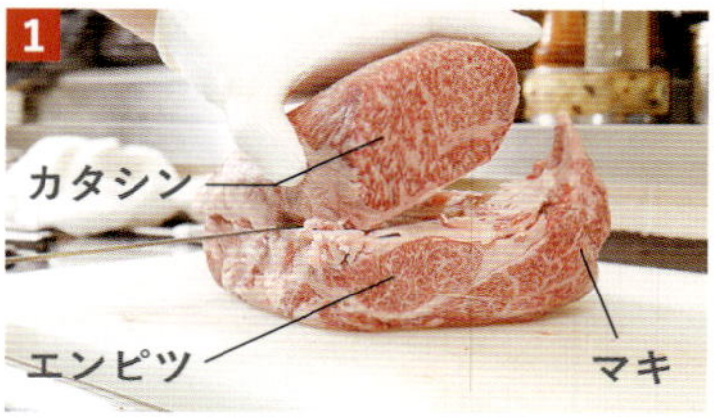

断面を見ればわかるように肉の分かれる場所がある。その間に確実に庖丁を入れ、肉を切り開いていく。まず、カタシンをはずす。中心がエンピツと呼ばれる部分で、右側がマキ。

カタシン

判の大きさを生かしたカットで提供。判が大きい分、薄切りにする。

３つの部位の中で最もやわらかい。分割した状態で形が整っているので、このままカットしていく。

エンピツ

カタロースの中で食感の違いを味わってもらうため、厚切りにする。

写真の通り、カタロースからほんのわずかしか取れない部位。肉の旨みが強く、厚切りにするとおいしい。

マキ

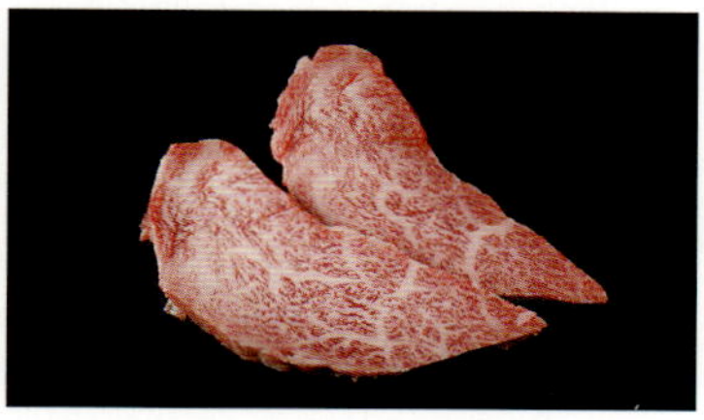

サシがよく入り、脂の甘みが楽しめる。判の大きさの違いは厚みを変えることで調整している。

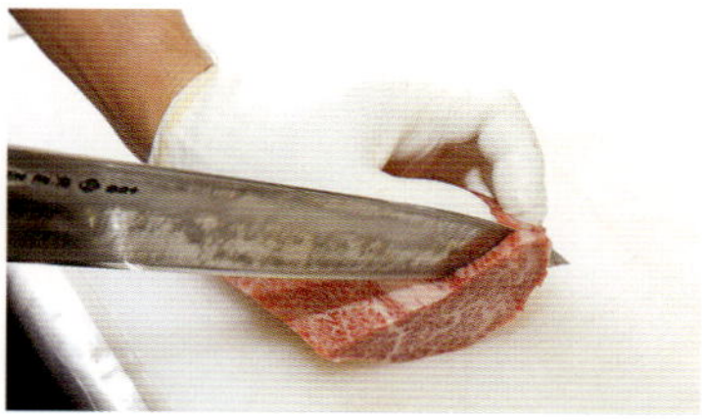

カタロースの中ではサシの入りが強い部分。分割した形を生かしカットする。厚みはカタシンとマキの中間くらい。

肉の味の違いを際立たせるタレ

もみダレはもみ込まず、肉の上からかけるのみ。看板商品の「おまかせ盛り」もタレが基本で、一切れ一切れにまんべんなくかけると、タレが肉にすっと吸い込まれていく。

『焼肉しみず』のタレはもみダレもつけダレも甘みを抑えている。これは脂の甘みを立たせ、肉の味をくっきりと出すためだ。1つのタレでいろいろな部位の甘みや旨みの違いを食べ比べてほしいとバランスのよい味に作る。

もみダレ

POINT
テールスープでまろやかな味に

醤油に昆布を入れて寝かせ、昆布の旨みを充分に引きだしてから、三温糖とザラメ糖、日本酒、みりん、麹味噌、テールスープ、リンゴ果汁を合わせて火にかけ、沸いたら冷ます。テールスープを加えることで、調味料の味を薄め、まろやかな味に仕上げている。テールスープは同店自慢のスープ類に使用するもの。仕込みは週1回、約10ℓを作る。

つけダレ

POINT
レモンとリンゴのフルーティーな酸味

材料は昆布を漬け込んだ醤油に日本酒、ワイン、みりん、三温糖、ザラメ、ハチミツ、レモン、リンゴ、ここにテールスープを加えて肉との相性を高める。複雑な材料使いだが、三日間寝かせることで味が落ち着く。レモンとリンゴのフルーティーな酸味の効果ですっきりとした後味で肉が食べられる。

テール

同店の看板メニューの一つで、テール指定の予約もあるほど。肉を丁寧に骨から外すことで食べやすくなり、噛みしめるほどに広がる旨さを味わわせる。１本のまま仕入れ、尾先はテールスープに使い、太い部分を焼材として商品化する。

品種
黒毛和牛

提供メニュー
テール　620 円→ P.91

POINT
テールスープ用と焼肉用に分割する

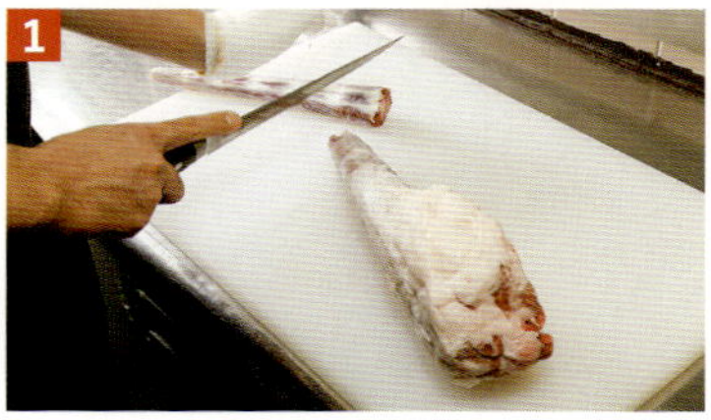

1
尾先はスープなどのだしになる。じっくり煮出してテールスープを取る。このスープをもみダレやつけダレにも使用。

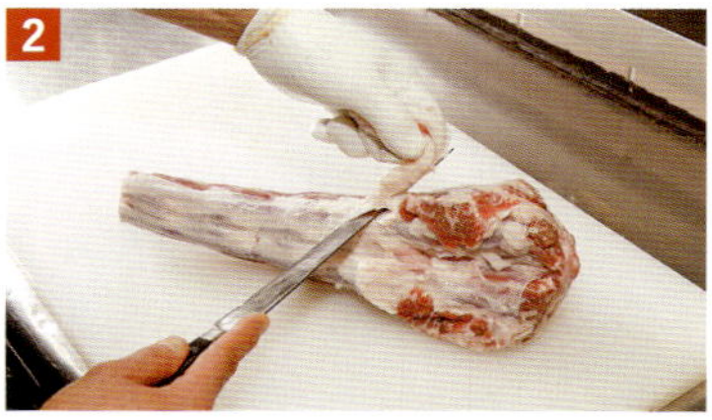

2
表面についている脂やスジを丁寧に掃除する。

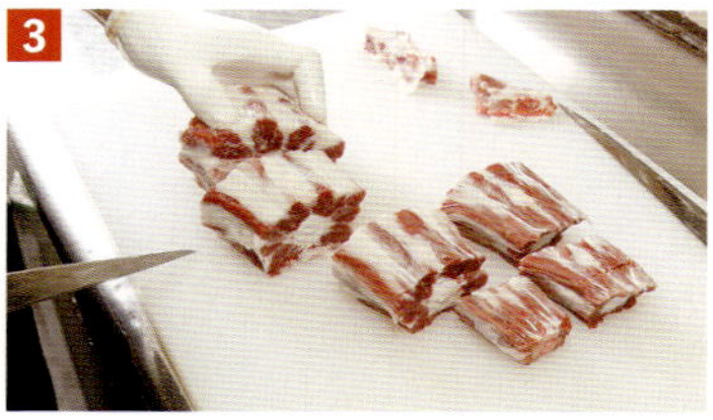

3
焼材用にする太い部分を切り分ける。骨と骨の関節部分に庖丁を入れ、ブロックに分ける。

POINT
骨に残らないように肉を取り出す

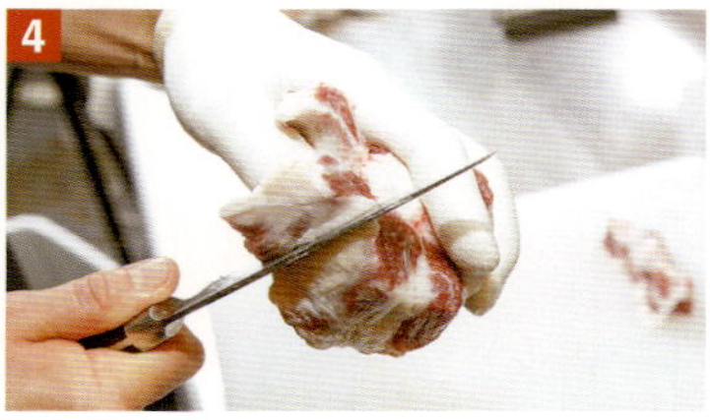

4
骨と骨の間にある肉を一つ一つはずす。骨に肉が残らないよう、骨に沿って両側から庖丁を入れ、肉を取り出す。

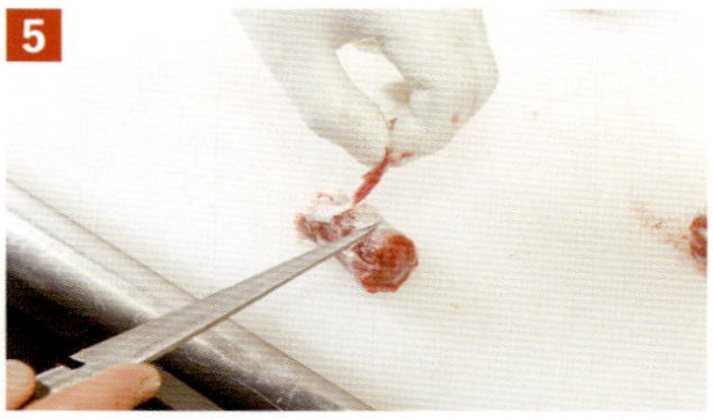

5
取り出した肉に残っているスジや脂を掃除する。

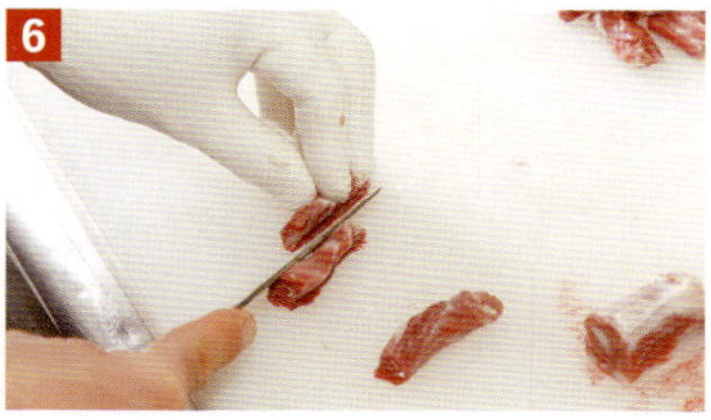

6
１切れ約８ｇの大きさくらいにカットする。１人前は60g。噛むほどにおいしい部位で、やや濃いめの塩味で調味する。

焼肉用の骨を外したテール肉

大きさの取れない部位だが、適度な弾力と濃厚な旨みが楽しめる。

カシラ

牛のホホ肉でツラミともいう。スジが入り込んで食べづらい部位だが、旨みが濃厚。いったん冷凍庫で身をかため、ごく薄くカットして提供する。スライサーを使うと肉が熱を持ってしまうため手切りで。塩、胡椒の味付けで旨みを引き出す。

品種

黒毛和牛

提供メニュー

カシラ　650円→ P.90

POINT

スライスしやすいよう冷凍でかためる

1

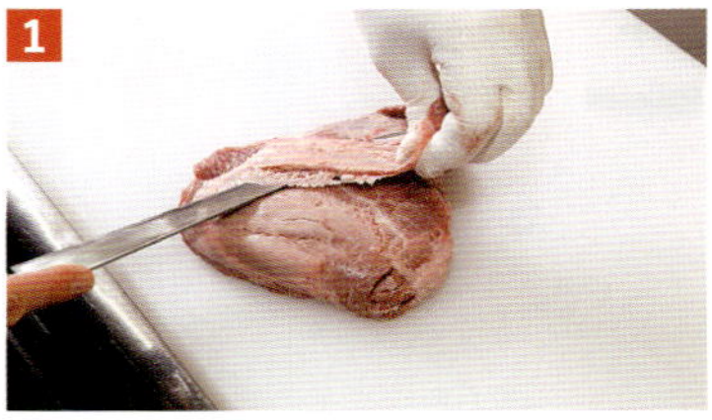

写真のかたまりがホホ肉１枚。肉の周りの脂とスジをきれいにそぎ取る。

2

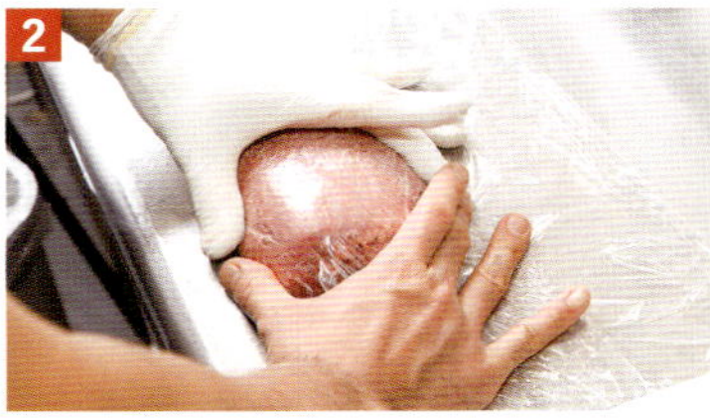

掃除し終わったらラップを広げた上にのせ、肉の形を整えながらぴっちりとラップで包む。

3

スジが入り込んでかたい部分なので、薄切りにする。スライスしやすいよう冷凍庫に入れ、冷凍する。

POINT

肉がだれないよう冷凍のままスライス

4

営業前の仕込みでスライスするところまで仕込んで、冷凍庫で保管する。まず冷凍庫から掃除した肉を取り出し、庖丁が入る程度まで常温におく。

5

庖丁がやっと入る程度になったらスライスする。

6

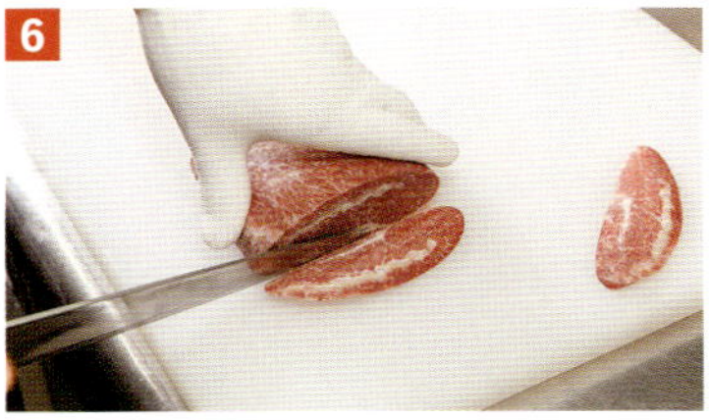

スライスした肉は器に盛り付けし、ラップをかけて冷凍庫へ。忙しい時にもすぐに出せる一品。

肉の間にスジが入り込んでいるので薄くスライス。

タン

旨みが深くやわらかい“黒タン”を使用。タンモトは「厚切りカット」、タンナカからタンサキは「上タン」「並タン」にする。予約で売り切れるほど人気のため、オーストラリア産のタンも併用。こちらは薄切りでネギを巻いて食べるアレンジで出す。

品種

黒毛和牛

提供メニュー

厚切りタン	1枚 1,000円→ P.88
上タン塩	2,480円
並タン塩	1,100円

POINT

タンモトは中心のみを厚切りに

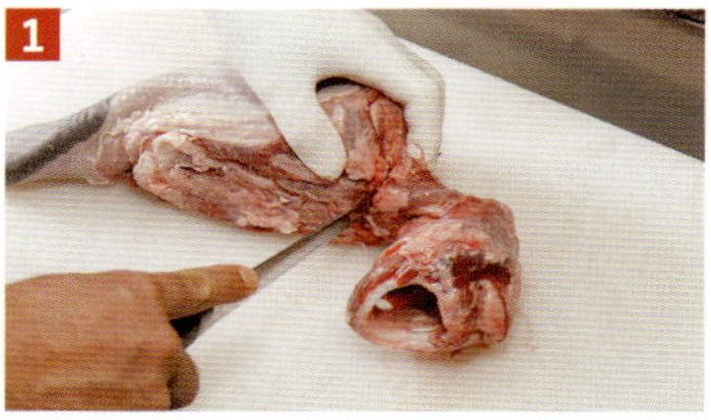

黒タンの証としてついてくるというノドの部分を切り落とす。この部分は特有の匂いがするため、商品にはならない。

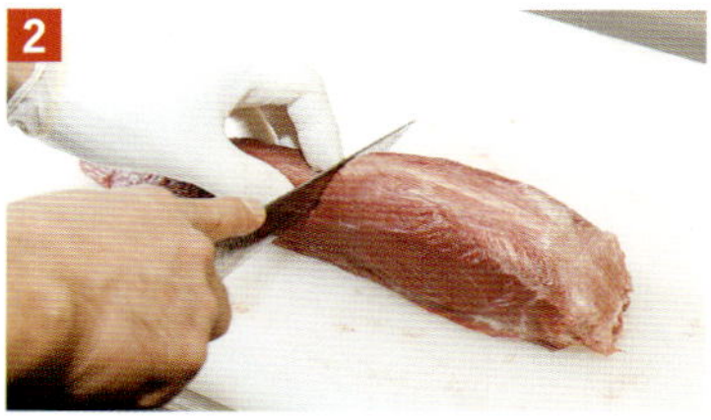

皮をむいてタンシタをはずし、先端のかたい部分を切り落とし、コブのあたりで2つに切り分ける。タンモト側を「厚切りカット」に使用。

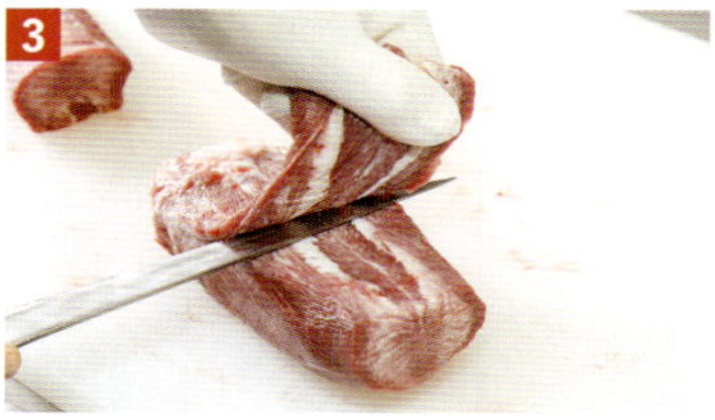

タンモトを掃除する。タンシタの上についている血管部分をそぎ取り、外側の赤い部分をむき取る。赤味の強い部分は食感がかたいため、大胆に取り除く。

POINT

ミートペーパーで包んで保管

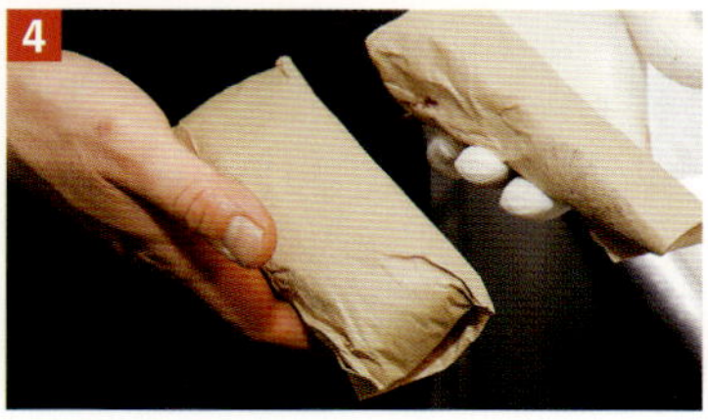

掃除したタンはミートペーパーに包み、冷蔵庫へ。ミートペーパーで包むことで水分を保ち、出てきた血が肉に戻るのを防ぐ。

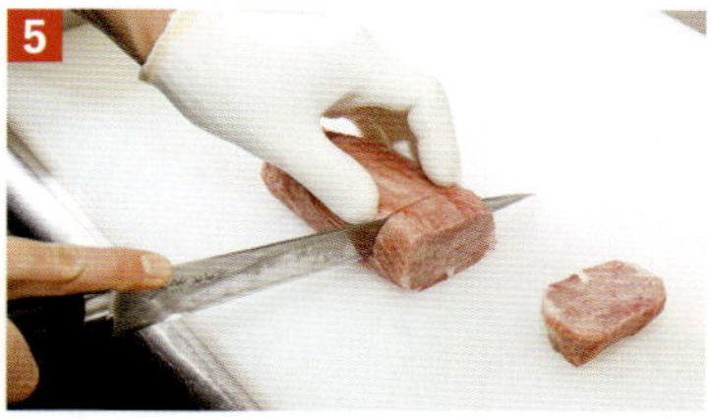

注文が入ったら取り出し、タンモトは約3cmの厚みにカット。やわらかさとサクッとした歯切れを楽しんでもらう。

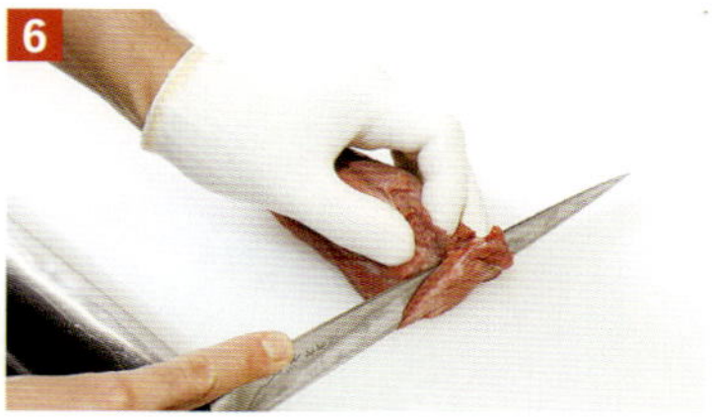

タンナカからタンサキにかけての部位は薄切りにする。歯応えがしっかりしているが、噛むほどに強い旨みが広がる。

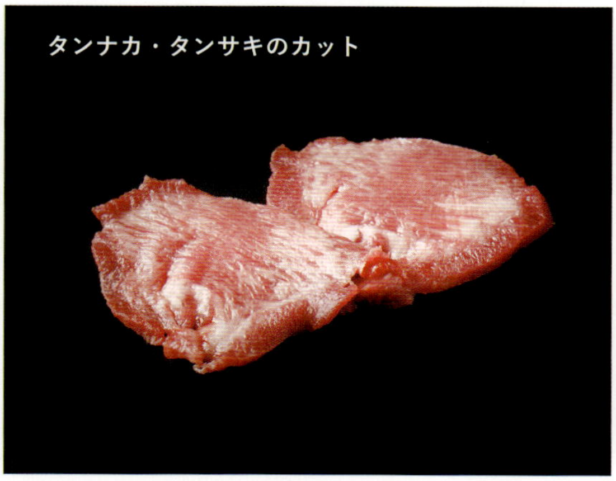

タンナカからタンサキは薄切りで。歯応えを魅力にする。

周囲の赤味の強い部分を取り除き、中心のみを厚切りに。

ハラミ サガリ

黒毛和牛のハラミを使用。サシがほどよく入り、繊維が細かいものを指定して仕入れる。売り切れも多い人気商品だ。ハラミは身の厚い部分を「上ハラミ」に、身の薄い部分を「ハラミ」として商品化。サガリは「ハラミ」として提供する。

品種

黒毛和牛

提供メニュー

上ハラミ　2,480 円→ P.89

ハラミ　1,280 円→ P.89

サガリ

POINT

やや薄めに切って「ハラミ」に

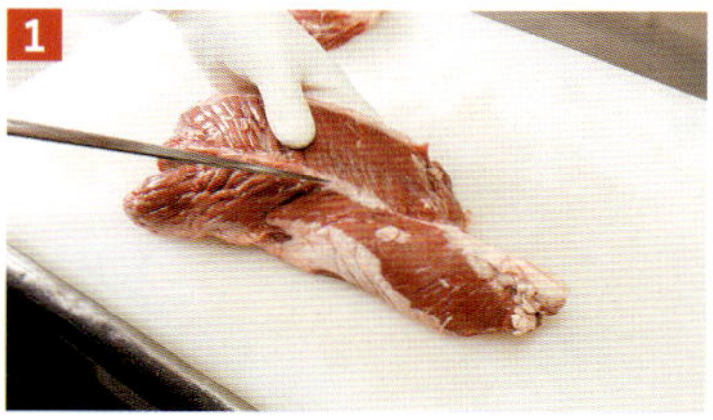

サガリは「ハラミ」で出す。間にスジが入っているので、まず、このスジを取り除く。スジは煮込みに使う。

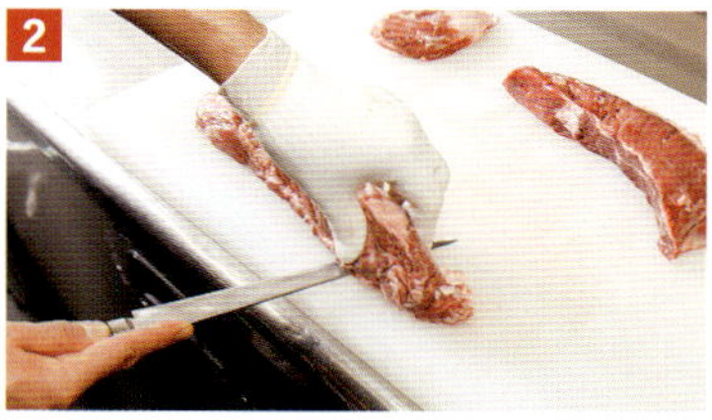

スジの上に庖丁を入れ、上側の肉を切り離す。続いてスジを下にして置き、スジと肉の間に庖丁を入れ、スジを切り離す。

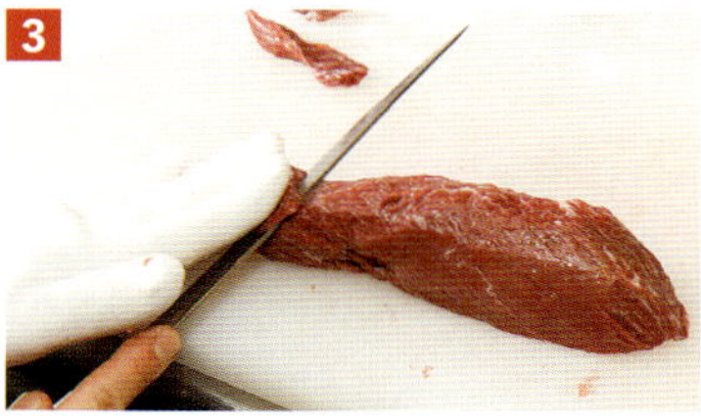

表面の脂やスジを取り除いてから、繊維に対して垂直にカットする。サガリは繊維がほどけやすいが、繊維を断ち切った方がよりおいしく食べられる。

ハラミ

POINT

噛みちぎっておいしい厚みに

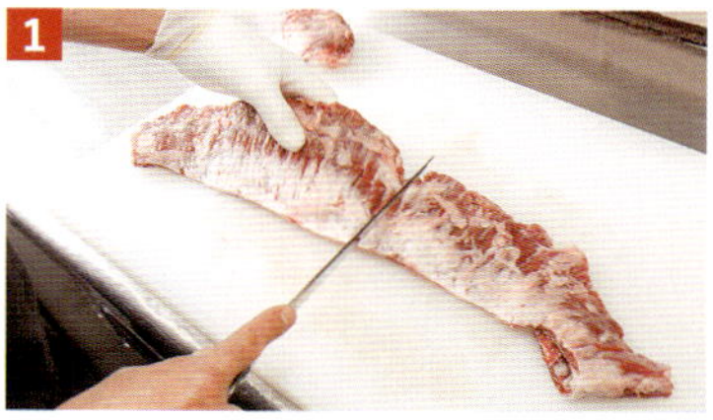

身の厚い部分と薄い部分に分ける。身が厚く、サシがきれいに入った側を「上ハラミ」にする。写真では左側。

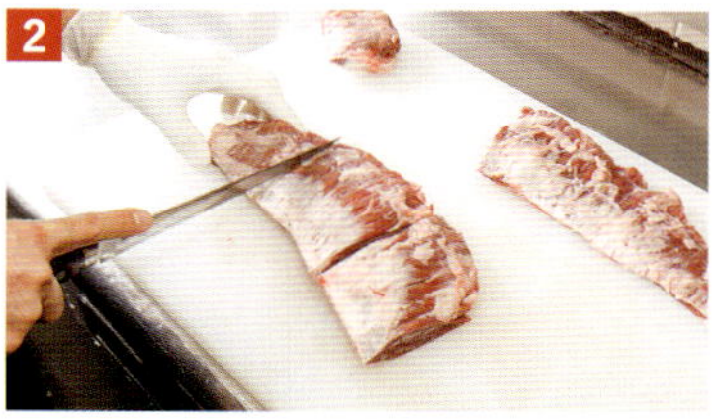

掃除する前にサク取りする。繊維に沿って切り分け、表面のスジや脂を取り除く。この脂を除いた方がハラミの上品な旨みが際立ち、クリアな味になるという。

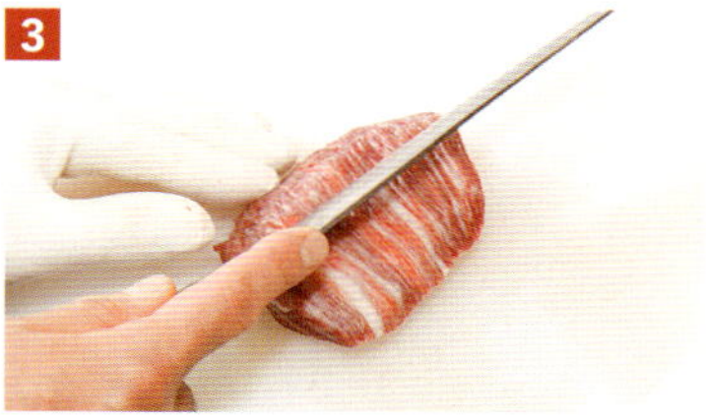

「上ハラミ」は噛みちぎることで生まれるおいしさを味わえるよう厚切りに。サクに対して斜めに庖丁を入れ、約2cmの厚みにし、1切れ約40g。

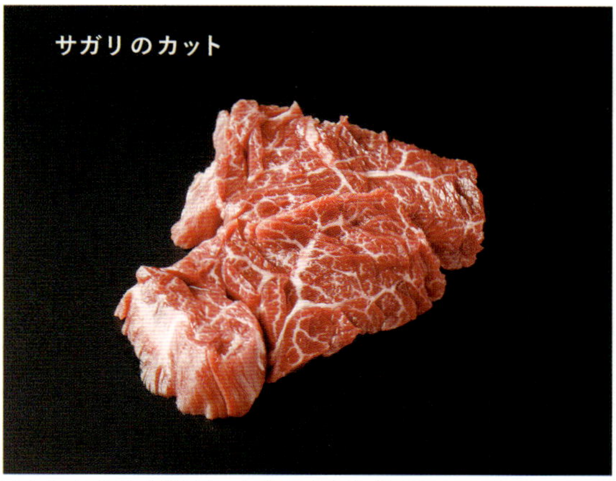

「上」よりやや薄めにする。1切れ約 20 g。

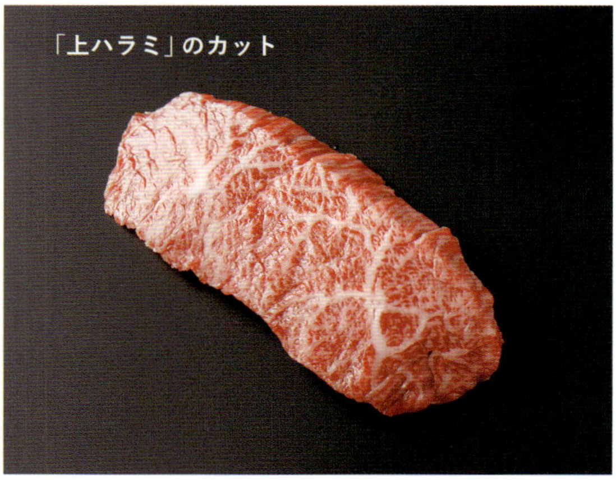

「上ハラミ」のカット。肉の旨みが実感できる厚切りで。

豚ノドナンコツ

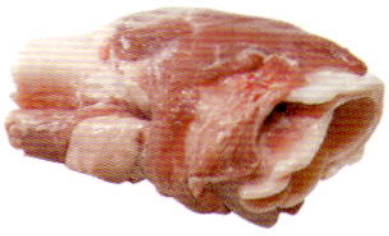

中心が空洞になる形状からドーナツとも呼ばれる。ノドブエと呼ばれる気管がついているのでこれは切り取り、ノドの部分だけを薄くスライスして焼材にする。コリコリとした食感が酒のつまみにぴったり。冷凍してから薄くスライスする。

品種

国産

提供メニュー

ドーナツ　490円 → P.85

POINT

薄切りでコリコリ感を生かす

1

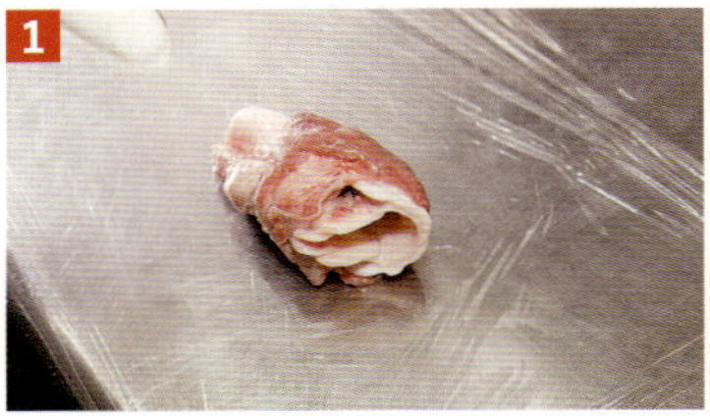

１頭分のノドナンコツから２人前取れる。気管を切り取り、薄皮もきれいにはぎ取って掃除し、ラップで包む。

2

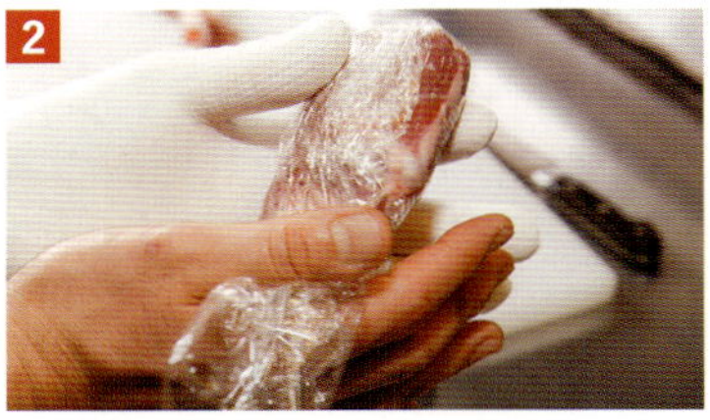

形を整えながらぴっちりと包み、冷凍庫へ。冷凍した方が切りやすいため。

3

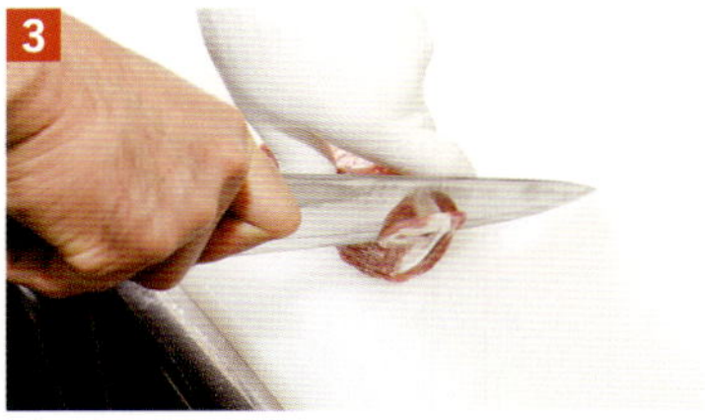

冷凍したノドナンコツは庖丁が入る程度まで半解凍し、庖丁で切る。厚みがあると軟骨がかたく食べづらいので1.5mm 程度の薄切りにする。

POINT

スライスした状態で仕込みおく

4

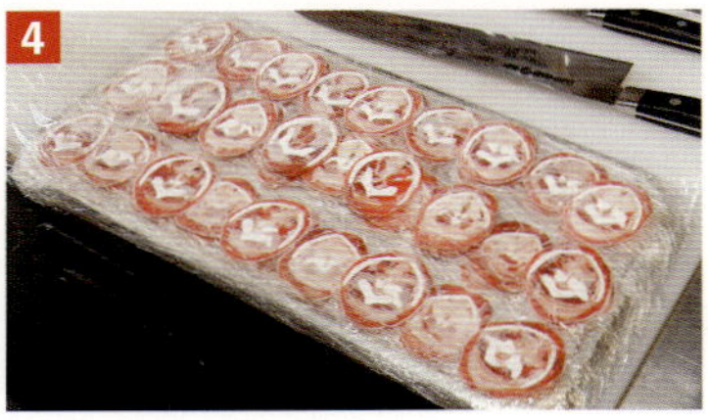

スライスした肉はくっつかないようバットに並べ、ラップをかけて冷凍庫で保存する。

POINT

黒胡椒がたっぷりの味付け

5

注文が入ったら取り出して味付けする。ボウルに塩と胡椒、おろしニンニク、ごま油、白ごまを入れ、よく混ぜる。

6

スライスしたノドナンコツにからめてなじませ、器に盛る。仕上げにたっぷりと黒胡椒をふって客席へ。

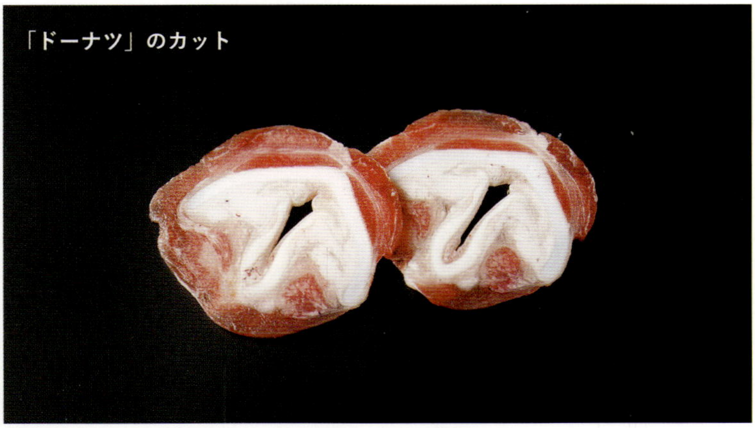

「ドーナツ」のカット

軟骨のコリコリ感と少しついている肉の旨みが魅力。

焼肉
東京 不動前
しみず
の メニュー

ドーナツ

490円（税込）

「ドーナツ」目当てにやってくるお客もいるほど大人気のメニュー。黒胡椒たっぷりのスパイシーな味付けと軟骨のコリコリ感がクセになる。焦げるくらいまで焼くのがポイントで、軟骨がカリッとしたところを食べてもらう。

おまかせ
５種盛り

2,480円（税込）※写真は２人前

『焼肉しみず』の上質な和牛肉を一皿で味わえるおまかせ盛り。単品よりお値打価格に設定するため、お客の注文率は非常に高い。サシの多い部位と赤身の部位をバランスよく盛り込み、肉の味を引き立てるもみダレをかけ、それぞれの味わいの違いを楽しませる。

クリ
肩ロース
トウガラシ

厚切りタン

1,000円（税込）

黒毛和牛の牛タンのやわらかさを味わってもらうため、根元部分のみを約３cm の厚切りで提供。岩塩と胡椒でシンプルに調味し、上品な脂の甘さを生かす。注文しやすいよう一枚売りにしている点も好評だ。牛タン１本から５人前ほどしか取れず、１日５～10食を限定で提供。予約で売り切ることも多い。

上ハラミ

2,480円（税込）

売り切れ必至の人気メニュー。本当においしいものを直接業者に取りに行って仕入れるため、出せない日もあるという。「上ハラミ」には身の厚い部分を使用し、約2cmの厚みにカットする。味付けは塩、黒胡椒で、山わさびの醤油漬けを薬味に。塩は素材により変えている。

ハラミ

1,280円（税込）

ハラミの身の薄い部分とサガリを「ハラミ」にする。特に要望のない限り、もみダレをかけて提供する。つけダレを添える。

カシラ

650円（税込）

噛みしめるほどに味が出てくると、常連客の注文が多いメニュー。スジが入り込んで肉質がかたいので冷凍してから薄くスライスする。肉の味が濃いので味付けは塩、胡椒のみでシンプルに。

上ミノ青唐辛子

650円（税込）

１ポーション 60 ～ 70g でこの価格。アルコールと一緒に楽しんでもらいたいと味付けはやや濃いめ。身の厚い上ミノは食感を残しながら、表面に庖丁目を入れて食べやすく。塩で調味してから青唐辛子をまぶし、ピリッとした辛みを利かせている。

テール

620円（税込）

和牛肉のテールを使用し、生のまま骨と骨の間から肉をはずして商品化。骨ごとカットする店が多いなか、繊細な仕事でテールの濃厚な味わいを堪能させる。ほどよい弾力も心地よく、店の名物メニューになっている。

ぶっかけ
にこみ
くつべら
セセリ
マルチョウ
ミックス
ミミ
塩テッポー
くつべら
オッパイ
正油ホルモン
焼のり
ハツ
アサヒビール
ASAHI-BEER
OSAKA BEER BREWING C° LTD.
SUITA-MURA NEAR OSAKA JAPAN

東京
三軒茶屋

肉人

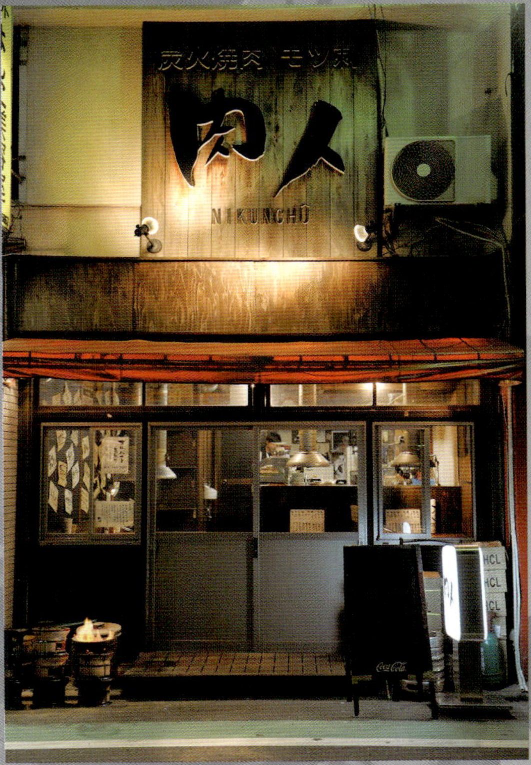

三軒茶屋と下北沢、雑多な雰囲気が魅力の2つの街に『肉人』はある。外観は気取りのない気軽な感じだが、中で供されるメニューの数々は、新鮮なホルモンから正統派の正肉まできちんとした仕事がなされたもの。有名焼肉店で修業したオーナーの技術とこだわりが細部まで浸透している。

DATA

住　所	東京都世田谷区三軒茶屋 1-7-13
電　話	03-3410-6225
営業時間	18時～翌3時
定休日	不定休
規　模	10坪・22席
客単価	3500円

東京 三軒茶屋

肉人の焼肉

多彩なホルモン焼肉を丁寧な仕込みの技術で巧みに商品化

2006年に下北沢、2010年に三軒茶屋にオープン。どちらも若者が多く集まる個性的な街に『肉人』はある。〝肉人〟と書いて〝にくんちゅ〟。遊び心あふれる店名のこの店、オーナーの伊藤道秀氏のセンスとこだわりが店のあらゆるところにあふれている。

一見すると、気取りのない、モウモウと七輪の煙に燻されたかのような古いホルモン焼き店なのだが、むきだしのダクトにダメージ加工された木造の壁、墨文字で書かれたメニューやアンティークのポスターなど、主張しすぎないお洒落感が漂い、落ち着きのある居心地のいい空間になっている。オーナーは自分好みの店にするために、自ら内装に手をかけていたりもする。ちなみにオーナーの名刺の肩書は〝肉長〟。こんなところにも、オーナーの遊び心が垣間見える。

丁寧な下処理で内臓肉の旨さを引き出す

意外な驚きは、同店のメニューにも表れている。中でもホルモンが人気メニューというだけあって、主に芝浦市場から直送される鮮度抜群の内臓肉を使っているのはもちろんだが、それらの素材には鮮度だけに頼らない、きめ細やかな仕事の数々が施されている。同店の看板メニューの一つ、豚の直腸を塩で供する「塩テッポー」500円に臭みはまったくなく、身はプリプリで美しい薄いピンク色をしている。これは、下処理の段階で小麦粉と酢を使って何度も洗い、氷水でしめるなど、幾重にも手がかけられているからである。

仕事の丁寧さは豚直腸に限ってのことではなく、個々の素材はよりおいしくするための下処理が施されている。内臓肉の掃除は業者に任せ、掃除した状態で仕入れることの多くなっているなか、『肉人』では、手間と時間をかけて素材に向きあっている。

小さな白い皿に、一見無造作に盛られたように見える肉も、厚みや大きさが肉質に合わせて計算されている。上質なタンやハラミなど歯切れのよい部位は、厚切りであっても隠し庖丁や飾り庖丁など、庖丁目を入れることはしない。歯切れのよさとあふれ出る肉汁を逃さないようにするためだ。反対に、ムニュッとした食感、コリコリとした食感など、独特の歯応えを持つ内臓肉には隠し庖丁を入れ、噛み切りやすさを助ける。カットされた肉の切り口もすっと角が立っている。

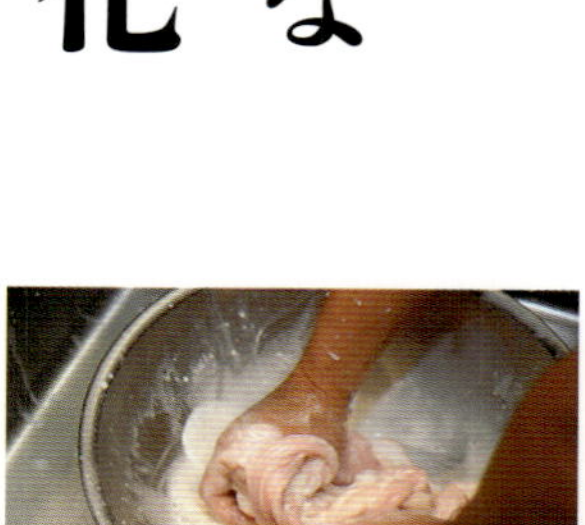

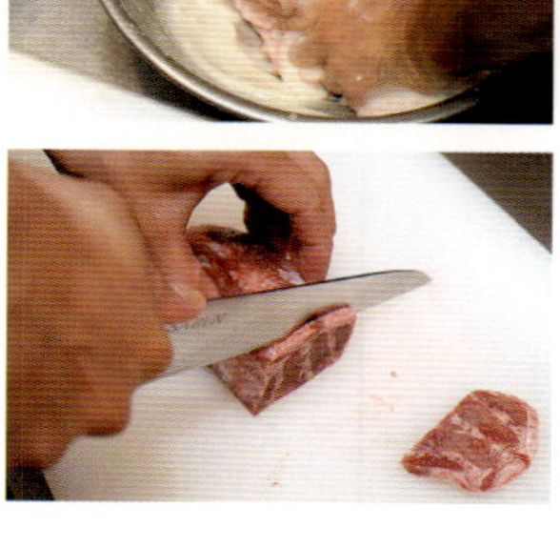

スタッフには積極的に仕事を教え、肉の切り方や味付けも任せている。若いスタッフの丁寧な接客もまた同店の居心地のよさにつながっている。

マニアックな部位も積極的に活用する

ホルモンのレベルの高さで評判を呼ぶ『肉人』だが、こうした伊藤氏の仕事の原点は焼肉店にある。父親のすすめで、東京・茗荷谷の老舗焼肉店で修業し、焼肉の技術を学んだ経験が今の仕事に生きている。連日お客で混みあう忙しい店で、昔ながらの仕事や仕入れの方法、肉の扱いなどを覚えていった。カルビやロース、タンといったいわゆる焼肉の定番メニューを扱う店で、内臓肉はミノ、レバー、ホルモン程度しかなかったが、仕入れのついでにいろいろな部位について教えてもらうことで、知識を増やしていった。また、店を開業するにあたっては、人気の焼きとん店に出向き、内臓肉の掃除をはじめ、扱い方を教えてもらうこともしたという。誰もが気軽に飲んで食べられる店を想定した時に、原価の安いホルモンをメインにしようと考えたからだ。

他ではめったに食べられない、マニアックな部位が多数揃っているのも、同店を特徴づけている。たとえばキンツルやオッパイ、ミミ、クツベラなど、ホルモン焼き店でもあまり見かけない部位を提供する。他店でなかなか見かけないのは、食肉市場では需要の少ない内臓類は一緒くたに扱われてしまい、流通しづらいからだという。同店でも入手できない場合もあるが、信頼する業者に頼み、できるだけ仕入れを確保している。

現在、店はスタッフで回すことが多いが、アルバイトスタッフを含め、サービススタッフには礼儀正しく親切な接客が徹底されている。これもオーナーの姿勢が浸透しているからだろう。

「肉人」の卓上のつけダレ

卓上には塩用のつけダレと醤油ダレの2種類がセットされている。塩用のタレは酢をベースにしたもの。醤油ダレはもみダレをレモン、酒等で薄めたもの。下味を肉にしっかりつけるので、つけダレはどちらもあっさりとした味わい。写真奥の薬味は「タテギ」で、粗挽き唐辛子、ごま油、醤油を混ぜたもの。好みでつけて食べてもらう。

豚直腸

『肉人』の内臓肉の仕事の中でも真っ先に紹介したいのが豚直腸の掃除。同店では豚の直腸に残っている汚れや臭みを小麦粉と酢を使って丁寧に取り除く。さらに氷水でよくしめることで、プリプリとした“身が立った”状態になるという。

品種

国産

提供メニュー

塩テッポー　520円→ P.97

POINT

小麦粉でもんで汚れと臭みを出す

1

写真は豚の直腸4本分。水で軽くもみ洗いしてからボウルに入れ、小麦粉をふり入れる。

2

直腸のヒダの中まで小麦粉を行き渡らせるよう、手でしっかりともむ。しっかりもみ込むことで小麦粉に汚れや臭みが吸着し、外に出てくる。

3

充分にもみ込んだら、流水にあてながら小麦粉を洗い流す。小麦粉が直腸の中に入り込んでいるので、何度か水を替え、水が透明になってくるまで洗う。

4

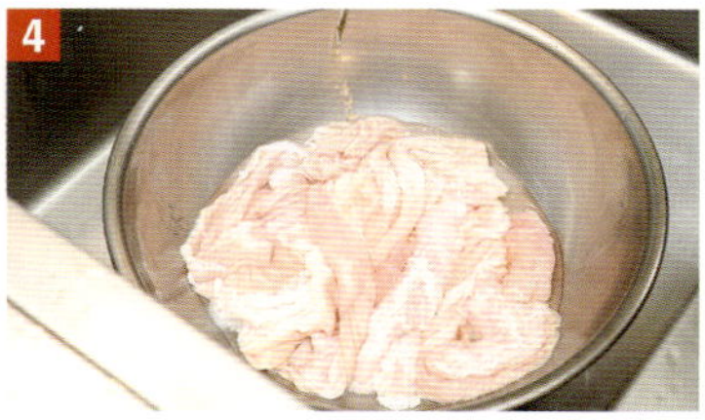

軽く水気を切ったら、酢を加える。直腸全体に酢が回る程度までたっぷり入れる。

POINT

酢でもんで臭みの元を抜く

5

これを再度もみ込む。酢の効果により、直腸の内側から臭みの元が抜けてくるという。もみ込んで出てくる水が濁っているのがわかる。

6

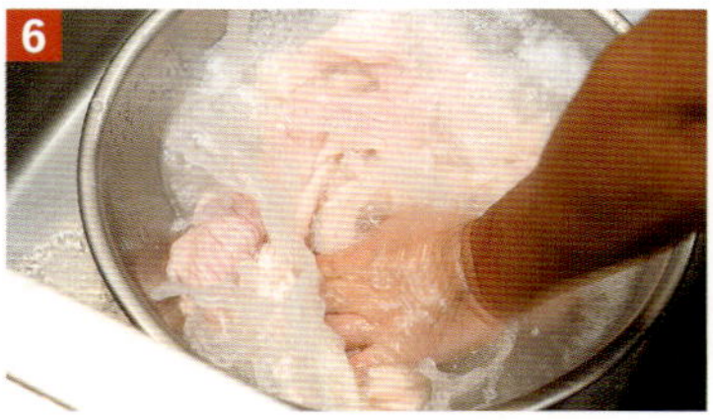

この水がきれいになるまで流水でよく洗い流す。さらに流水に2時間ほどさらす。

7

さらした直腸を氷水につける。2段階で洗った直腸は臭みが抜け、スポンジの中身がなくなったような状態。ここに水分を加えることで身が立ってくる。

8

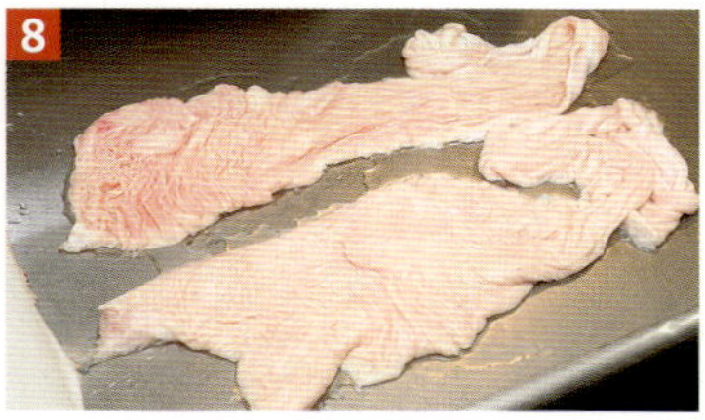

上が氷水につけた後。下が氷水につける前。白色がピンク色に変わり、ギュっと身がしまっている。

POINT
隠し庖丁で噛み切りやすく

9
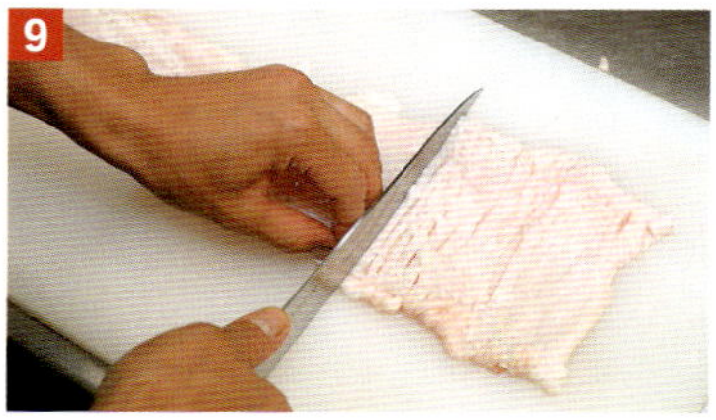

掃除の終わった直腸をカットする。水気を拭いて脂側を上にして置き、隠し庖丁を細かく入れる。

10
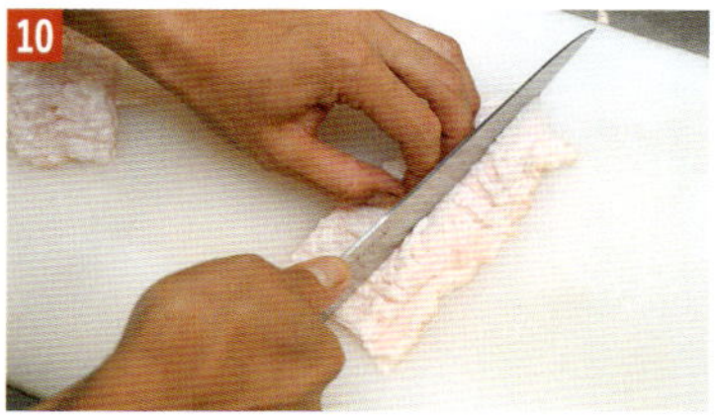

これをタテ半分に切る。

11
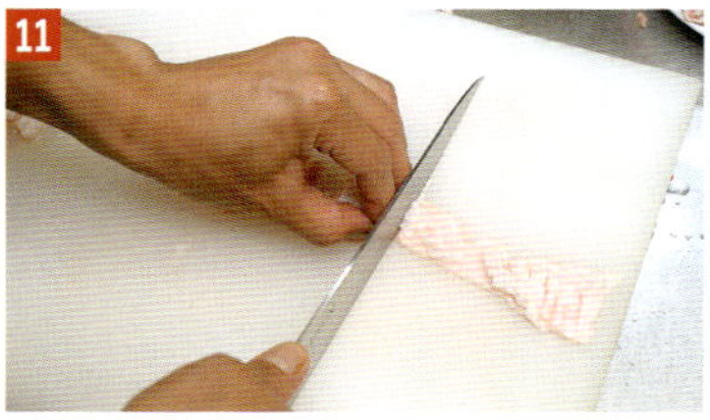

さらに食べやすい幅にカットする。

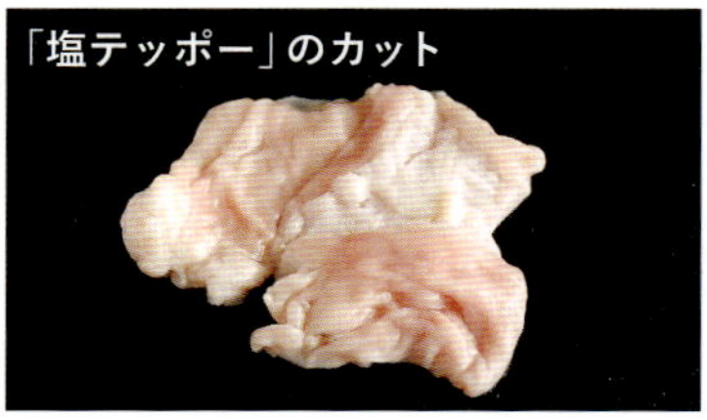

「塩テッポー」のカット

まっ白な脂と薄ピンク色の身。丁寧な仕事ぶりがカットからもわかる。

味付け

POINT
クセのないサラダ油ベースの塩味

1

掃除した豚直腸は「塩テッポー」として商品化。クセのないサラダ油を使うことであっさりとした塩味で下味をつける。

2

注文ごとに味付けする。ボウルにサラダ油を入れたら、塩を加える。

3

少量のおろしニンニクを加え、指でよく混ぜる。

4

カットした直腸を加え、手でよくもみ込んで味をなじませる。器に盛って提供。

塩テッポー

520円（税別）

まっ白な脂に薄ピンク色の身と、見るからに臭みが抜けて洗練された印象のホルモンメニュー。豚直腸は開いた形が鉄砲に似ていると、“テッポウ”とも呼ばれる。何度も洗った味は上品な甘みがあり、塩であっさりと味付けし、その味わいを生かす。１人前80ｇ。

豚オッパイ

豚の乳房。豚一頭につき、14個ある。淡いピンク色の肉はほとんどが脂肪だが、意外と弾力があってプリプリとした食感が楽しめる。一般的にはあまり需要のない部位で入手が難しく、常に入るとは限らない希少部位だという。

品種

国産

提供メニュー

オッパイ　　520円

POINT

かたい部分を最初に取り除く

乳首は取り除かれた状態で仕入れる。この乳首の周りはかたいので、庖丁でくり抜くようにして取り除く。

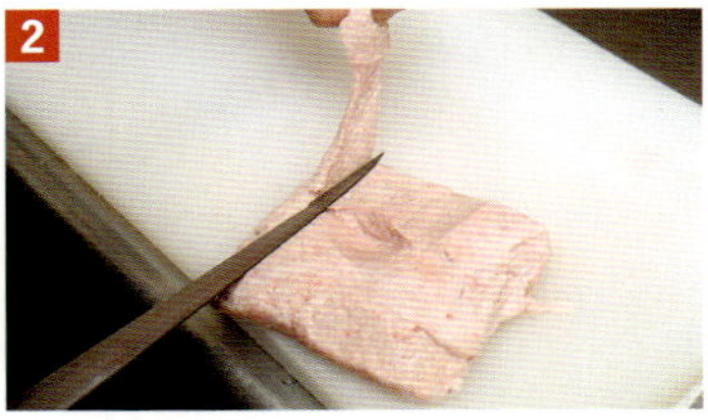

表面を覆う薄皮をそぎ取る。薄皮が残っていると口当たりが悪くなるので丁寧に取る。

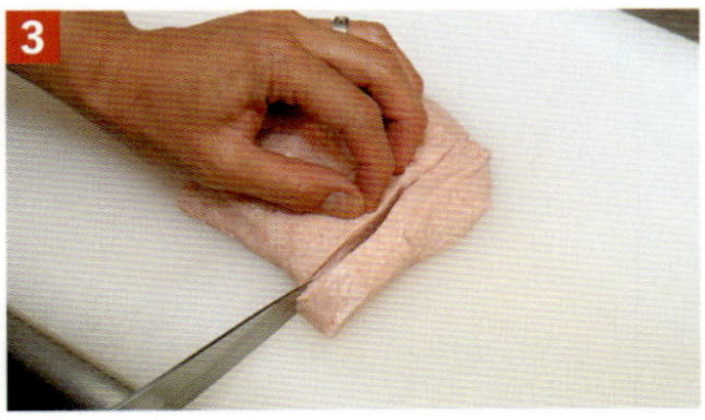

やや噛み切りにくい部位なので、カットは小さめ。ブロックの形に合わせ、無駄が出ないようサク取りする。

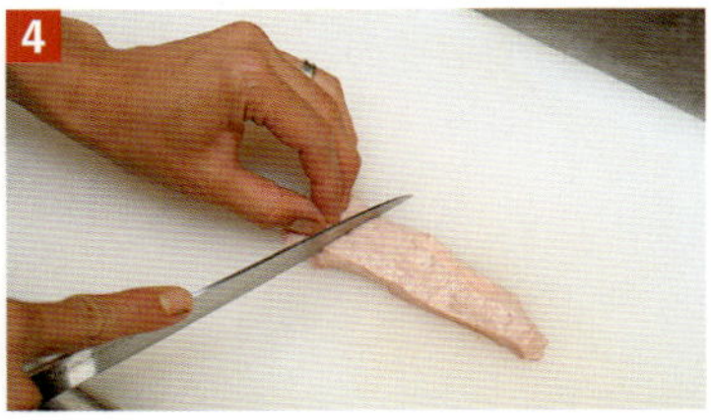

２～３cm程度のキューブ状にカット。噛み応えを残し、オッパイの甘みを噛みしめてもらう。

淡いピンク色が美しい。「ミックスホルモン」の一品としても提供する。

豚キンツル

他店ではめったに目にすることのできない希少部位を商品化。豚のペニスの付け根部分で、鶏の軟骨に似た独特の歯応え。丁寧に掃除することでクセもなく、あっさりとした味わいが楽しめる。物珍しさから注文したお客もファンになるケースが多い。

品種

国産

提供メニュー

きんつる　520円

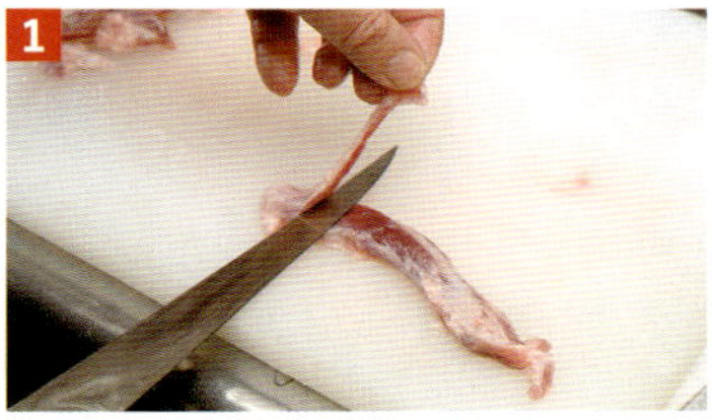

２頭分のキンツルで１人前しか取れない希少部位。流水で表面の血を洗い流してから、薄皮をきれいにはぎ取る。

POINT
氷水で身をしめて噛み心地よく

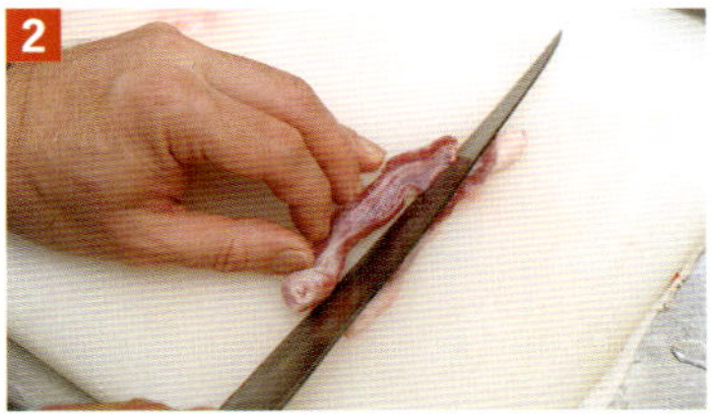

タテ半分に割る。間に尿管があるのでこれを掃除するため。流水で丁寧に洗い、不純物を取り除く。このあと氷水につけて身をしめる。

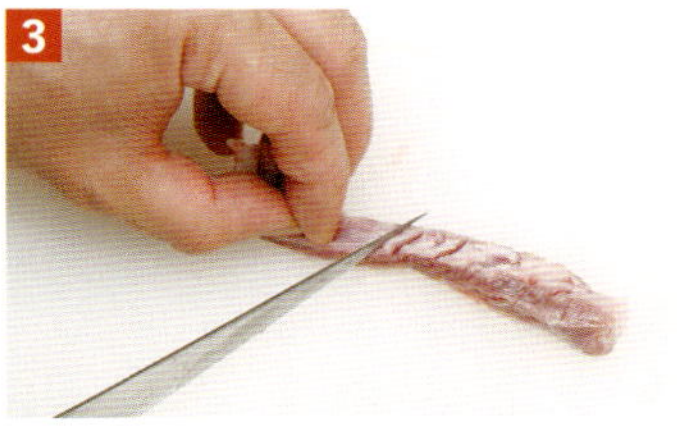

しっかりとした歯応えがあるので隠し庖丁を入れて食べやすくする。表面に細かく庖丁を入れ、さらに半分に切る。

きんつる

500円（税別）

クセはあまりなく、香ばしく焼いてコリコリとした食感を楽しんでもらう。あっさりとした味に合わせ、ごま油と塩、おろしニンニクを合わせた塩味が基本。本日のサービスメニューに差し込み、目玉商品として出すこともある。

タン

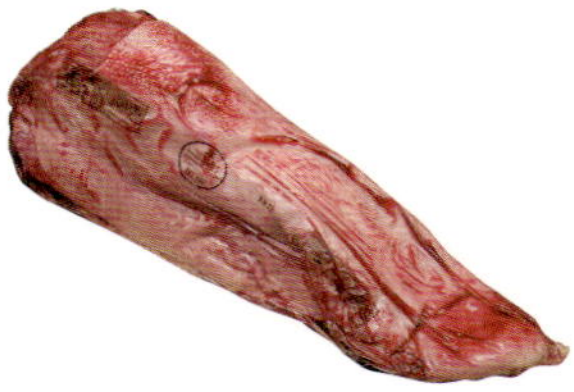

アメリカ産チルドのタンを使用。1本を上タン、並タン、タンサキ、タンシタに分け、余すところなく商品化している。皮の身離れをよくする方法、血の香りを抜く方法、形よく成形する方法など、多彩なタンメニューの技術の一端を紹介したい。

品種

アメリカ産

提供メニュー

上タン	1,350円→ P.108
並タン	1,050円
タンサキ	620円
タンシタ	620円

POINT

タンを叩いて皮離れをよくする

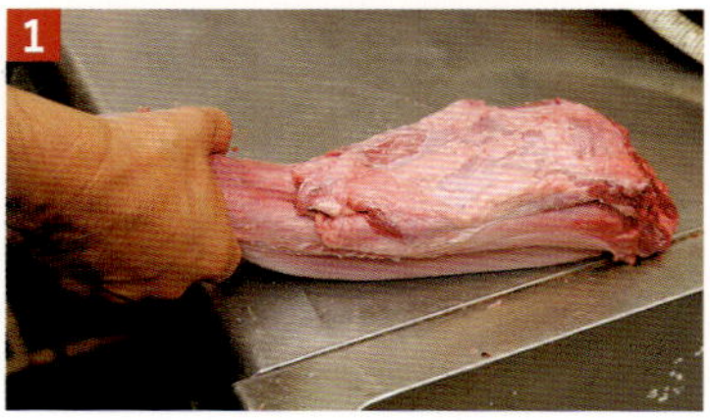

水洗いしたタンの水気を拭き、タンサキを持って調理台に10回程度叩きつける。叩きつけることで皮がのび、身から離れやすくなる。

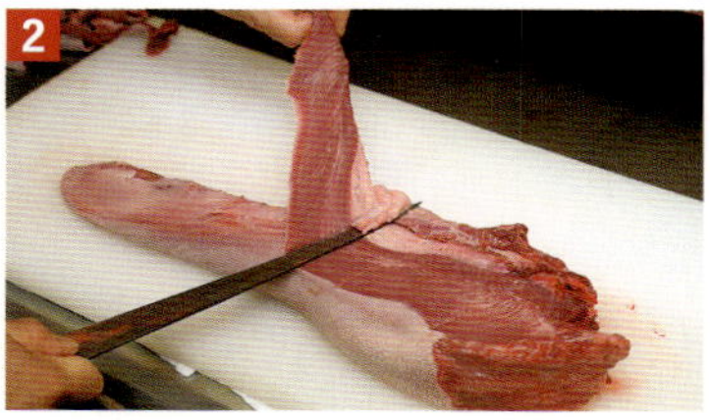

タンの側面から皮をむいていく。タンを叩いたことで皮と身の間がのびてやわらかくなり、庖丁が入りやすい。

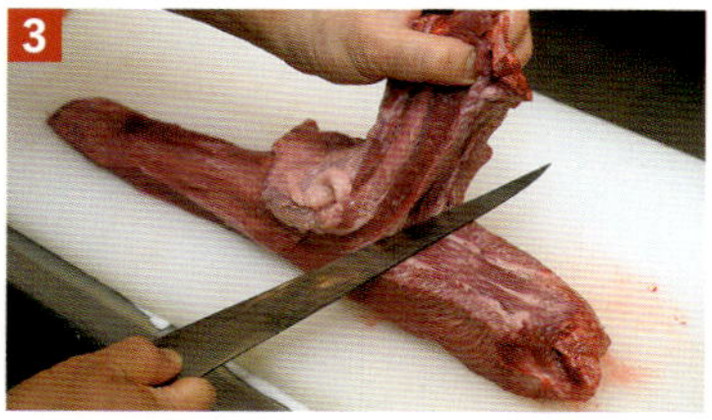

側面の皮をむいたらタンシタを上にし、タンシタの皮もむく。続いてタンシタの付け根に庖丁を入れ、身を取らないよう注意しながらタンシタをはずす。

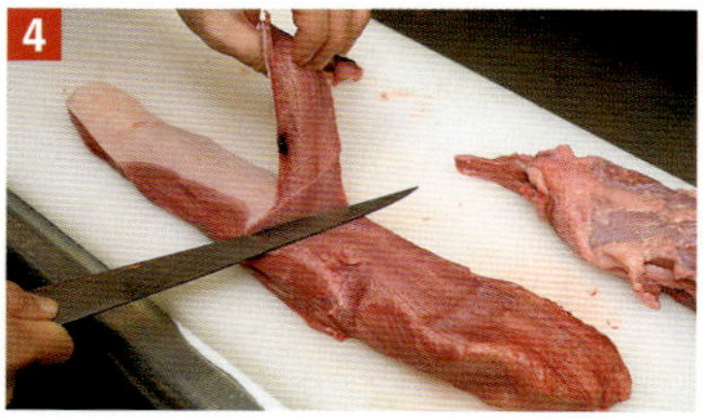

タン本体に残っているスジなどを取り除いてから、タン上部の皮をむく。そぎ取ったスジや切れ端は煮込みメニューなどに使用する。

POINT

ペーパータオルに包んで血抜きする

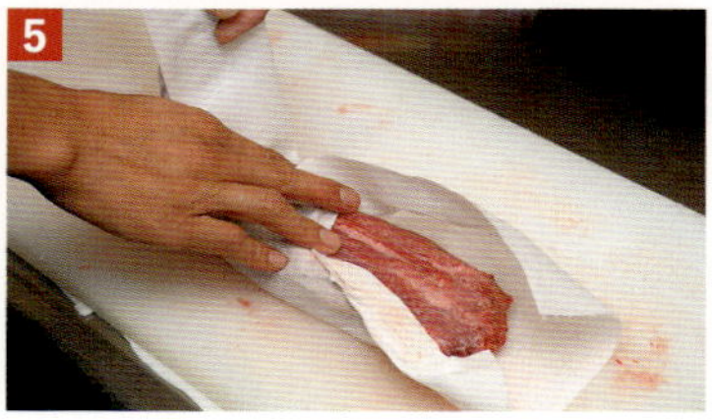

皮をむいてタンシタをはずしたタンをペーパータオルで巻く。

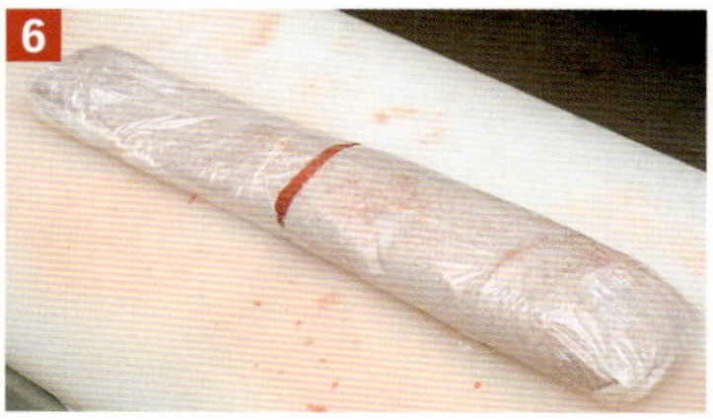

さらにラップで包んで冷蔵庫に入れ、約2時間ほど寝かせる。この間に血が抜け、風味が増す。

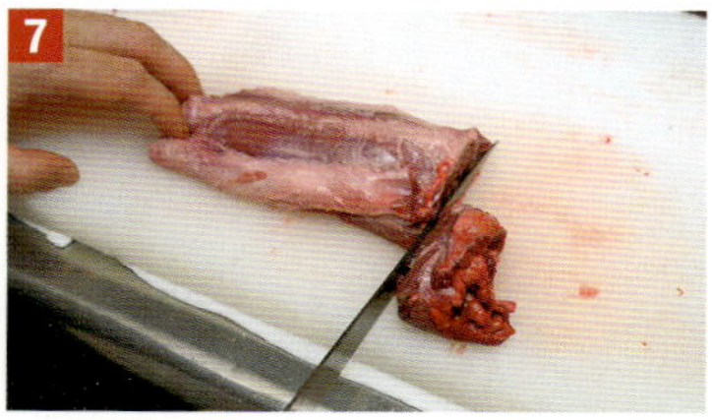

取りはずしたタンシタを掃除する。タンシタの付け根部分を切り取り、スジもある程度取り除く。

POINT

タンシタの形を整えて冷凍する

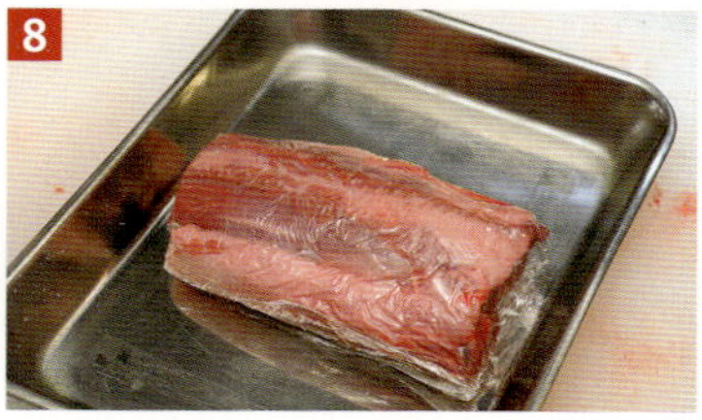

形を整えながらきっちりとラップに包み、バットにのせて冷凍庫へ。冷凍することで庖丁が入れやすくなり、身がばらけることなく提供できる。

味付け

POINT

ネギの頭を刷毛代わりに

1

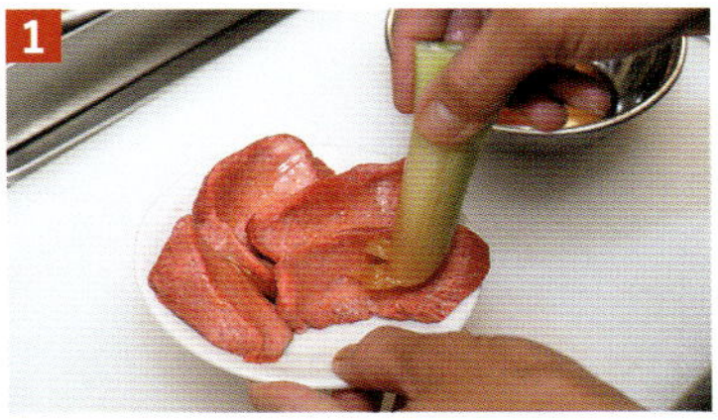

タンメニューはほとんど塩味で提供。ネギの頭の部分を刷毛代わりにし、おろしニンニクを混ぜたごま油をぬる。ネギの風味もほんのり加わる。

2

スプレーボトルに入った紹興酒をワンプッシュする。肉に香りと風味を付けるため。

3

塩、胡椒で味を調え、白ごまをふって仕上げる。レモンと万能ネギを添えて提供する。

タンモト

POINT

厚切りでジューシーな味わいに

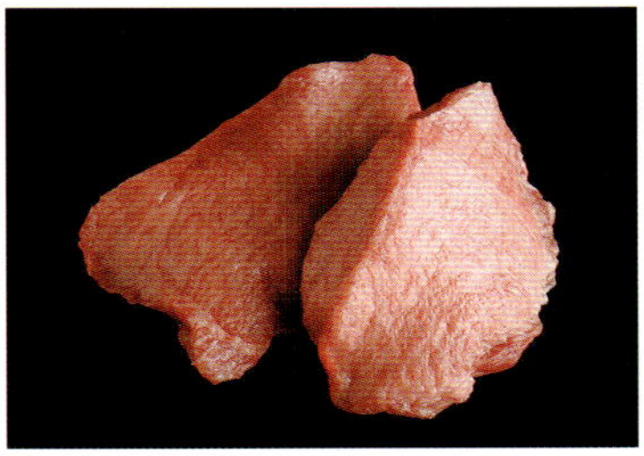

開店すぐに売り切れる人気の部位。1cm 以上の厚みでタンのやわらかさ、ジューシーさを味わってもらう。

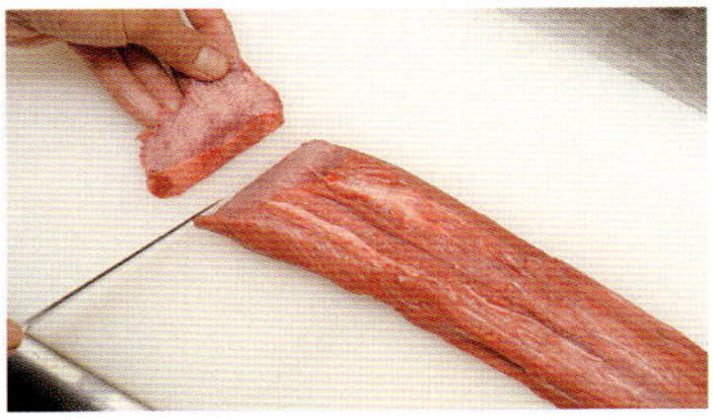

判面を大きく取るため、やや斜めに庖丁を入れて厚切りにする。１本から２人前６～８枚しか取れない。

タンサキ

POINT

やや薄切りにして歯切れよく

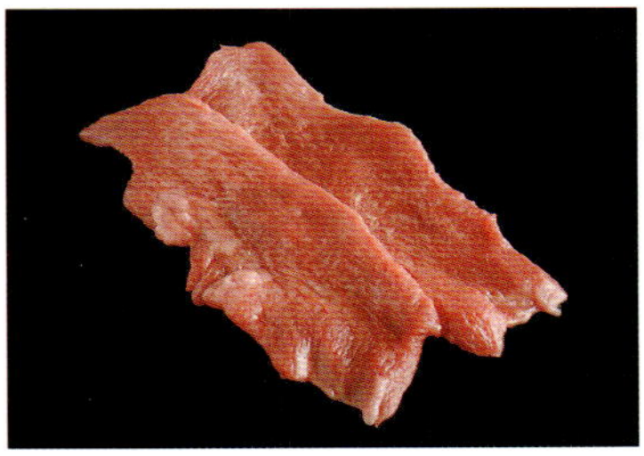

並タンのカット。薄切りといっても噛み応えのある厚みを保つ。上タンに次いで売り切れる。

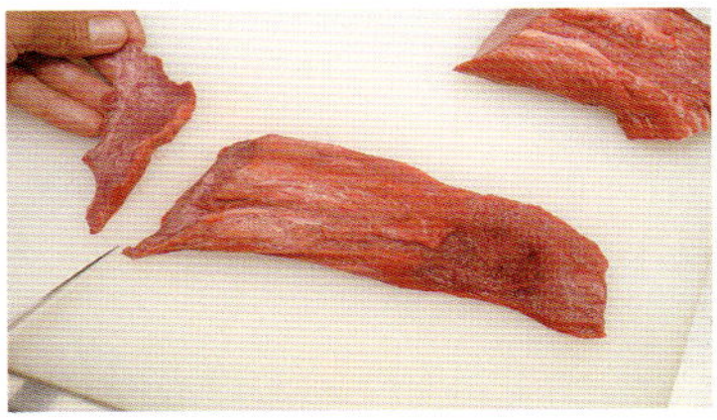

タンナカからタンサキにかけて並タンを取る。肉がかたくなってくるのでやや薄切り。２人前を取り、その先はさらに薄く切り、「タンサキ」で出す。

タンシタ

POINT

冷凍でしめてからカットする

タンシタのカット。適度な噛み応えがあり、お酒のつまみに向いている味わいだ。

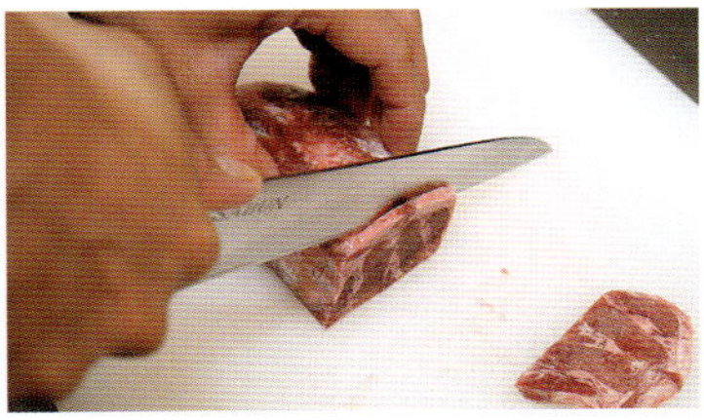

冷凍して身をかためたタンシタをカットする。かたまっているので肉がばらけずに切ることができる。タンシタは煮込みの材料にも使う。

ハラミ
サガリ

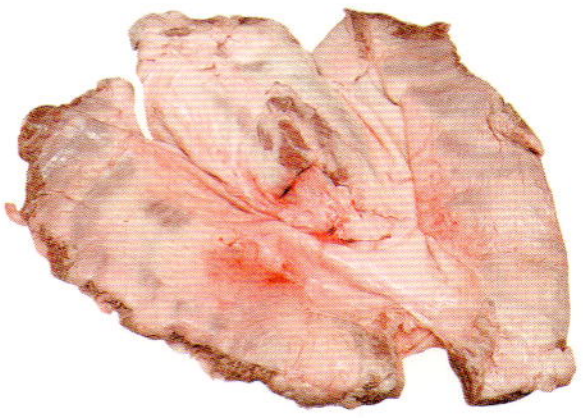

和牛ハラミを使用。１頭分の横隔膜からさばいていく。写真左右がハラミでまん中がサガリ。これを３本に分け、１日１本を目安に使っていく。サガリもハラミの名で提供。どちらもペーパータオルで包んで血抜きすることで、もともと持っている風味や旨みを引き出す。

品種

和牛

提供メニュー

厚切りハラミ	1,350 円 → P.108
薄切りハラミ	1,050 円

1

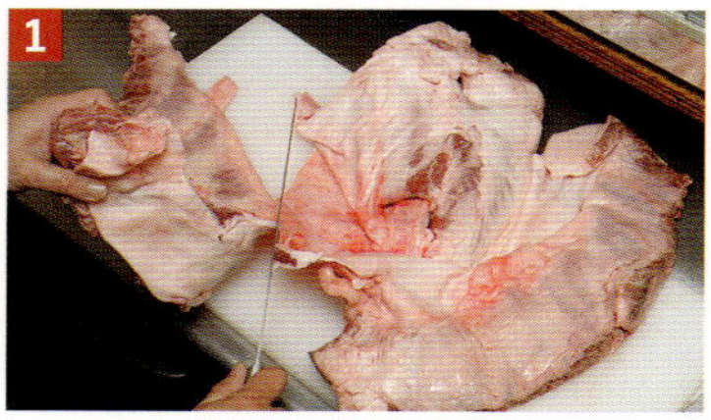

厚い膜でつながっているので、膜に庖丁を入れてサガリからハラミを切り離す。

2

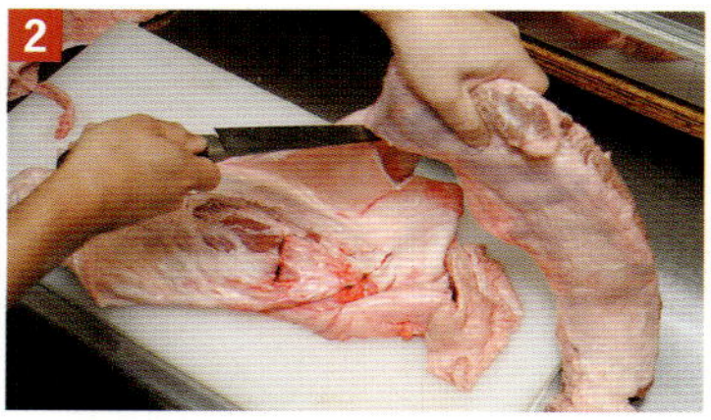

もう一方のハラミも切り離す。さらに切り離したハラミ、サガリについている膜をはがす。

3

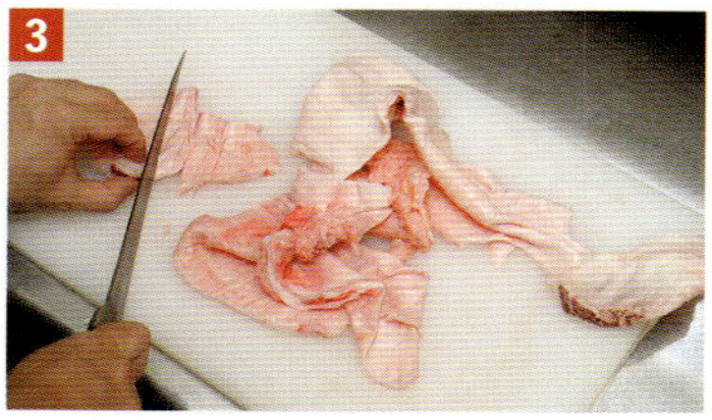

この膜にはゼラチン質が含まれているので、煮込みに使うとトロトロとしておいしい。煮込み用に取り分けておく。

POINT

ペーパータオルに包んで血抜きする

4

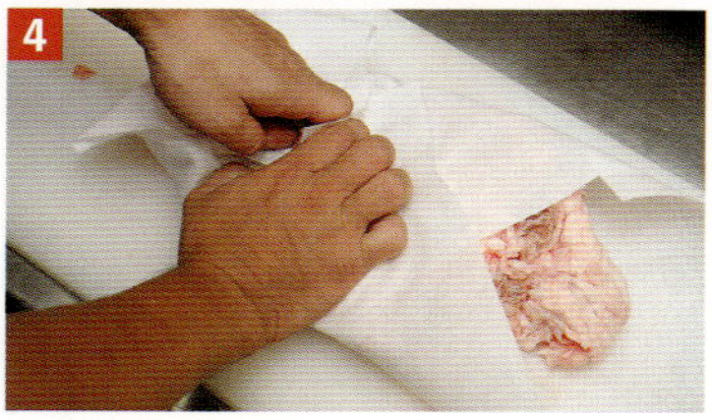

膜をはずしたハラミとサガリをそれぞれペーパータオルできっちりと包む。

5

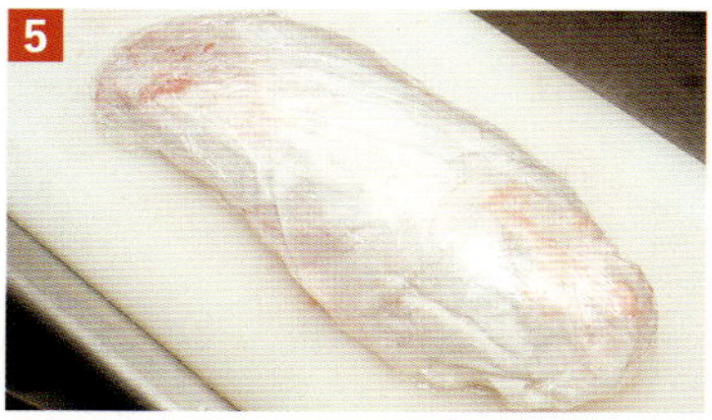

さらに乾燥しないようラップでぴっちりと包み、冷蔵庫で寝かせる。寝かせている間に血が抜け、風味が高まるという。

6

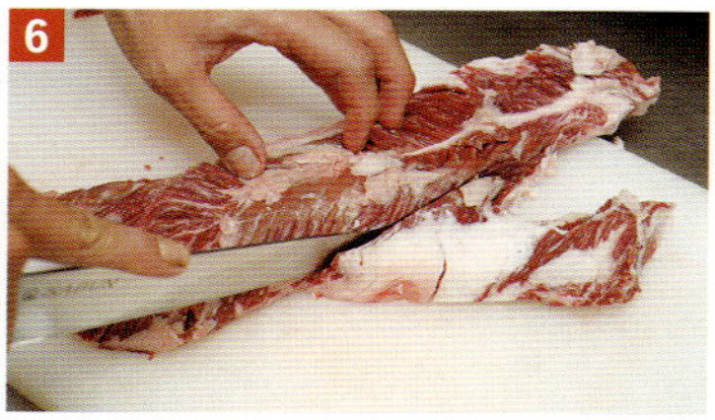

その日に使う１本を取り出し、脂やスジを取り除いてカットする。写真はサガリ。ハラミより血が多いので先にハラミ２本を使い、３日目にサガリを使う。

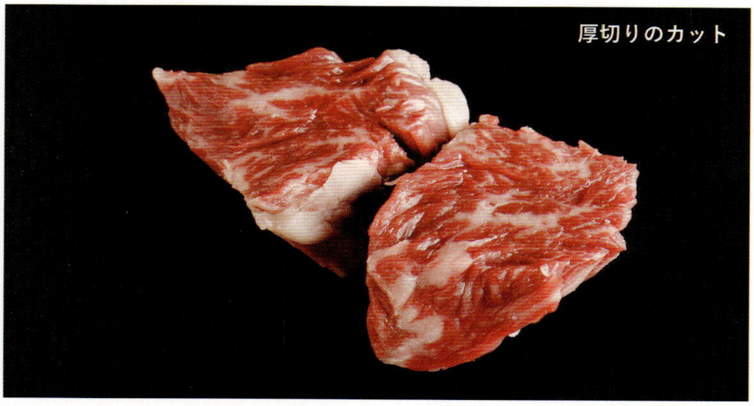

厚切りのカット

厚切りはキューブ状にカット。ごく厚切りでジューシーに味わってもらう

ツラミ

和牛のツラミ（ホホ肉）を使用。ゼラチン質のスジが入り組んでいるため、肉質はかたい。これが焼肉にして香ばしく焼くと、噛むほどに旨みが出てくる。このツラミならではの独特の食感と旨みにファンは多い。食べやすさを考えて薄切りで提供。

品種
和牛

提供メニュー
ツラミ　720円

ツラミの表面を覆っている脂とスジを掃除する。むいていくときれいな赤身肉が出てくる。

端のかたい部分は少し切り落とし、タテに入っている目に沿って半分に切る。

POINT

スジを切るよう薄切りでカット

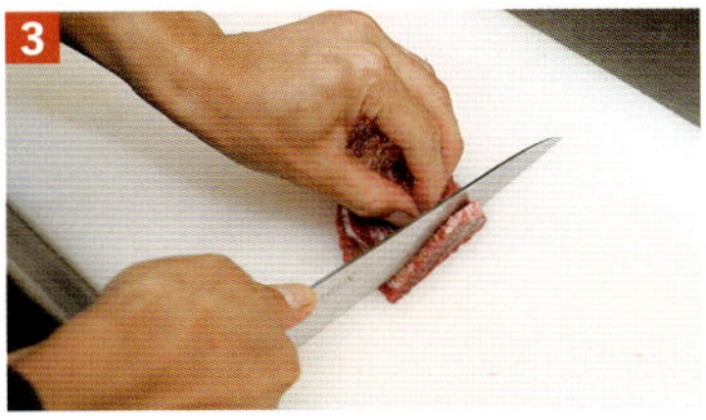

繊維が強く噛み切りにくい部位なので、薄切りにする。

太いスジが入っている。このスジが焼いた時に旨みになる。

ボンレスショートリブ

サシがほどよく入ったアメリカ産のCHOICEをチルドで仕入れる。輸入肉はカルビとタンのみ使用。繊維の流れとともに判面の大きさを考慮し、斜めに庖丁を入れて大きさを調節。正肉メニューは数が絞られているため、注文率は高い。

品種・等級
アメリカ産 CHOICE

提供メニュー
カルビ　720円→ P.109

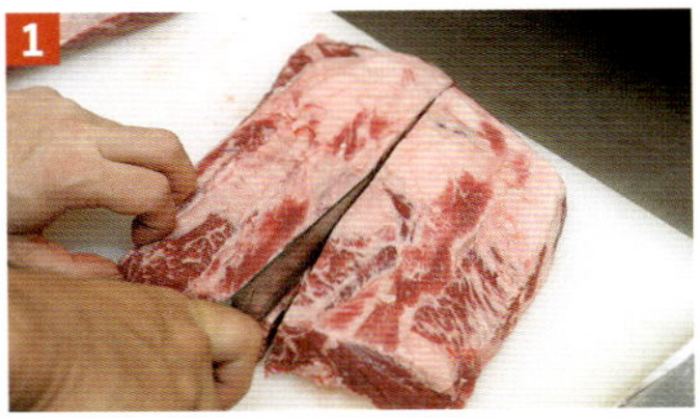

約2.5kgのスペック。2枚合わせで入ってくるので、1枚ずつ掃除する。掃除する前に2分割する。

POINT

斜めに切ることで判面を大きく

表面の脂やスジを取り除いてからカットする。肉の目を見て繊維を断ち切る方向で庖丁を入れる。庖丁を少し寝かせて入れることで判面を大きく取っている。

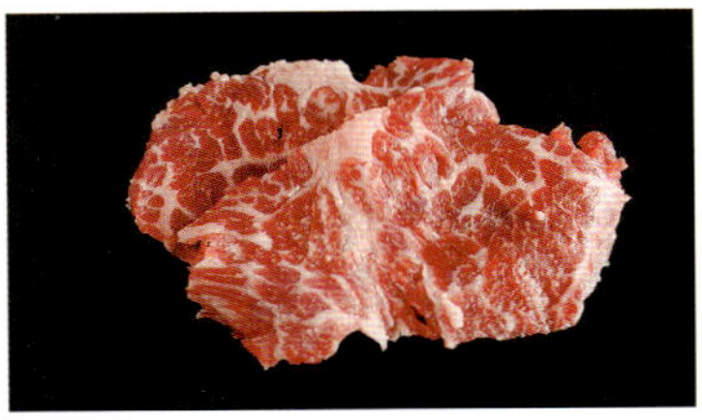

そぎ切りの方法で判を大きく取ったカット。味の濃い部位なのでタレですすめる。

醤油、塩、味噌をそれぞれ工夫！

『肉人』では、カルビやハラミなど正肉系にはもみダレ（醤油ダレ）、タンと脂やクセの少ないホルモンは塩ダレ、脂が多くややクセのあるホルモンは味噌ダレで味付けする。上物のタンやハラミ以外は、いずれも肉にしっかりもみ込んでタレとの相性を高める。

もみダレ

正肉の赤身肉の風味や脂のコクに負けないよう、甘みを強めて濃いめの味に配合した醤油ダレ。同店で使用するバラの部位・ショートリブや、和牛ハラミにもよくマッチする。

1 もみダレの味を調える。写真は１人前の「カルビ」の味付け。ボウルにベースとなるもみダレを入れ、ごま油を加える。

2 胡椒をひとふり。少量のおろしニンニクも加える。

POINT

生姜でタレの味を引き締める

3 すりおろした生姜の絞り汁を加える。ニンニクと生姜を直前に加えることで、少量でも香りと風味が高まる。

4 合わせたタレにカットした肉を入れる。タレの量はもみ込んで肉にちょうどなじむ量をはかっている。

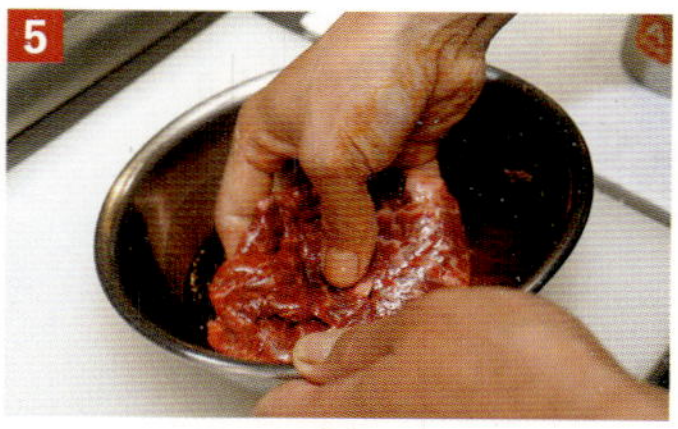

5 肉にタレを混ぜ込んでいく。

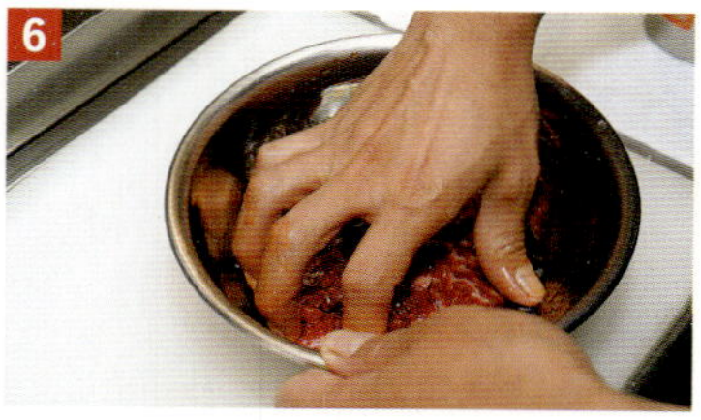

6 よくなじんだら、最後に手のひらで肉を軽く押してタレを肉に染み込ませる。

塩ダレ

ごま油とニンニク、塩、胡椒を混ぜて作る塩ダレ。肉にタレをからめてから、紹興酒で風味づけするのが『肉人』流だ。独特の香りを持つ中国の醸造酒・紹興酒はアミノ酸をたっぷり含んでいる。肉にさっとスプレーすることでコクが加わる。

塩ダレを調味する。写真は「コリコリミックス」（→ P.106）の味付け。ボウルにごま油を入れ、塩、胡椒をふる。

おろしニンニクを加える。

指でよく材料を混ぜ合わせ、味にバラツキが出ないようにする。

POINT
紹興酒で香りとコクをプラス

カットしたホルモンを入れてタレをなじませたら、表面に紹興酒を2プッシュほどスプレーする。スプレーすることで紹興酒がまんべんなく薄くつく。

味噌ダレ

脂がたっぷりついたマルチョウやトロミノなどに使用する味噌ダレ。ベースとなる味噌ダレは八丁味噌、赤だし味噌をブレンドし、ホルモンのクセもやわらげる。ここにもみダレを加えて味ととろみを調節し、ごま油のコクとニンニクの風味を利かせる。

POINT
味噌ダレ＋もみダレで味わい深く

ボウルにベースとなる味噌ダレを入れ、もみダレ、ごま油を加える。

胡椒をふり入れ、おろしニンニクも加える。

手でよく混ぜ合わせる。ホルモンとのなじみをよくするため、もみダレでからみやすい濃度に調節している。

写真は「ミックスホルモン」（2人前→ P.107）の味付け。タレをよくからめてから部位ごとに盛り付けする。

コリコリミックス

720円（税別）

コリコリとした食感を持つホルモンだけを集めて一皿に。ハツモト、コブモト（コブクロの根元）、ミミ（豚耳）、クツベラ（豚ノド軟骨）と、どれもややマニアック。少しずつ異なる食感の食べ比べが楽しい。それぞれ1人前の1/4量ずつ盛って100ｇ。コリコリ系は塩味が基本。

ミックスホルモン

1,050円（税別）

味噌ダレに合うホルモンが２切れずつ７種類。少しずついろいろ食べたい人にぴったりで、２人客はほぼ注文するという。写真上から時計周りに、豚タン、上ミノ、マルチョウ、シマチョウ、トロミノ、オッパイ。中心がハツ。脂付きの腸系だけでなく、タンやハツまで入り、ホルモン入門者にもおすすめ。

上タン

1,350円（税別）

タンモトのやわらかい部分を厚切りでカット。やや斜めに庖丁を入れることで判面を大きくし、１人前４切れで提供する。少し寝かせて血抜きしたタンは特有の香りと旨みが引き出され、味わいも豊か。表面にごま油をぬったらふり塩で味付けし、レモンでさっぱりと食べさせる。

厚切りハラミ

1,350円（税別）

寝かせて身をしめたハラミは、ゴロリと厚切りのキューブ状にカット。炭火でじっくり焼き上げると、内側からジュワッと肉汁があふれ出す。タレはもみ込まず、サラリとかけるだけにし、肉の旨み重視で味わってもらう。サガリもハラミとして出し、写真は３日間寝かせたサガリ。

カルビ

720円（税別）

ホルモンの店として人気の『肉人』だが、カルビの味わいも秀逸。ホルモンの合間に食べるカルビの味わいは、ご飯がほしくなる懐かしさがある。味の濃いCHOICEクラスのボンレスショートリブを使い、タレをよく染み込ませて提供する。

東京
三軒茶屋

神戸焼肉
かんてき

三軒茶屋駅から徒歩一分。個性的な飲食店が集まる細い路地に『神戸焼肉　かんてき』はある。まだオープンして4年ながら、三軒茶屋にもう一店、渋谷に一店と支店を出すほど成長し続ける店だ。周辺のサラリーマン客や地元客だけでなく、真の肉好きを集める魅力を備えた注目店である。

DATA
住　　所：東京都世田谷区三軒茶屋 2-13-19
電　　話：03-3410-1129
営業時間：18時〜翌3時
定 休 日：無休
規　　模：7坪・24席
客 単 価：5000円

上質な和牛をダイナミックなカットの技と先代の味で売る

2010年12月にオープンした『神戸焼肉　かんてき』。まだオープンして4年の新しい店だが、すでに三軒茶屋店のほか、渋谷店、同じ三軒茶屋に『かんてきＨＡＮＡＲＥ』をオープン。地元客だけでなく、焼肉好き、肉好きを遠くからも集める焼肉の実力店として注目されている。

〝神戸焼肉〟と銘打って父親の味を引き継ぐ

店主の金宮宏一氏は、父親が神戸市内で営んでいた創業30年近い有名焼肉店の姉妹店として東京に出店した。その店の名が『かんてき』。現在、先代の父親は引退して店を閉じたが、東京で神戸の味を守っているのが金宮氏だ。

正肉用のもみダレ、つけダレは今も先代の父親が神戸で作り、東京へ直送している。3店ある店のすべてがこの秘伝のタレを使っている。名物の「かんてきスープ」８００円も同様だ。ギアラやハチノス、センマイ、ハツ、牛スジをじっくり煮込んだ滋味深いスープに、白味噌とヤンニョムを加えたコクのあるスープは『かんてき』の看板メニューの一つだが、これも父親が作っているという。

〝神戸焼肉〟の安定した味を父親とともに守り続けながら、さらに上質の肉を使った焼肉メニューで魅力を高めている。

上質な和牛肉を多彩にカットする

同店で使用する肉はＡ5ランクの黒毛和牛のメスのみ。金宮氏が目利きし、東京の市場だけでなく、神戸や九州の市場や牧場からも仕入れる。佐賀牛や神戸牛、田村牛など銘柄牛も使用。無駄の出ないようブロックで仕入れ、料理長の永田英司氏が掃除して分割する。肉質を見極めながら小部位に分割し、部位名で出せない部分はカルビやロースなどに仕分けていく。これを3店の在庫を見ながら効率よく分配し、ロスが出ないよう管理している。

三軒茶屋店ではこうした〝いい肉〟をサク取りしてからショーケースに並べ、〝本日のオススメ〟として、黒板メニューでも紹介する。付加価値の高いステーキで提供したり、「本日オススメ三種盛」1人前２６００円～に盛り込んだりと売り方にも工夫し、「いい肉をその日に売り切る」〝売り切れ御免〟スタイルで高い品質を追求している。さらに、グランドメニューは品数を絞り込むことでロスや手間を減らし、その分、上質な肉をお値打ち価格で

提供する。このコストパフォーマンスの高さが口コミで評判となり、ファンを増やすことに成功した。

同店の焼肉メニューの魅力は、〝いい肉〟を使っているだけでなく、豪快に厚切りやかたまり肉で提供し、多彩なカットで肉の旨さを引き出すところにある。一番人気は「厚切りハラミW」1960円で、ハラミのかたまり1本がドンと皿の上にのったインパクト大のもの。ひと目見ただけでは肉がどうカットされているか分からない。店主の金宮氏と料理長の永田氏によっても、ハラミの厚みによってもカットの仕方が変わってくるというが、その迫力は変わらない。庖丁目を丁寧に入れることと、肉をねじって盛り付けることがポイントだ。

肋骨と肋骨の間のバラ山（ゲタ）1本の姿を生かした「1本カルビW」も同様のカッティングの技で目でも楽しませる。2人以上で来るお客は必ず注文するという人気の一品だ。

ステーキカットで提供する部位も、食べ味が塩かタレかによっても切り方を変えている。塩の場合は厚切り、タレの場合は3分の1程度の厚みにする。口の中に入れた時に塩味はストレートに感じられるが、タレの場合、厚切りでは味がぼやけてしまうからだ。やや薄切りにしてしっかりタレをからめることで、おいしいと感じてもらえる。

また、サシの強い部位には塩、赤身肉にはタレをすすめるなど、いい肉をよりおいしく食べてもらうために、スタッフがお客にアドバイスする。そうしたきめ細かなサービスもまた人気の要因になっている。

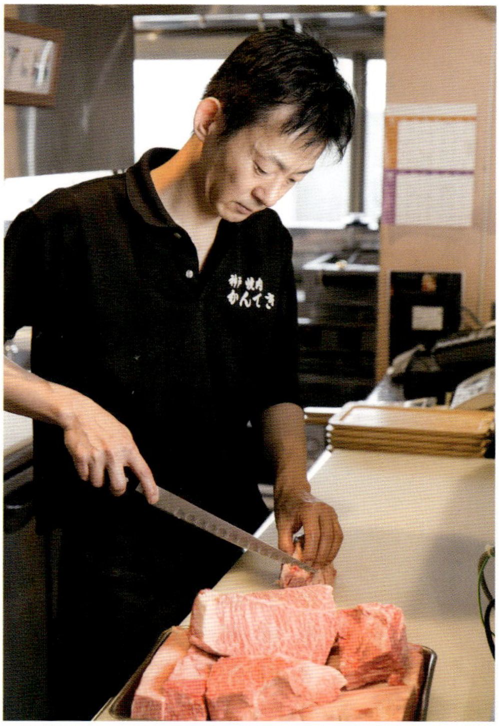

三軒茶屋店、HANARE店、渋谷店の肉の分割を一手に引き受ける料理長の永田英司氏。無駄のない庖丁さばきで使い勝手よく分割された肉が各店へ運ばれる。

「神戸焼肉かんてき」のタレ

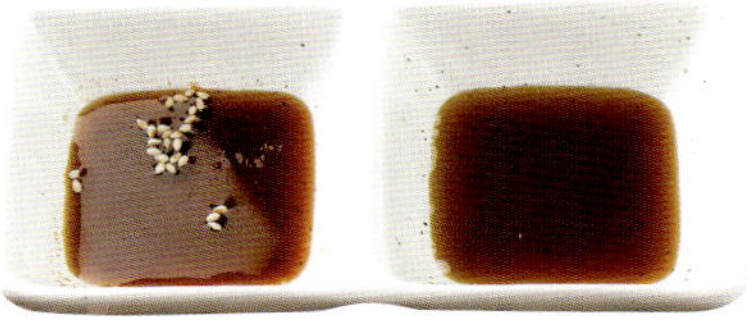

サシの強い部位は塩、赤身の強い部位はタレですすめる。塩は塩、ごま油、黒胡椒で下味をつけ、ワサビとゆずポン酢を添えて提供する。タレは店主の父親が今でも神戸で作る秘伝のもの。このもみダレにごま油、黒胡椒を加えて肉になじませ、つけダレで。甘みのあるタレだがあっさりとしていて、肉の味がよくわかる。

バラ山

トモバラの肋骨と肋骨の間の部位で、旨みの深さと肉質のやわらかさが特徴。骨の間から取り出すので細長い形をしている。同店ではこの形を生かして「1本カルビ」の名で提供する。特に1本150gの「1本カルビW」は形の面白さもあって大人気。

品種・等級

黒毛和牛 A5

提供メニュー

1本カルビ	980円
1本カルビW	1,780円→P.124

POINT

骨肌の骨を必ず確認する

1

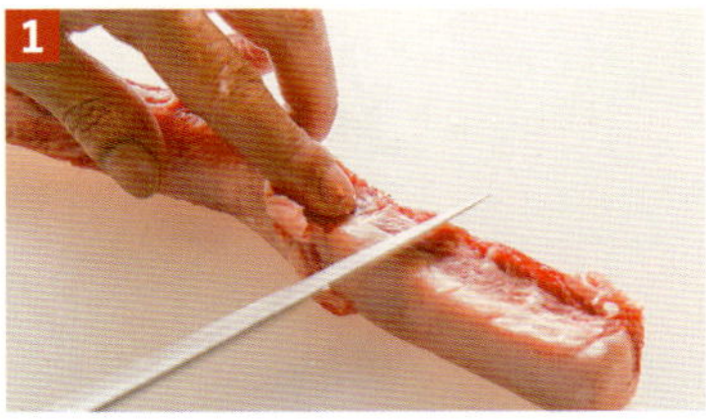

骨の間から取り出す肉のため、骨肌が残っている場合がある。必ず、骨がないか指で探り、残っていたらそぎ取る。

2

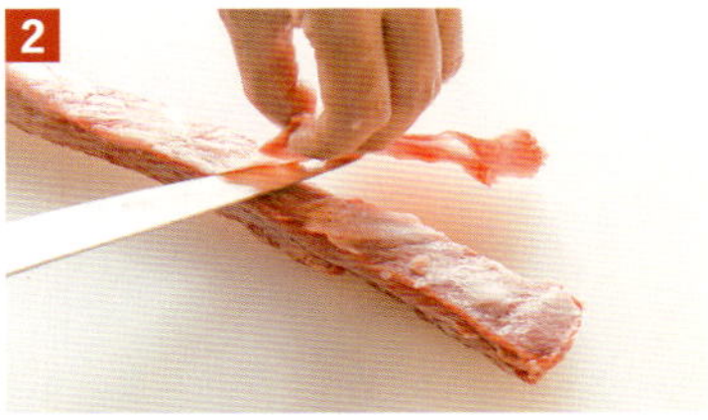

表面にスジがついているので、余分な脂とともに庖丁を寝かせてそぎ取る。

POINT

両面に庖丁を入れ食べやすく

3

「1本カルビ」は80g、「1本カルビW」は150gで提供する。写真は「W」用のかたまり。肉に対して斜めに7～8mm間隔で格子状に庖丁を入れる。

4

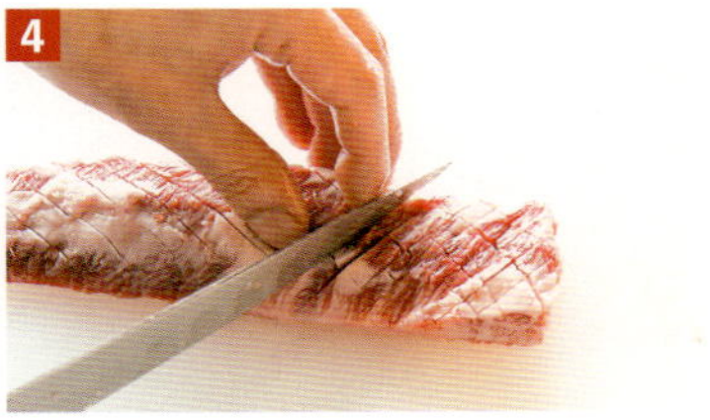

裏面も同様に入れる。庖丁は厚みの半分程度の深さで入れる。庖丁目を入れることでタレのなじみがよくなる。

5

一方の端を残してタテに切り離す。両端を切ってしまうと2本に分かれてしまうので注意。これを開いて棒状にして盛り付ける。

「1本カルビW」のカット

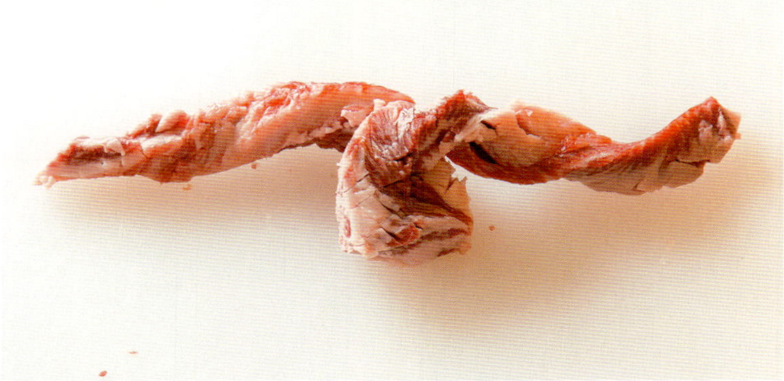

残した端を中心にして左右にねじり、立体的に盛り付ける。

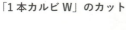

ハラミ

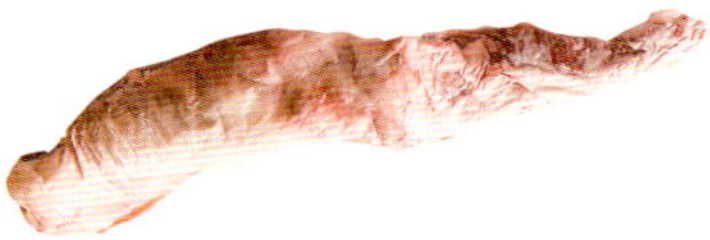

神戸の市場から黒毛和牛に限定して送ってもらうことが多い。神戸ビーフが取れる場合は限定メニューとして提供する。肉厚の部分と薄い部分があるが、厚みのない部分も棒状に切り、盛り付けの工夫で立体感を出している。

品種・等級
黒毛和牛 A5

提供メニュー

厚切ハラミ W	1,960 円 → P.125

黒毛和牛のハラミを使用。やわらかさとジューシーさを味わってもらうため、表面の脂と細かいスジを取り除く。

１本のボリュームが人気の「厚切ハラミW」用のカット。肉の薄い部分も上手に活用し、150 g のかたまりで切る。

POINT
カットで立体感を出す

繊維に対して斜めに庖丁を入れていく。逆側からも入れ、格子状にする。庖丁の深さは肉の厚みの半分が目安。

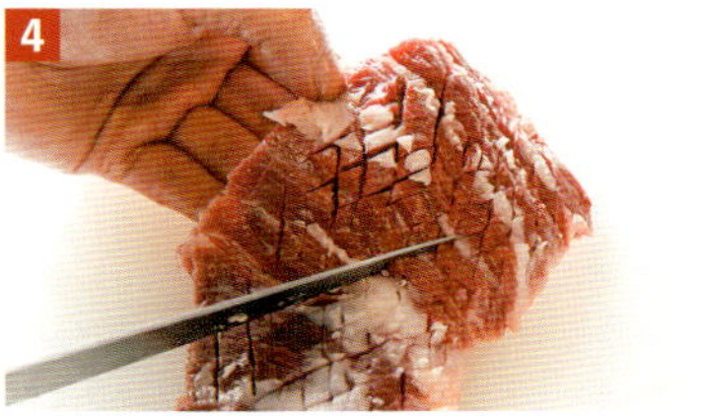

ハラミは繊維がほどけやすいので、繊維に沿って庖丁を入れないよう注意する。

端を切り離さないよう端を残してタテに庖丁を入れ、棒状に切り離す。大きさがあるので食べ応えは充分にある。

「厚切ハラミ W」のカット

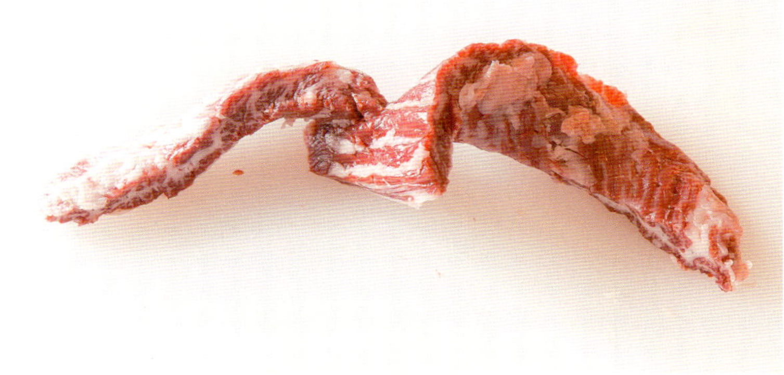

切り残した端を中心にして左右に開き、ねじりながら盛り付ける。

カタロース

赤身にサシがバランスよく入り、ザブトン、カタシン、赤身ロース、カルビなど幅広く商品化できる。繊維が入り組んでいる部分も多く、的確に庖丁を入れることがポイント。撮影時は群馬県産の黒毛和牛Ａ５のメスのカタロース約14kgを分割した。

品種・等級
黒毛和牛 A5

提供メニュー

肩シンステーキ	1,780 円→ P.121
赤身ロース	1,480 円→ P.123

POINT
まずカブリ、ゲタをはずす

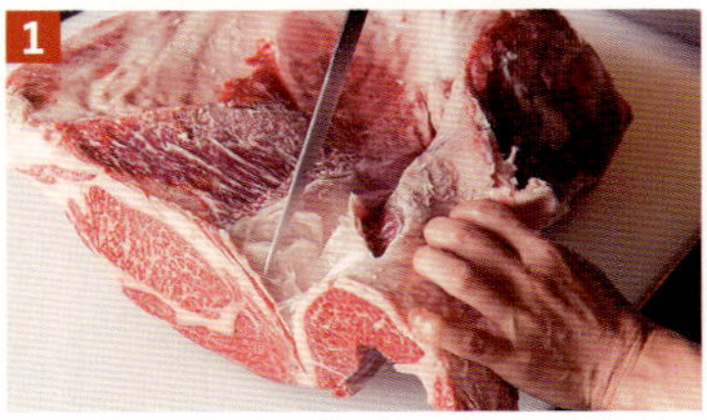

1 リブロース側についているカブリをはずす。写真手前側の部分。間の脂に庖丁を入れながら左手で引きはがしていく。

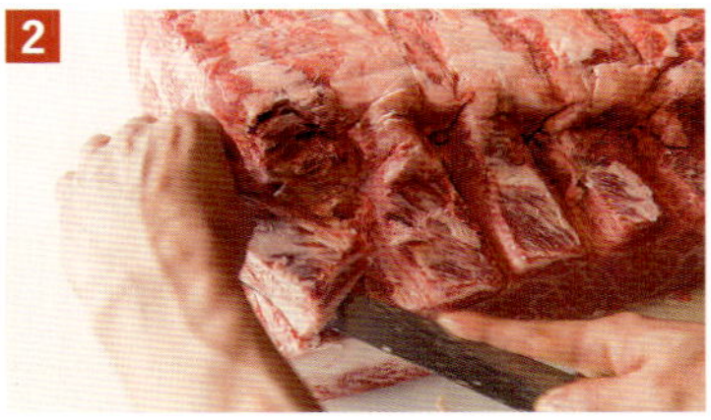

2 肉を裏返し、ゲタを一つずつはずす。バラやリブロースについているゲタ同様、スジや脂を掃除して「カルビ」に。

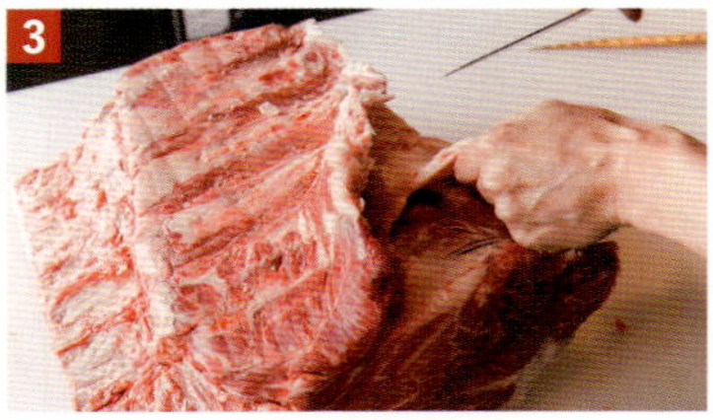

3 カタロースの間に入り込んでいる大きなスジをはずす。庖丁を差し込みながらスジを切り離す。

POINT
カタシン側とザブトン側に分割

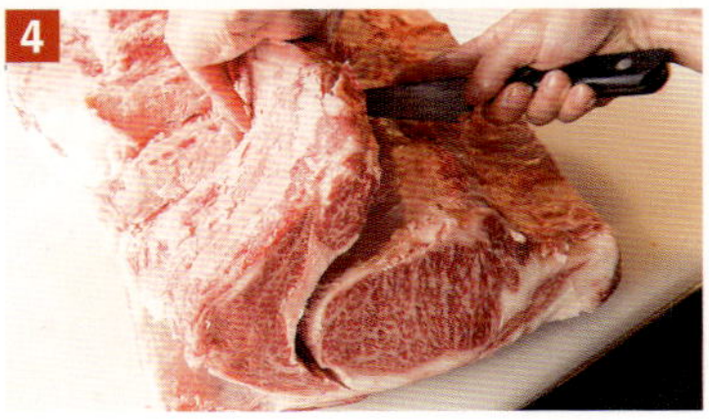

4 大きなスジを外した部分から庖丁を入れ、カタシン側とザブトン側に分割する。左側にマキロースとカタシン、右側にマンジュウ、ザブトン等がある。

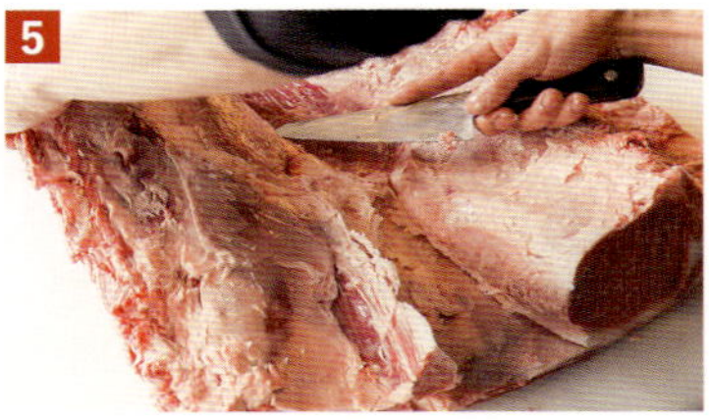

5 カタシン側とマンジュウ・ザブトン側に切り離す。

6 カタロースから分割したカタシンとマキロース。写真手前右のかたまりがマキロース。カタシンとマキロースは分割する。

POINT

赤身ロース、マンジュウをはずす

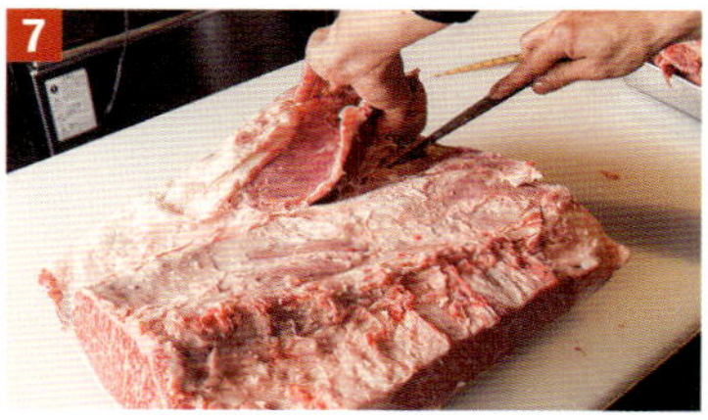

ザブトン側のカタロースを分割する。まず、赤身の強い部分をはずす。この部分は「赤身ロース」として商品化する。

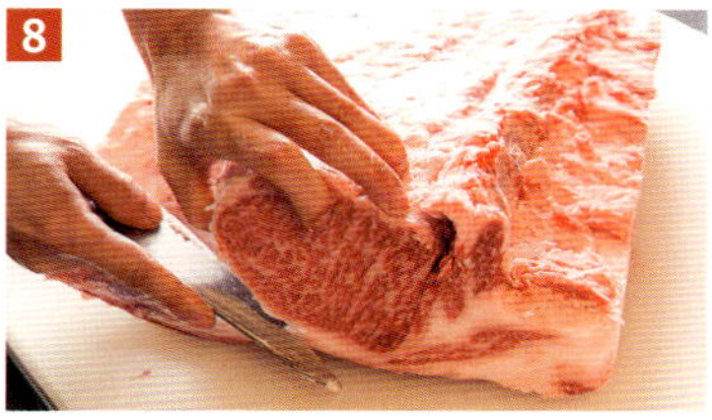

続いてマンジュウをはずす。このあと、ゲタのついていた部分等を切り取り、ザブトンを成形していく。

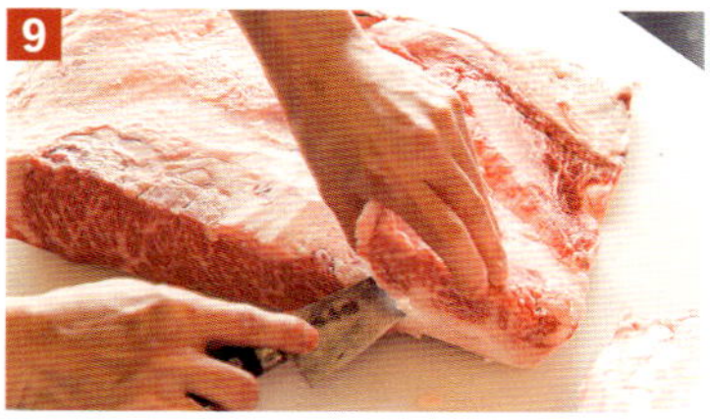

ザブトンの端の脂やスジが入り込んでいる部分を切り落とし、形を整える。

POINT

表面の脂は 2mm 程度残す

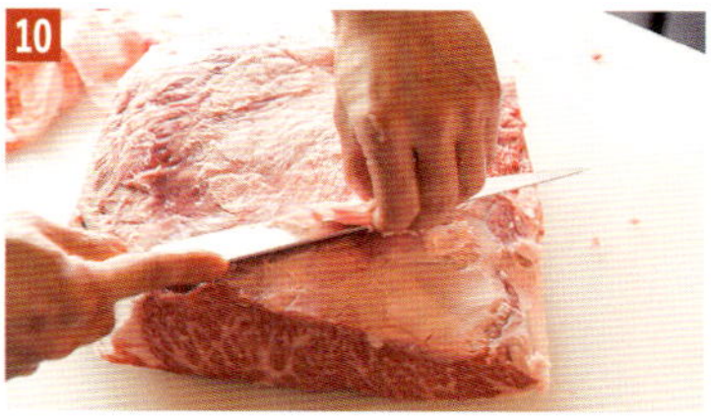

分割したそれぞれの部位を掃除する。表面の脂は 2 mm 程度残す。脂の甘みやコクも味わってもらいたいからだ。

カタロースを分割した状態。カタシンの隣の赤身の強い部分は「赤身ロース」として商品化。その他の名前のないブロックは主に「ロース」として用いる。

ザブトン

カタロースの肋骨側に位置する部位。分割するとザブトンのような形になり、長方体の形のよいサクが取れる。サシがたっぷり入っているので、このサシをきれいに見せるようカットする。そのため、サク取りの時に肉の目を見極めることが大切だという。

品種・等級

黒毛和牛 A5

提供メニュー

本日オススメ三種盛
（1 人前 2,600 円～）→ P.122
本日のおすすめメニュー

1

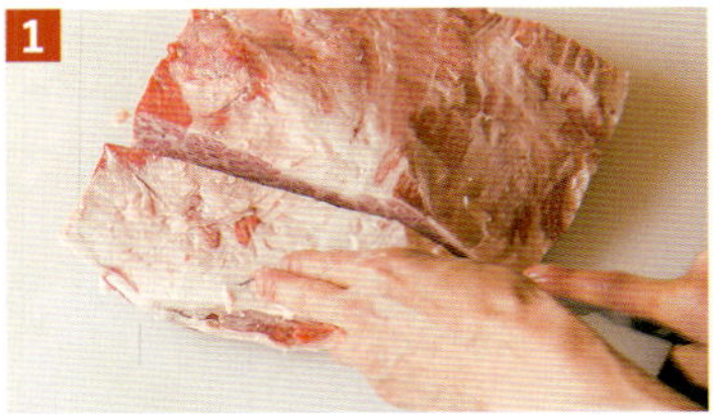

分割したザブトンの中でも肉質を見て、やわらかい場所のみを「ザブトン」として提供。ややスジっぽい部分は「ロース」に。

POINT

肉の目を見てサク取り

2

肉の目が変わる場所でサクの取り方が変わる。庖丁で指し示したあたりからタテからヨコへの目が入る。

3

目がタテの部分は繊維に沿って庖丁を入れ、約 4 cm 幅でサクに取っていく。

4

肉の目が変わる場所は肉の向きを変えてサクに取る。ここでは、特にヨコの目の強い部分のみサク 1 本を取った。

5

サク取りした状態。繊維に沿ってサクを取ることで、繊維を断ち切る方向でカットでき、サシをきれいに見せられる。

6

サクに対して垂直に庖丁を入れ、薄切りにする。 1 切れ約 18 g が目安。

形の整った美しい判で魅せるザブトン。霜降りの様子も鮮やか。

マンジュウ

ザブトンより若干歯応えは強いが、サシも入り、ジューシーな味わいが楽しめる部分。同店では分割した時の判の切り口を生かし、迫力のある大きさで見せる。これを味付けしてから食べやすく切り分けている。

品種・等級

黒毛和牛 A5

提供メニュー

本日オススメ三種盛
（1 人前 2,600 円～）→ P.122
本日のおすすめメニュー

POINT

1 切れ 50g を目安に切りだす

1

表面の余分な脂や細かいスジを掃除してから、１切れ 50 ｇを目安に庖丁を入れる。黒毛和牛の脂の甘みを楽しんでもらうため、脂は約 2 mm 程度残す。

2

判の大きさに合わせて厚みを調整する。塩、ごま油、黒胡椒で下味を付けてから食べやすく切り、１枚の形に戻して器に盛る。

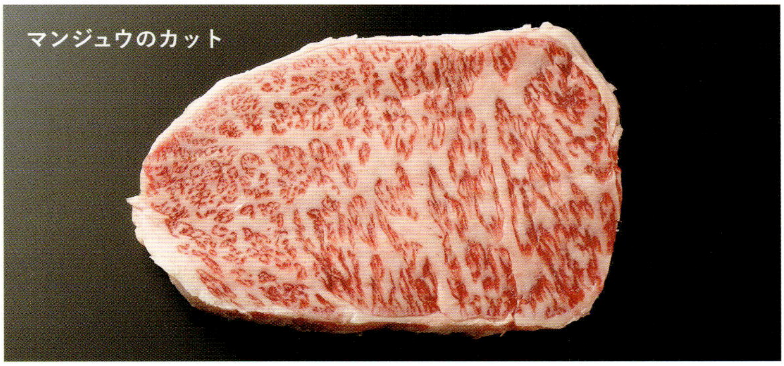

マンジュウのカット

部位の形を生かして迫力のある大きさで提供する。

マキロース

脂がよく入り、肉の味も濃い部分。カタロースから分割したら脂やスジを掃除する。この時、肉がはずれそうになる部分があるので、焼いてから肉がはずれないよう、肉がはずれそうな部分はすべてはずす。

品種・等級

黒毛和牛 A5

提供メニュー

本日オススメ三種盛
（1 人前 2,600 円～）→ P.122
本日のおすすめメニュー

POINT

ユニークな形を生かしてカットする

1

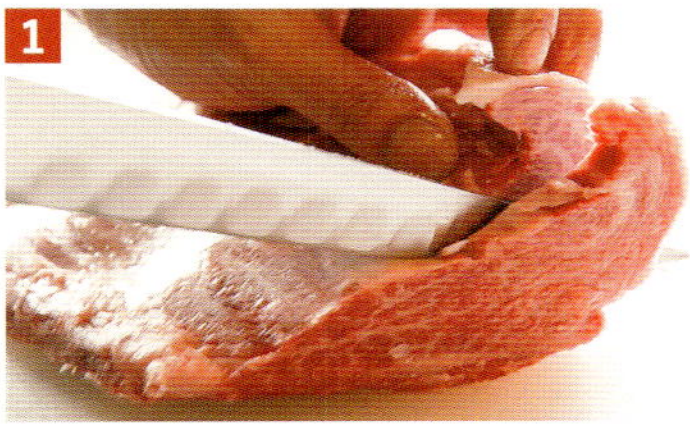

肉がはずれそうな部分を切り落とす。この部分がついていると焼いた時に焼き落ちしやすく、見た目の印象も悪くなる。

2

マキロースのユニークな形を生かしてカットする。１切れ 50 ｇになるよう厚みを調整する。

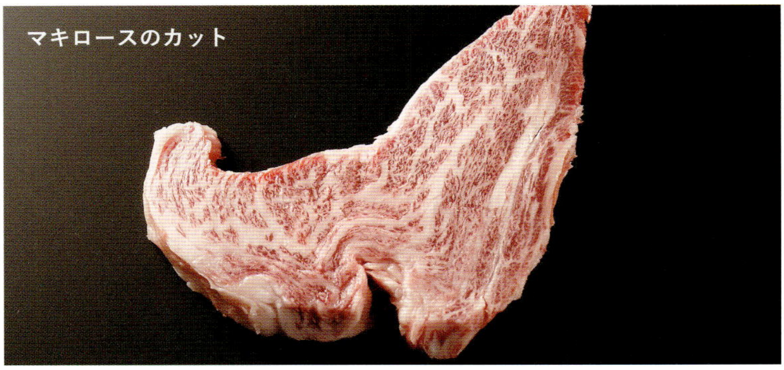

マキロースのカット

肉がはずれる部分は丁寧に切り取り、形の面白さを生かしてカットする。

カタシン

カタロースの中でも肉厚で判が大きく取れる部分。肉質もやわらかで赤身の旨み、脂のコクのバランスがよく、厚切りカットに適している。同店ではステーキカットで提供する。ただし、タレで出す場合は、タレとのなじみを考慮し、薄切りにもする。

品種・等級
黒毛和牛 A5

提供メニュー
肩シンステーキ　1,780 円→ P.121
本日のおすすめメニュー

薄切り

POINT
タレは薄切りカットに

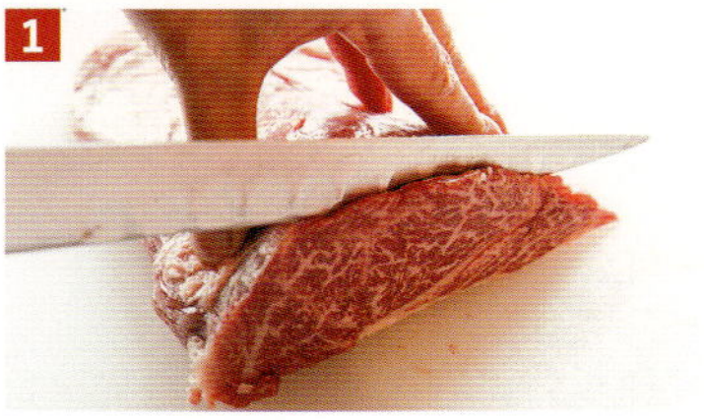

タレで食べたいというお客には薄切りでカットする。分割した断面を生かし、約 2 ～ 3 mm の厚みで均等に切る。 3 枚で約 100 g を目安にする。

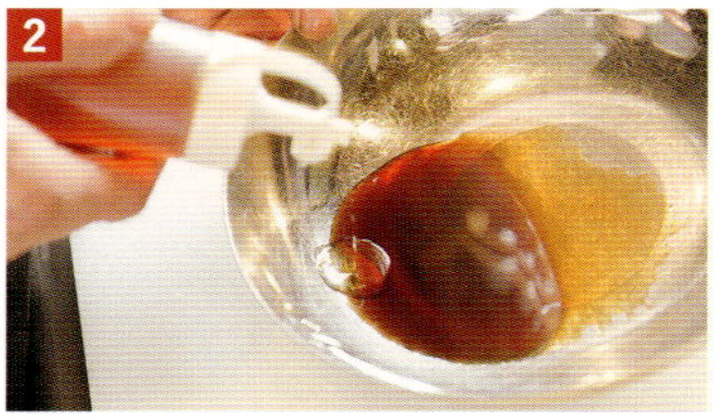

もみダレにごま油を適量加えて、黒胡椒をふり入れ、タレを作る。

薄切りにした肉を入れ、軽くもんで味をなじませる。これを半分に切って器に盛り付ける。

厚切り

POINT
塩は厚切りカットに

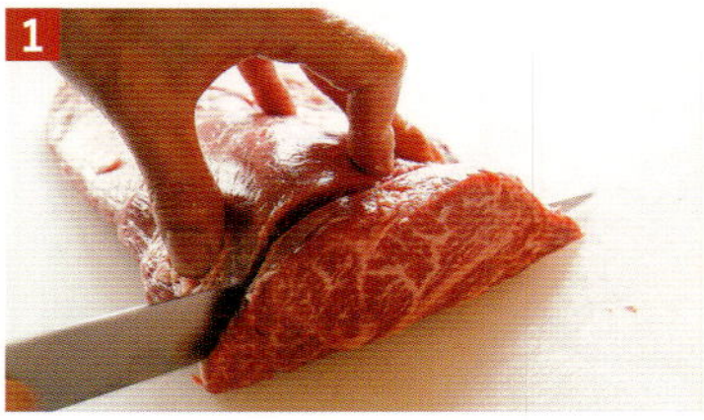

カタシンの表面に残っているスジや脂を取り除き、ステーキで切り出す。厚みは約 1.5cm で 1 カット 100 g が目安。

POINT
塩をしっかりなじませる

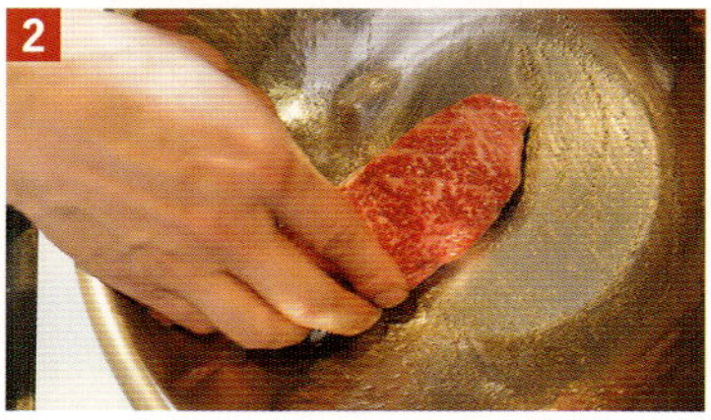

かたまりのまま味付けする。同店ではふり塩ではなく、塩をしっかりなじませる。塩とごま油、黒胡椒を混ぜ合わせ、肉を入れて軽くもむ。

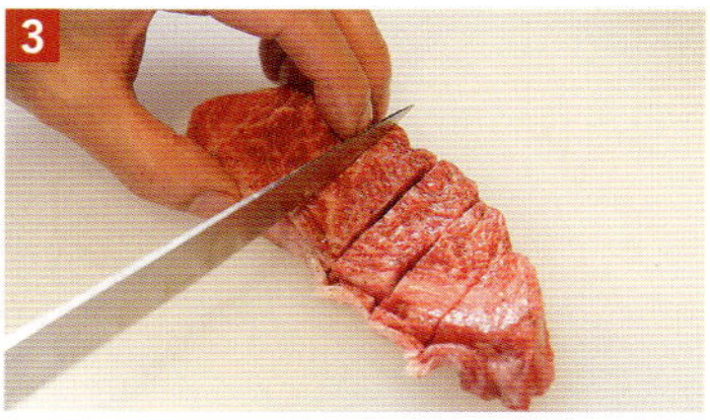

味をなじませてからスティック状に 6 ～ 8 等分する。食べ応えを重視し、1.5cm 程度の幅を持たせる。

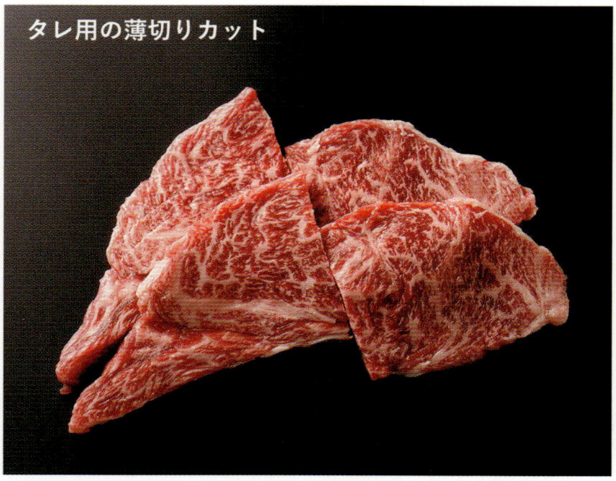

断面の形を生かして薄切りにし、食べやすく半分に切る。

噛み応えのあるスティックカット。厚みも幅も約 1.5cm で。

東京 三軒茶屋

神戸焼肉

かんてき のメニュー

肩シンステーキ（塩）

1,780円（税別）

肉はやわらかく、上質な霜降りの旨みも堪能できるカタシン。厚切りでこそおいしいと、同店では約1.5cmの厚さのステーキカットで提供する。味付けは肉の味がよくわかる塩がおすすめ。1人前100 gの迫力も好評だ。

肩シンステーキ（タレ）

1,780円（税別）

「肩シンステーキ」を“タレで食べたい”というお客には薄切りにしてすすめる。厚切りのままだとタレがあまりなじまず、おいしさが半減してしまうからだ。こちらは大判で2～3mmの薄切りにカットし、もみダレとごま油をなじませて盛り付ける。

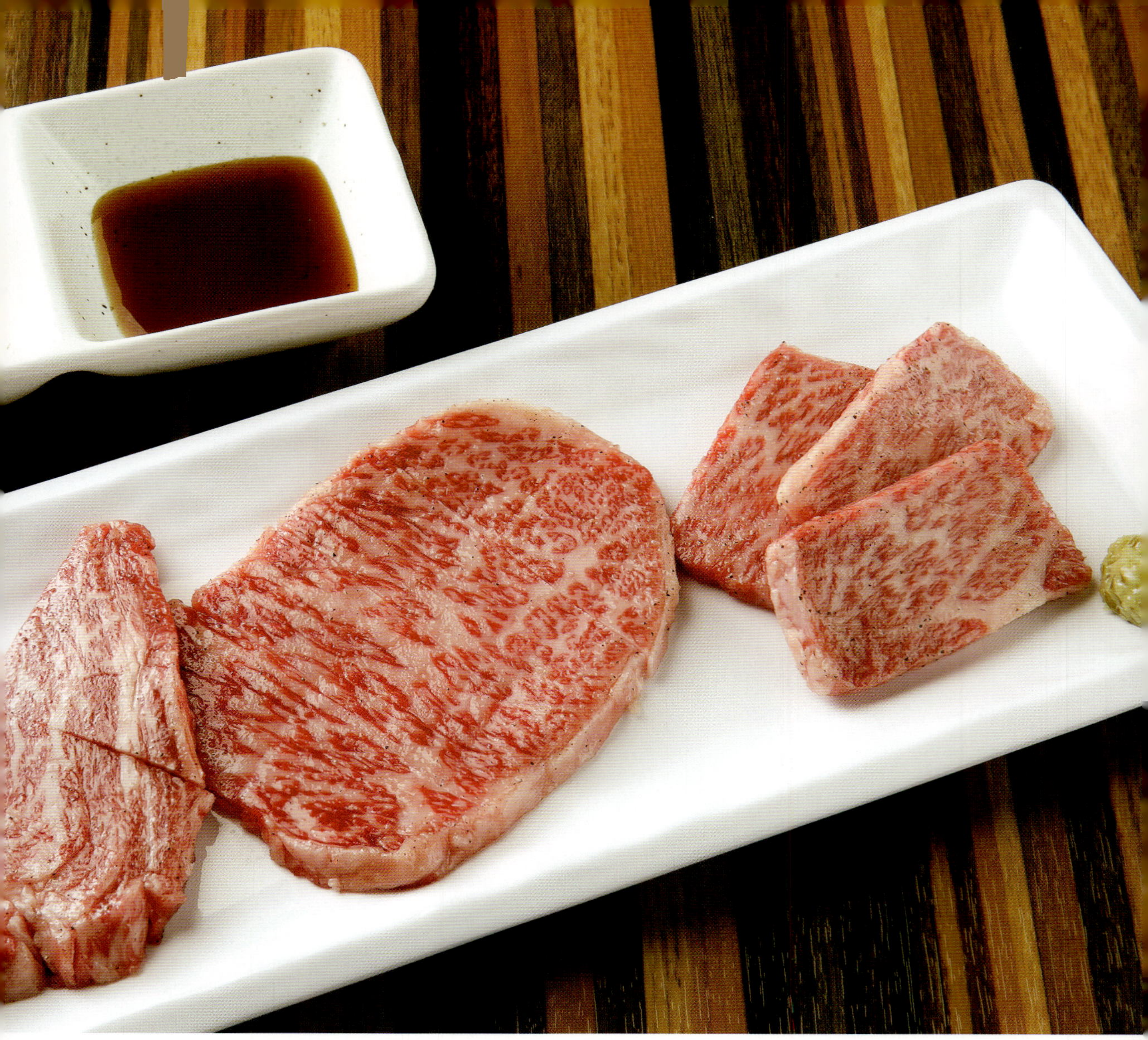

本日オススメ三種盛

1人前 2,600円(税別)

その日によって変わるおすすめ部位の盛り合わせ。撮影時は「ザブトン」「マンジュウ」「マキロース」で、カタロースから分割した部位で作ってもらったが、バラ系部位やモモ系部位などの小分割した部位も仕入れによって入る。つけダレのほか、ゆずポン酢とワサビを添える。

赤身ロース

1,480円（税別）

カタロースを分割した際に取れる赤身の強い部分を「赤身ロース」として商品化。さっぱりとした肉が食べたい向きにおすすめする。といっても同店で使用する黒毛和牛Ａ５メスならではの肉のやわらかさ、ほどよいサシの甘みも十分。写真はもみダレ、ごま油、黒胡椒をもみ込んだもの。好みで塩でもいい。

一本カルビW

1,780円（税別）

肋骨の間にあるゲタ1本分をそのまま使用した迫力に誰もが驚く。1皿分 150 gのボリュームだ。ゲタならではの濃厚な脂の旨さが人気となっている。タレでも塩でもいい。タレの場合ももみダレにごま油を加えることで、焼き上がりをしっとりさせる。

厚切ハラミW

1,960円（税別）

黒毛和牛のハラミをかたまりで豪快に提供する。両面に庖丁目を入れて食べやすくするのがポイント。ハラミ特有のコクとジューシーな味わいが楽しめると人気を集めている。塩、ごま油、黒胡椒で調味。好みでゆずポン酢、ワサビで味わってもらう。

兵庫
尼崎市
出屋敷

焼肉冷麺
味楽園

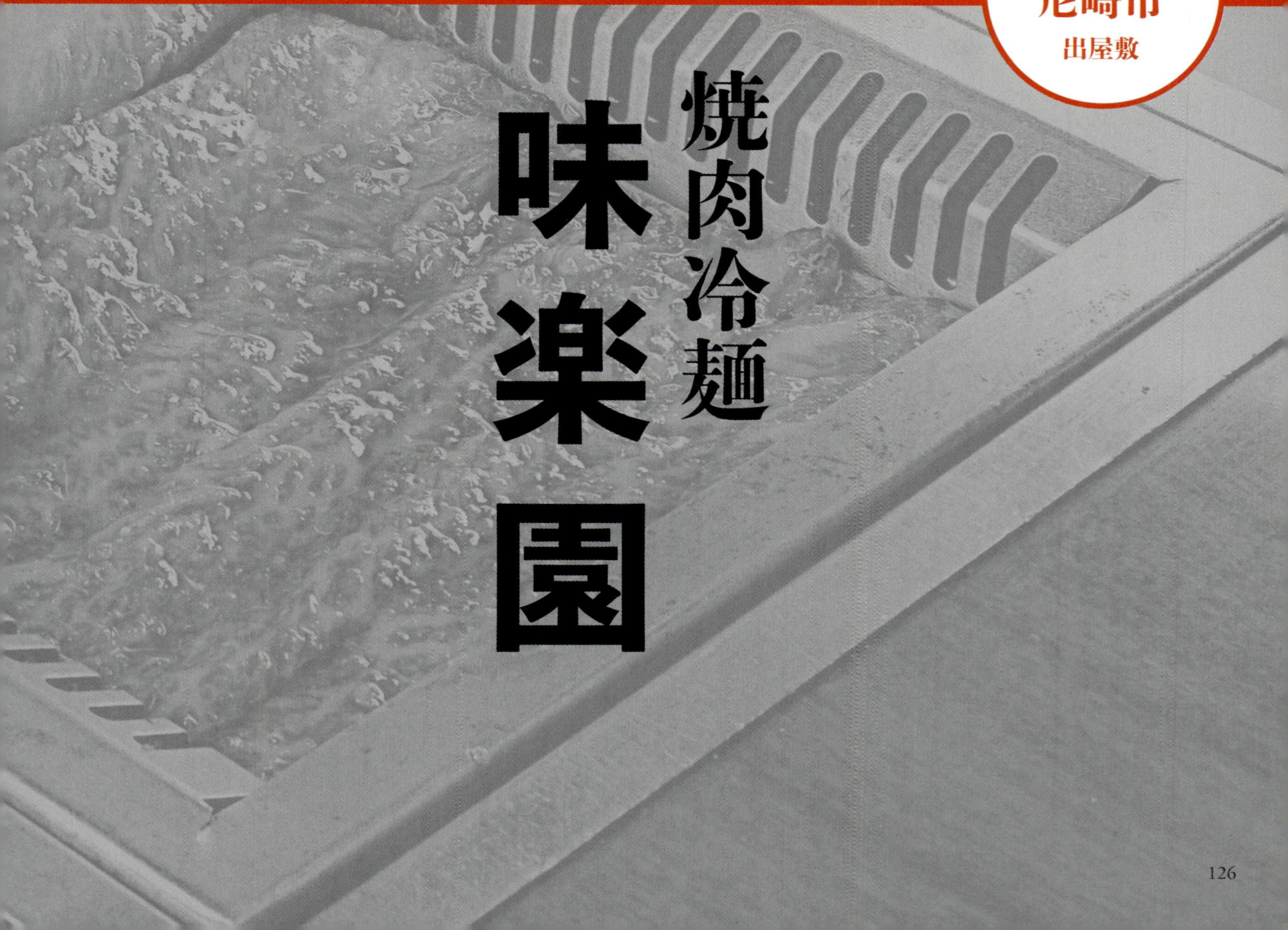

兵庫県、尼崎市出屋敷のローカルな場所で、月商2000万円を売る大繁盛店。「焼肉は文化である」という持論のもと、タレの焼肉にこだわり、大胆にカットした食べ応えのある焼肉で地域客にずっと愛され続ける。さらに三代目の情報発信力により、全国的にも注目を集めている。

DATA

住　　所：兵庫県尼崎市南竹谷町2-1
電　　話：06-6411-9329
営業時間：17時～翌2時（L.O. 翌1時）
定 休 日：月曜日（祝日の場合は営業し、翌日休業）
規　　模：88坪・100席
客 単 価：5000円

タレが主役。タレに合わせた“うまい肉”で看板商品を作る

兵庫県尼崎市の阪神出屋敷駅。駅を降りるとすぐ目に入ってくる、ひと際目立つ建物。創業半世紀を迎えた『焼肉冷麺　味楽園』二代目の康柄洙《カンピョンス》氏が、9年前に韓国の宮殿をイメージして新築した。昔ながらの焼肉のスタイルを守り続けてきた同店の集大成というべき“店の形”だ。

二代目は長さ15cmもある特大の骨付カルビや、多い時で1日200食も売る手打ちの冷麺など、看板商品を作り上げ、地域の人々に愛される店づくりで人気を博してきた。こうした店の味を継承しながら、自身の情報発信力で地域のみにとどまらず、全国に名を知らしめているのが三代目の康虎哲《カンホチョル》氏だ。自店のみならず、焼肉業界全体を盛り上げようと様々なアイデアを発信。焼肉に携わる人なら一度は目にしたことがあるかもしれない「LOVE&BEEF」のステッカーも三代目の手による。

焼肉の原点ともいえるタレの味に誇り

三代にわたる『味楽園』の焼肉は、タレが主役だ。タンを塩で提供する「タンソルト」1500円もあるが、基本はタレ。それも「焼肉の原点はコレ！」と感じさせる甘みの強いものだ。ご飯がほしくなるその味は、家族で焼肉を食べに行きたいというシチュエーションに店が誠実に応えてきた証でもある。家族で来ても誰もが満足する味が『味楽園』のタレの味だ。

このタレの味を大切にするため、同店では、“いい肉”よりも“うまい肉”をモットーに、タレとの相性を考慮して肉を選ぶ。たとえば看板商品の「骨付特上カルビ」は、国産牛のF1（和牛とホルスタインの交雑種）を使用。以前、サシがよく入った和牛を試してみたところ、脂がタレをはじいてしまい、タレとのなじみがよくなかった。かといってサシが少なすぎてもおいしくないため、タレとのなじみがいい“うまい肉”を選んだ。

もう一つ大きな特徴として、1切れ1切れのカットの大きさが挙げられる。同店では正肉も内臓肉も一口に余るほどのカットで提供する。たとえば、内臓肉の1切れの大きさは約25g。口を大きく開けて頬張って食べるほどのボリュームだ。こうやって食べるからこそ、お客の記憶に残り、また食べたいと店を思い出してもらえるのだという。

もちろん、大きくカットした肉には、庖丁目をきっちり入れて食べやすさを工夫する。庖丁目を細かく入れることで噛み切りやす

仕入れから仕込み、接客まで前線に立つ康虎哲氏。『味楽園』の３代目にあたる。肉が好き、仕事が好き、人が好き。この笑顔とトーク力で肉をいっそう旨くする

くするとともに、肉にタレを染み込ませるという理由もある。タレが主役の焼肉であるから、タレをよくもみ込んで肉とタレの一体感を味わってもらう。さらにちょっと多すぎるのではないかというくらい、たっぷりの量のタレを一皿に使っている。これがまたご飯と一緒に食べたくなるおいしさにもつながっている。

三代目が新たに〝分割した部位〟を商品化

焼肉メニューはカルビ、ロース、タン、ホルモンといたってシンプル。こうしたわかりやすさも家族連れの多いお客に支持されてきた要因の一つだろう。その中にあって長さ40cmもの迫力で提供する「骨付特上カルビ」が特別に目を引く。シンプルなメニューの中で個性が抜きんでた商品だからこそ、〝味楽園の骨付カルビ〟という看板メニューで評判を呼んでいる。

同時にこうしたグランドメニューの他に、三代目は2年前よりその日のおすすめメニューも導入。新たに仕入れを増やすのではなく、カルビやロースに使う部位から、「ハネシタ」や「カッパ」などを分割して商品化する。たとえば、「カッパ」は、ソトバラの中でも筋肉質で繊維がかたい部分。商品化に困ることの多い部位だが、このかたさを個性として売り出すことで、新食感の焼肉をお客に味わってもらう。そして、三代目の接客トークも魅力だ。「カッパ」であれば「すごくかたいですが、おいしい部位です」とあえてかたいことを強調してハードルを上げることで、食べた時に「思ったよりやわらかい」という反応を引き出す。こうした接客トークも、同店の〝焼肉の技術〟の一つだ。

「味楽園」の記憶に残るカット

『味楽園』の肉の１切れは頬張らないと食べられないほどの大きさ。看板メニューの「骨付特上カルビ」はマエバラを電動のこぎりでカットし、観音開きにして約40cmもある迫力のある姿になる。内臓肉も１切れ約25ｇ。１切れのボリュームで満足感を高め、丁寧な隠し庖丁で食べやすさと味の染み込みやすさを工夫している。

マエバラ

看板商品の「骨付特上カルビ」のカットと焼き方を紹介。マエバラのアバラの部分をブロック状態で仕入れる。仕入れは、安定的に質のよい肉を確保してくれる業者から。これを自店で電動のこぎりを使ってカットする。「骨付特上カルビ」は1枚約400～450g。

品種・等級

交雑牛 A3の上

提供メニュー

骨付特上カルビ　4,400円→ P.140

1

約3kgのブロックの状態で仕入れる。ここから電動のこぎりでカットしていく。

POINT

電動のこぎりを使ってベストの形に

2

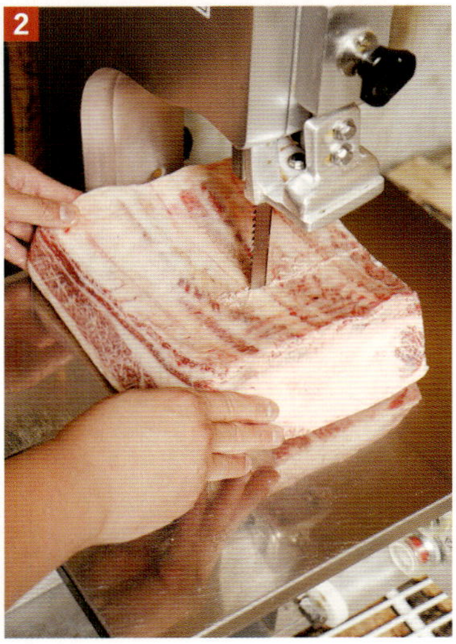

写真奥側が「骨付特上カルビ」に使用する部分。端から約15cmの幅になるようのこぎりの歯を入れる。カットすると、切り落とした写真手前の部分（約8cmの幅）は「骨付特上カルビ」に使えないが、この“余分”があるブロックを仕入れることで、仕入れた肉の状態を見ながら、同店がベストと考える形に調整できる。

3

電動のこぎりでカットした幅15cmの部分から、「骨付特上カルビ」が2枚とれる。写真はその一枚のみを、サクどりした状態。写真右側の部分は「カルビ」などに使用。

4

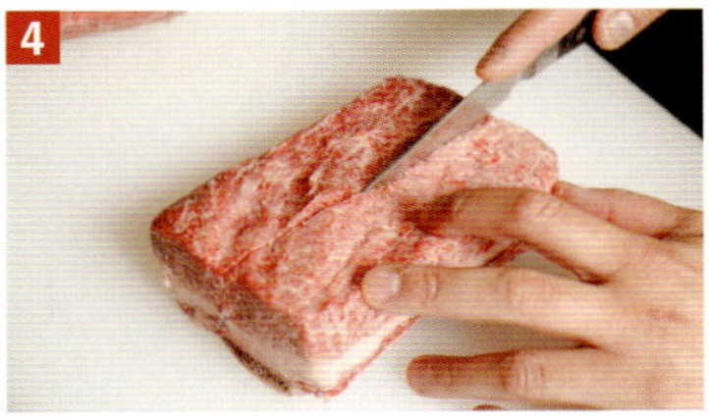

サクどりしたかたまりの中央に庖丁を入れる。骨にあたるまで庖丁を入れる。

POINT

肉の厚みを均等に開く

5

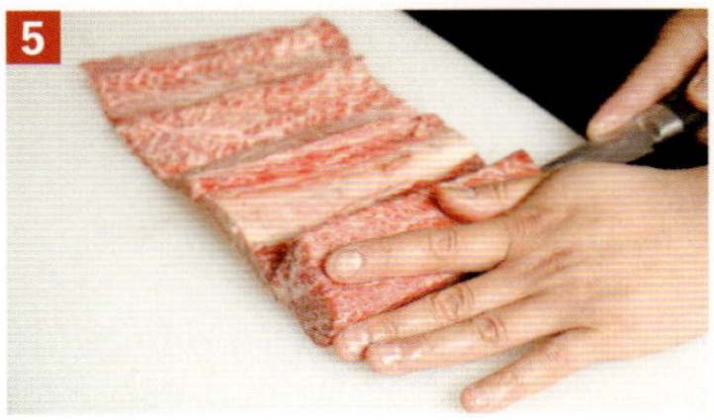

まず、片側から骨に沿って庖丁を入れ、切り離さないよう注意しながら、肉の厚みを観音開きにしていく。片側を開いたら、反対側も同様に骨に沿って庖丁を入れて切り開いていく。

6

庖丁の入れ方は、肉を切り離さないこと、厚みをできるだけ均等にすることがポイント。

焼き方

POINT

“3度おいしい”焼き方

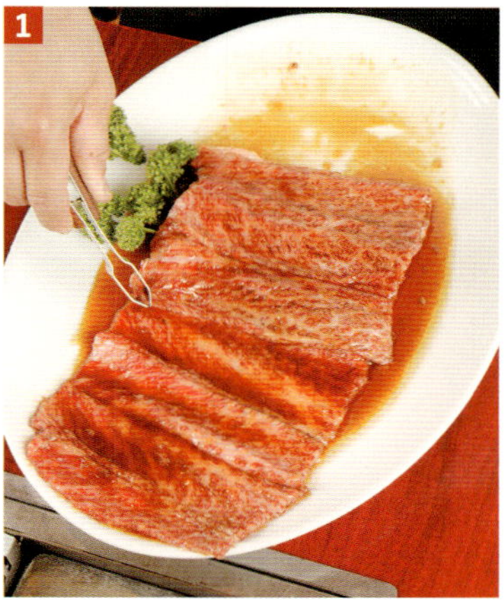

「骨付特上カルビ」はスタッフが焼く。“3度おいしい”焼き方だ。

ロースターの上に肉を広げてのせ、片面が香ばしく焼けたらひっくり返し、裏面も焼く。

両面が焼けたら、左右両側のやわらかい部分を食べやすい大きさにハサミで切り分け、先に取り分ける。これが“1度目のおいしい”。

骨近くの肉はやや歯応えが強いので、骨からハサミで切り離す。

さらに小さめにカットし、香ばしく焼いて取り分ける。これが“2度目のおいしい”。

POINT

珍味感覚の骨膜も味わってもらう

残った骨はじっくり焼き、“骨膜”も食べてもらう。骨膜がはがれやすくなるまで焼き、ハサミとトングで引きはがす。これが“3度目のおいしい”で、ビールに合う珍味として喜ばれる。

骨付きのサクを左右に切り開いた状態。横幅の長さは約40cmもある。

POINT

特大サイズのまま皿に盛って提供

切り開いた肉にタレをからめて器に盛る。タレはもみダレにごま油、おろしニンニクを加えたもの。

カッパ

ソトバラの外側についている部分。筋肉質でかたく、しっかりとした噛み応えがある。比較的肉の厚い部分は並カルビに、肉の薄い部分を「カッパ」の部位名で提供する。さらに肉の薄い部分は脂やスジと一緒にスープ材として活用する。

品種・等級

交雑牛 A3 上

提供メニュー

カッパ　　600 円→ P.142

1

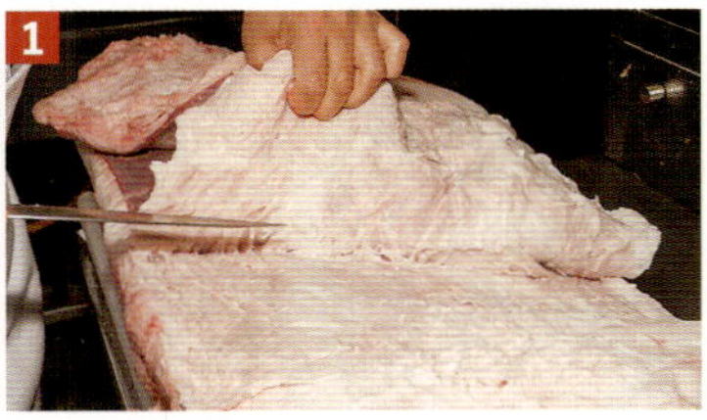

半頭分のソトバラを分割。カッパはいちばん外側にあり、最初にはずす。厚い脂の間に庖丁を入れ、左手で引きはがす。

POINT

厚みによって商品化を変える

2

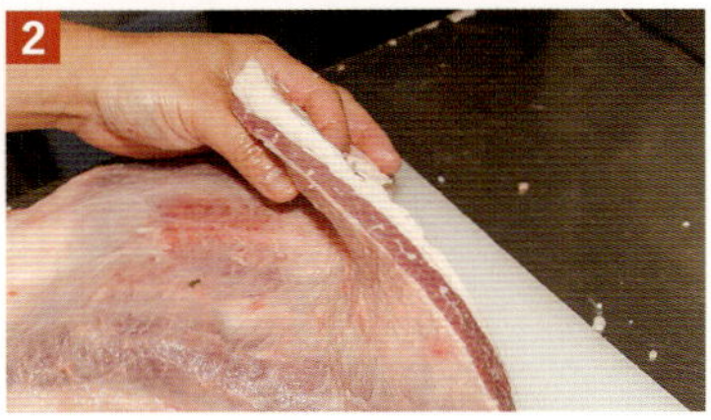

カッパの中で肉の厚い部分と薄い部分では商品化が違う。写真のように肉厚の部分は「カルビ」にする。

3

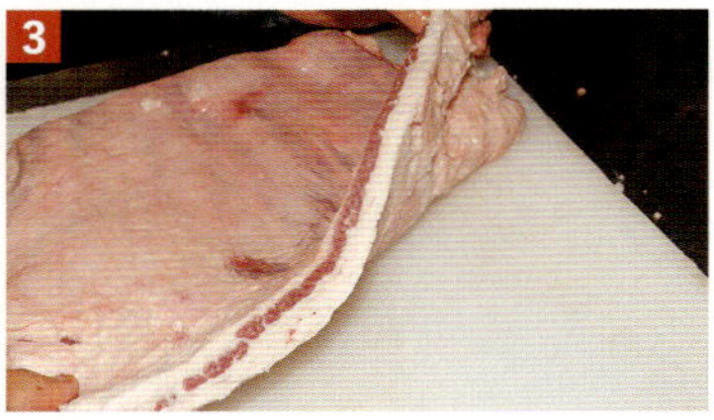

肉の薄い部分をカッパにする。ただし、脂が入り込んでいる部分はスープ材にする。

4

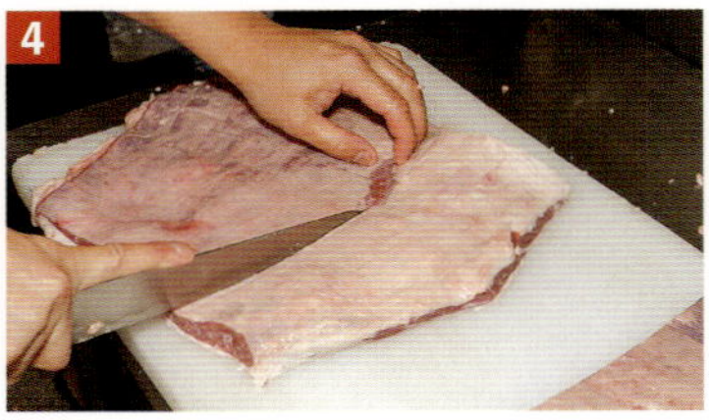

「カッパ」にする部分をサク取りする。サクの幅は 7 ～ 8 cm で均等に取る。肉の目に沿って庖丁を入れる。

5

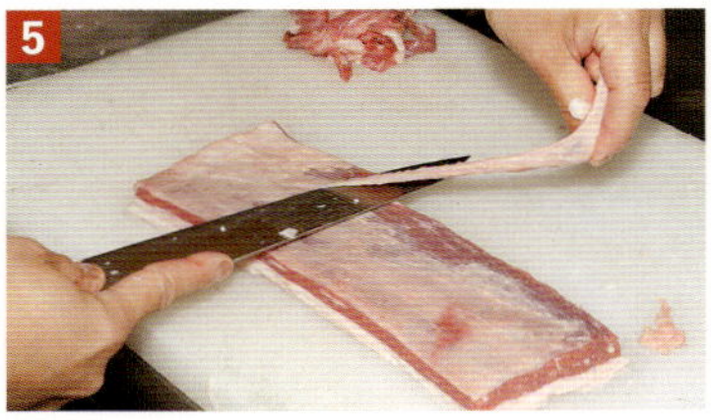

サクの掃除をする。筋膜がついているので、このスジを引く。口に当たらないようきれいに取り除く。

POINT

脂はほどよく残して旨みにする

6

厚くついている脂もそぎ取る。ただし、カッパの脂は焼くと旨みになるので、5 mm 程度残す。

7 掃除の終わった状態。スジは丁寧に引き、脂はほどよく残している。

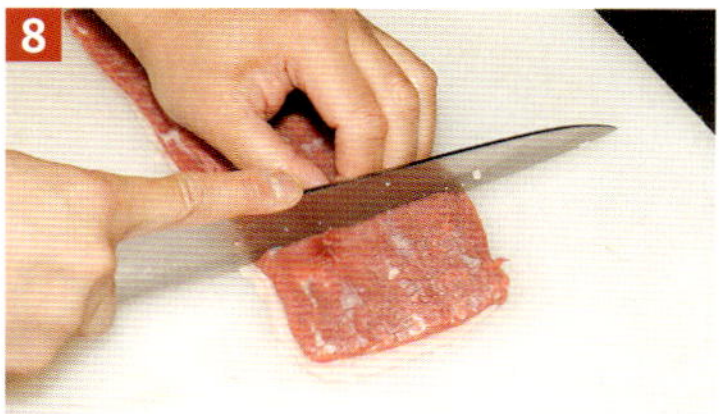

8 肉質のかたい部位なので隠し庖丁を必ず入れる。スジ側は5mm間隔で繊維を断ち切る。

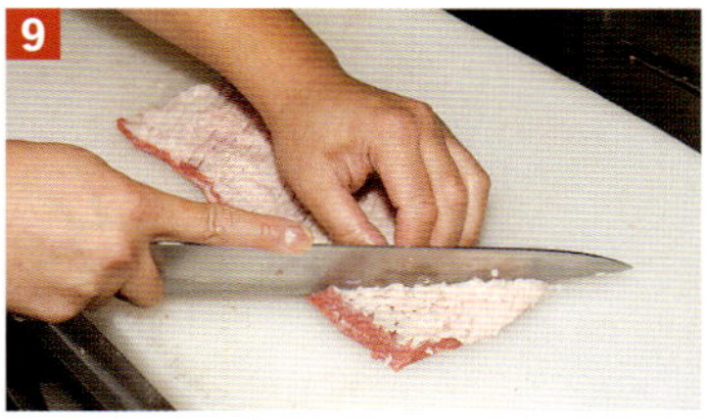

9 脂側は斜めに庖丁を入れ、格子状にする。両面に細かい庖丁を入れることで、切れ目にもタレが入り込む。

POINT

細切りで食べやすくする

10 隠し庖丁を入れたのち、7～8mm幅の細切りにする。写真は「カッパ」に取ったサクの中でも比較的肉の厚い部分。

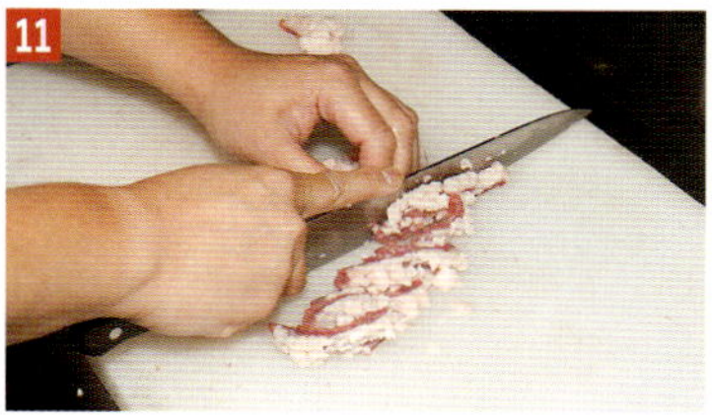

11 肉の薄い部分。残した脂と肉の間にスジがあるので、細切りにする。

12 サクによって肉の厚みが違う。厚い部分と薄い部分を手でほぐしながら混ぜて均一化し、一皿のバラツキをなくす。

「カッパ」のカット

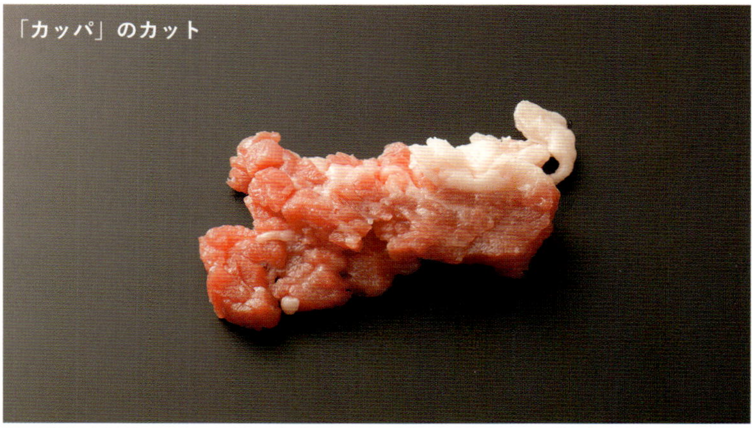

隠し庖丁＋細切りで、かたい肉をおいしく味わってもらう。

味付け

POINT

肉の味に合わせてもみダレを調整

1 一皿分100 gのカッパをボウルに取り、もみダレをかけ、続いてもみダレと同量のごま油を加え、おろしニンニクを少し入れる。

2 カッパは味が濃いのでホルモン用の「特製ホルモン味噌」を加えて、味のバランスを取る。味噌の量はひとつまみ程度。

3 しっかり全体をもみ込んでから器に盛る。もみ込むことで味がよくなじむと同時に肉もやわらかくなる。

ミノ

オーストラリア産の高品質のミノを使用。身の厚い部分を指定して仕入れている。冷凍で入ってくるので冷蔵庫で1日おいてから使う。コリコリとした独特の食感に同店でも人気が高い。格子状に細かく入れる庖丁の技で食べやすく提供する。

品種
オーストラリア産

提供メニュー
上ミノ　900円→ P.144

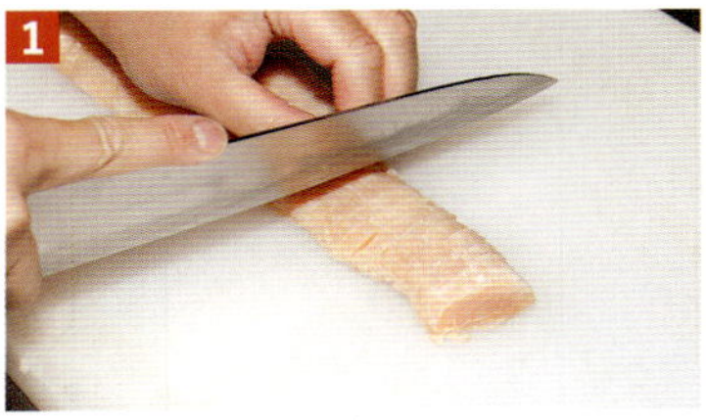

1

身が厚い部分だけ厳選して仕入れる。切り離さない程度の深さで端から庖丁を入れる。約5mm間隔。

2

正方形に近い形で切り分ける。5切れで110～120 gが目安。一口では余るほどの大きさが特徴。

POINT
カットしてからさらに庖丁を入れる

3

切り分けてから最初に入れた庖丁目に対して垂直に庖丁を入れる。

きれいな格子状に庖丁目を入れる。これを焼くと花が咲くように身が開く。

ウルテ

ノドの気管にある軟骨。ゴリゴリとかたい食感でそのままでは食べにくい。通好みのホルモンの一つだが、ぶつ切りから細切りに提供スタイルを変えたところ、注文数が増えたという。火が通りやすく、歯切れよく食べられる。

品種
和牛

提供メニュー
ウルテ　600円→ P.145

1

表面に細かく切り込みが入れられ、板状になった状態で仕入れる。ぶつ切りで提供すると、この切り込みが鉄板にくっついてしまう難点があった。

2

ウルテのツメといわれる部分はかたいので切り落とす。

POINT
細切りで焼き上がりを香ばしくする

3

端から約5mm幅の細切りにする。長さは9cmと細長くカットする。

この細さで焼くと火がよく通り、焼き上がりが香ばしく、食感もコリコリと楽しいものに変わる。

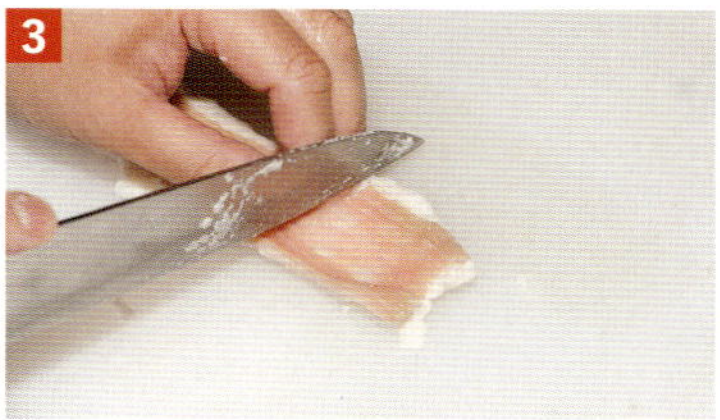

続いて身側も同様に庖丁目を入れる。身側もサクの上側を切り込むようにする。表裏で庖丁の入る位置が変わるため、焼きちぎれることがない。

脂の厚みを調整することで身の味わいとのバランスもよくなり、タレともなじみやすくなる。

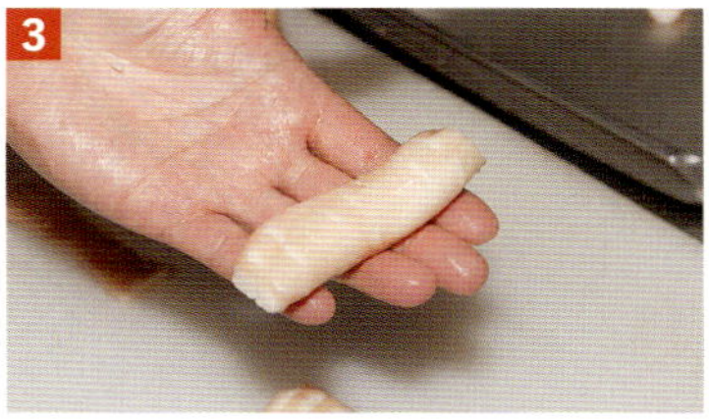

太さとのバランスを考えて長さを調節しながらカットする。途中、ちぎれ目などがあったら取り除き、1切れ1切れにバラツキが出ないようにする。

ぷっくりとした脂の甘みが楽しめるカット。切り目から脂がほどよく落ち、香ばしく食べられる。

脂の厚みを調整する。食べた時に脂がしつこすぎないように厚い部分をそぎ取る。脂の厚みは3～5mm程度にする。

POINT
“上側”を切り込むように庖丁を入れる

脂側を上にして庖丁目を5mm間隔で入れる。この時、サクの上側を切り込むような角度で庖丁を入れる。

POINT
1皿、1切れの品質を揃える

どの皿も均等の品質で提供するため、マルチョウの端やちぎれそうな部分、身が極端に薄い部分は使用しない。

POINT
切り目を入れて脂の逃げ道を作る

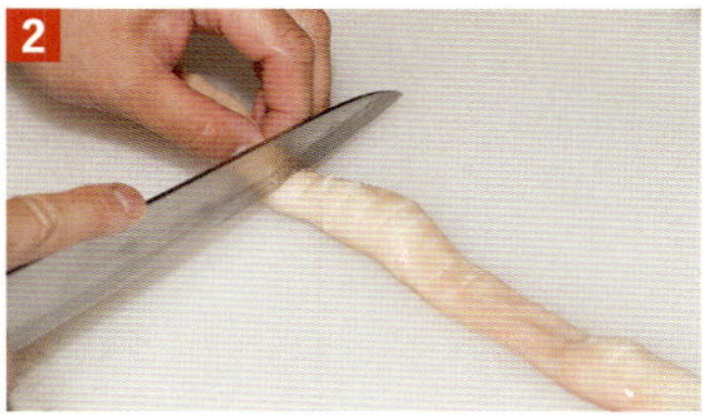

筒状のマルチョウの上下に切り目を入れる。5mm間隔で庖丁を入れたら、上下を返し、同様に入れる。

テッチャン

脂付きのテッチャン（大腸）を使用。脂があまり多いとしつこく感じてしまうため、3～5mm程度残しながら取り除いている。1切れ約25gと大きさを重視し、食べやすさは庖丁を細かく入れることでカバー。タレもよくからんで香ばしい。

品種
アメリカ産

提供メニュー
テッチャン　700円

マルチョウ

1切れの長さは太さにもよるが7～10cm程度。マルチョウの脂の甘みと弾力が1切れで存分に味わえるカットで提供する。焼いている途中に脂が破裂しないよう、庖丁目を入れて脂の逃げ道を作るのがポイント。ちぎれ目などはよく確認する。

品種
和牛

提供メニュー
マルチョウ　900円

赤セン

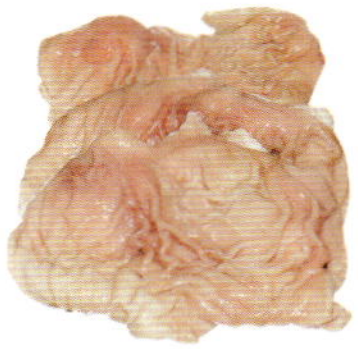

赤センマイは牛の第４胃。赤センマイを冷凍すると繊維が壊れ、甘みが抜けてしまうという理由から、和牛の生のものを仕入れる。プリプリとした食感の身の厚いカブの部分を使う。１度目の庖丁で身を開き、２度目の庖丁で切り離す手法でカットする。

品種

和牛

提供メニュー

赤セン　900円

1

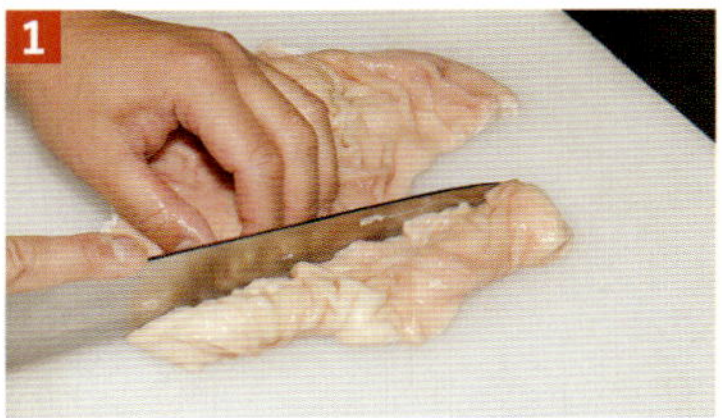

赤センマイのカブの部分を使用する。7〜8cm程度の長さにサク取りする。

2

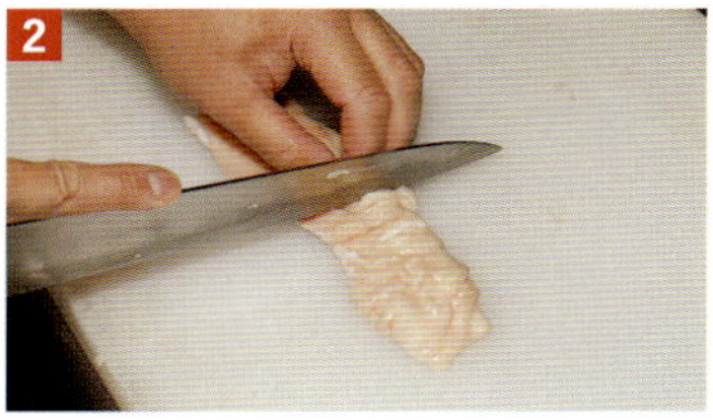

サク取りした身に対して垂直に、5mm程度の間隔で隠し庖丁を細かく入れる。

3

裏側も同様に隠し庖丁を入れていく。

POINT

身を開く庖丁でより食べやすく

4

隠し庖丁を入れた身を開くように庖丁を入れる。身を切り離さない程度まで深く庖丁を入れる。

5

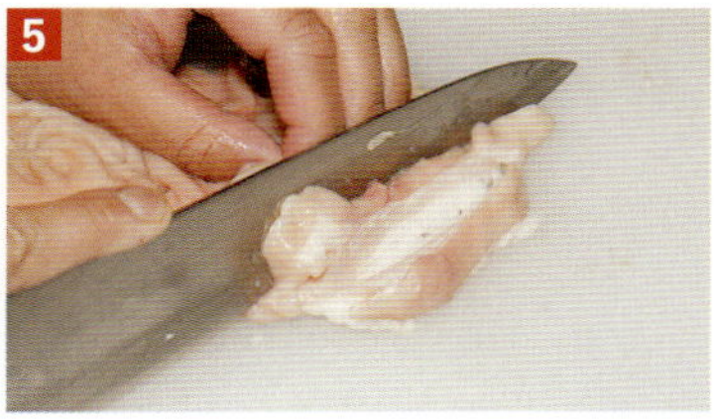

２度目の庖丁で身を切り離すと１枚のカットになり、これを広げると大判の赤センマイになる。

POINT

開いた身にも隠し庖丁を入れる

6

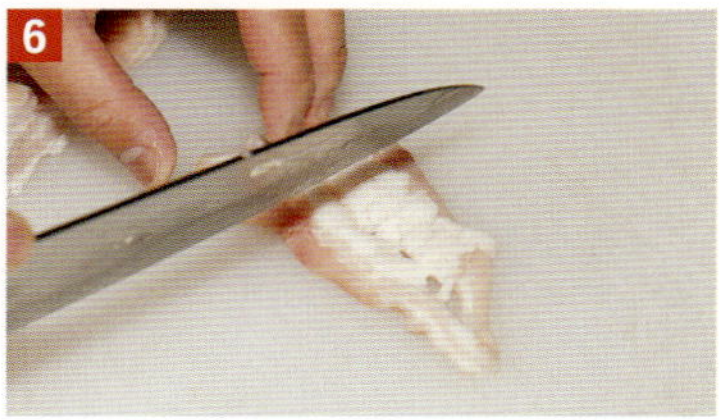

開いた身に対しても細かく隠し庖丁を入れる。ここでも隠し庖丁を入れることで、サイズの大きいカットでも食べやすくなる。

「赤セン」のカット

隠し庖丁を数回に分けて入れる技で、噛み切りやすさが格段に高まる。

コリコリ

コリコリサンド

1

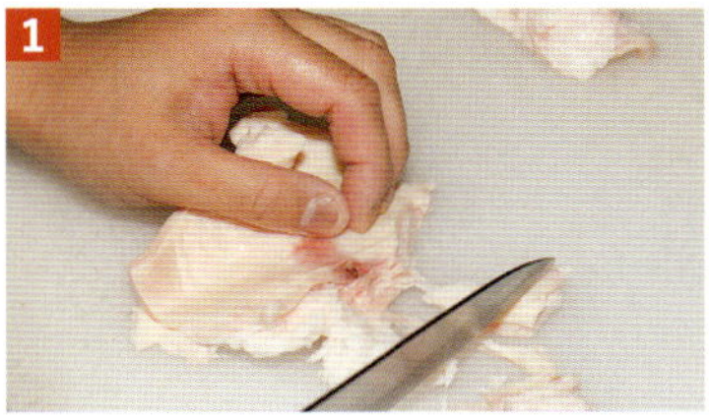

大動脈の根元。汚れが残っている部分やスジばっている部分は庖丁で切り落とし、カットしやすい形にする。

POINT
細かい格子状の隠し庖丁

2

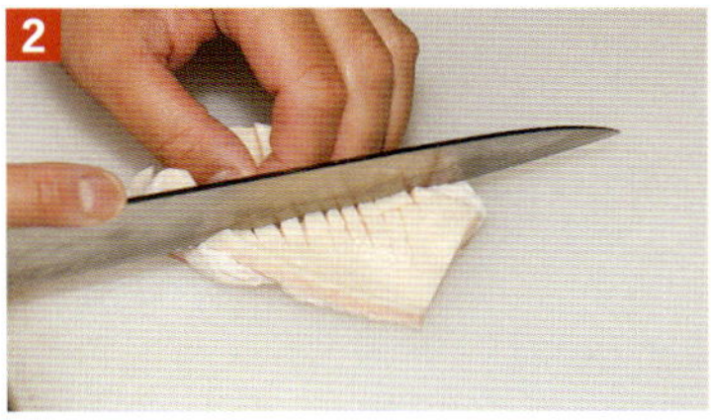

両面に細かい格子状の隠し庖丁を入れる。身側は脂の際のギリギリの深さまで入れる。

3

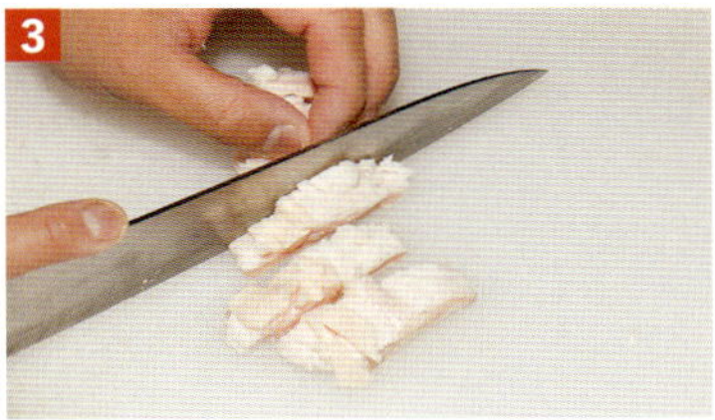

食べやすい幅にカットする。

カットしやすいようサク取りした状態。写真右端が脂の付いた「コリコリサンド」。他は「コリコリ」として提供。

コリコリ

1

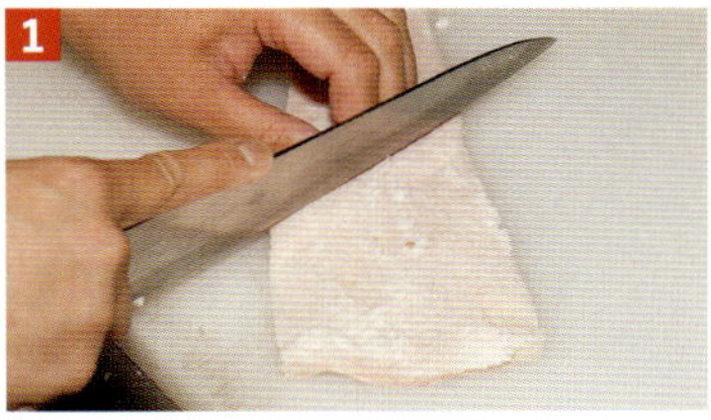

和牛のコリコリを冷凍状態で仕入れる。歯応えがあるホルモンで、格子状に庖丁を入れる。

2

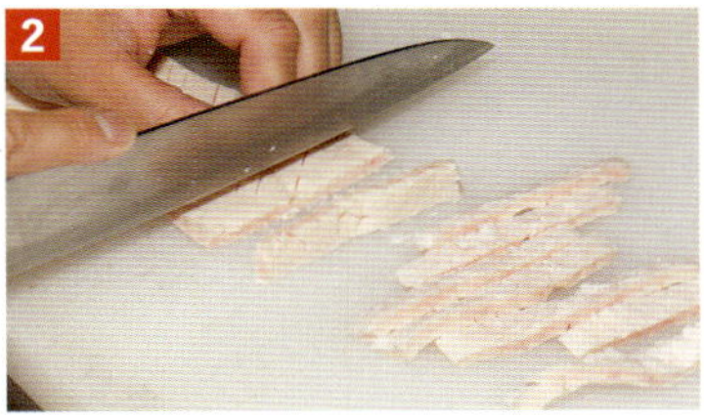

1～2cmの幅で短冊状にカットしていく。

ハツモトやタケノコとも呼ばれる牛の大動脈。"コリコリ"の名称通り、コリコリとした食感が何よりも魅力。"コリコリサンド"は大動脈の根元の部分で脂を噛んでいて、食感と脂の甘みの両方が楽しめる。牛一頭からほんのわずかしか取れない。

品種
和牛

提供メニュー

コリコリ	600円
コリコリサンド	900円→ P.144

「コリコリサンド」のカット

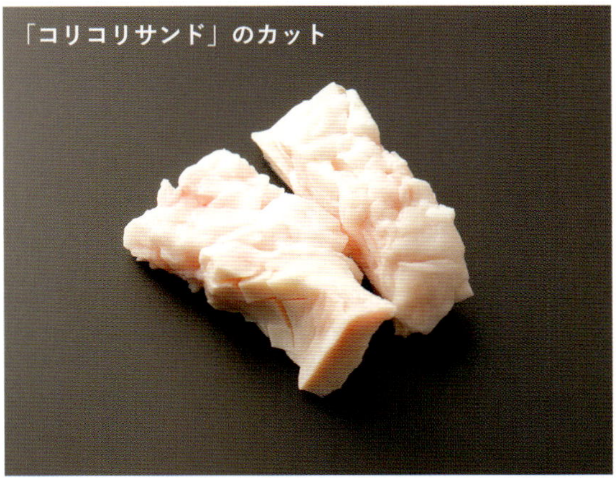

脂の甘みと食感が楽しめる希少部位。

「コリコリ」のカット

美しく庖丁目を入れてコリコリ感を楽しませる。

しっかりとタレをもむ懐かしい焼肉の味

“タレが主役の焼肉”というほど、タレにこだわりがある。下味はベースのもみダレを同割程度のごま油と合わせ、コクを深めたしっかりとした味付けにする。さらに肉は隠し庖丁を入れてタレがよく染み込むよう工夫。このタレで、ご飯が欲しくなる、ビールが欲しくなる焼肉が完成する。

もみダレ

甘みを強めて作るもみダレ。醤油と酒、砂糖、旨み調味料などを合わせて作る。正肉、内臓肉ともに味のベースになる。このもみダレとごま油を合わせ、おろしニンニクで風味づけするのが基本。種類によって味噌ダレを加えることもある。

写真上が味付け用の基本のセット。左からもみダレ、ごま油、おろしニンニクなど。ごま油もたっぷり使うため、品質の高いごま油を使用する。

つけダレ

もみダレに甘さを持たせている分、つけダレは醤油の尖った味を適度に生かし、さっぱりとさせている。醤油と砂糖にニンニク、生姜、レモン、リンゴを加えて風味づけ。仕上げに赤ワインを入れて香りを出す。醤油の風味を生かすため、火入れはしない。もみダレが染み込んだ焼肉そのままでもおいしいが、ちょっとつけるとさらにおいしくなるつけダレだ。食べ始めは濃いが、焼いた肉をタレにつけて食べ進むうちに、その肉汁や脂で徐々に角がとれてまろやかになっていき、最後までバランスのよい味わいで焼肉を楽しめる。

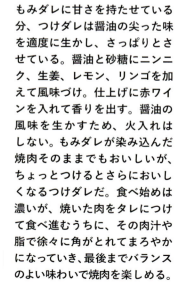

正肉の味付け

ここでは和牛のリブロースから分割した「カブリ」の味付けを紹介。肉を切り開いて両サイドに脂がくるようカットする。赤身の旨みと脂の旨みの違いも楽しんでもらう独特の切り方だ。脂がタレをはじくのでしっかりもみ込む。

カットした肉をボウルに入れる。カブリは1人前4切れ。もみダレを注ぐ。

続いてほぼ同量のごま油を加える。同店では良質のごま油をたっぷり使う。

少量のおろしニンニクを加える。ニンニクが少し加わることで風味が増す。

POINT

よくもみ込んで味をなじませる

手でしっかりもむ。特にカブリはサシがよく入り、脂がタレをはじくのでよくもみ込んで染み込ませる。

内臓肉の味付け

ホルモンの味付けには「特製ホルモン味噌」をプラス。この特製味噌は味噌とコチュジャン、生姜、ニンニクを混ぜ合わせたもの。もみダレとごま油の基本の味に加え、ホルモンのクセをやわらげる辛味を効かせて、アルコールとの相性を高める。

写真はミノの味付け。カットしたミノをボウルに入れ、もみダレをかける。タレの量をたっぷり使うのも同店の特徴の一つ。

もみダレと同量程度のごま油を加える。さらに少量のおろしニンニクを加える。

POINT

辛味のある特製味噌で酒のすすむ味に

内臓肉の味付けには「特製ホルモン味噌」をプラスする。コチュジャンの甘辛味でピリッとさせる。

切り目のひと目ひと目の間にしっかりタレが染み込むよう、手でしっかりともみ込む。この丁寧な仕事もおいしさの秘訣。

骨付特上カルビ

4,400円(税込)

骨付きの１枚肉をドーンと１皿に盛った特大カルビ。１枚 400 〜 450 g の大迫力で迫ってくる。骨際のおいしい肉を存分に味わってもらうスペシャルなメニューだ。これはスタッフが焼き上げて、１枚の中でもやわらかい部分、骨近くの味の濃い部分と時間差で提供する。最後は骨膜まで味わえる。

カッパ

600円（税込）

噛むほどに広がる濃厚な味。ソトバラの外側、筋肉質で繊維のかたい部位だが、肉の味が濃いカッパを部位名で商品化。きっちり隠し庖丁を入れることと細切りにすることで、「思ったよりかたくなくておいしい」とお客に好評だ。

カブリ

1,100円（税込）

両サイドに脂を残した独特のカットで、赤身の旨みと脂の甘みを同時に味わってもらう。三代目が開発した小分割部位のメニューだ。同店のロースメニューには和牛を使用。リブロースから分割するカブリもサシがよく入り、和牛ならではの濃厚な味わいが魅力。

上ミノ

900円（税込）

同店のホルモンメニューの中でも一押しの一品。身の厚い上ミノの部分のみを仕入れて、細かい庖丁目で独特の食感を生かす。焼き上げると庖丁目が花のように開いて香ばしく、歯切れのよさも格別。

コリコリサンド

900円（税込）

コリコリとした食感と脂の甘みが魅力のコリコリサンド。コリコリ（ハツモト）の中でも脂を噛んでいる部分はほんのわずかという希少部位。脂が魅力であることは確かだが、あまり多いとしつこいので、ほどよく脂を残す程度に脂の厚みを調整する。

ウルテ

600円（税込）

ゴリゴリとしたかたい歯応えのノドの気管にある軟骨。好きな人にはたまらない焼肉メニューだが、ぶつ切りだと食べづらい面もある。そこで三代目が細切りに切り方を変えたところ、注文数が各段に増えたという。細切りにすることで香ばしく焼き上がり、パリパリとした楽しい食感が楽しめる。

大阪
香里園

炭火焼肉
筵 en

大阪府寝屋川市の古い飲み屋街。夜ともなれば情緒あふれる雰囲気に包まれる通りに『炭火焼肉筵en』はある。街並みに調和したしっとりした店構えで、店内も焼肉店と一線を画す洒落た空間。随所に和食の技術が光るメニューの数々に、ここまで来る価値があると遠方からもお客を呼ぶ。

DATA

住　　所：大阪府寝屋川市香里南之町 33-11
電　　話：072-833-8833
営業時間：18 時～ 24 時（L.O.23 時）
定 休 日：火曜日（祝日は営業）
規　　模：30 坪・36 席
客 単 価：4500 円～ 5000 円

和食の技が光る肉の技術を きめ細かなサービスで売る

大好きな焼肉で居心地のいい大人の空間を作りたいと、バー業態を中心に飲食業界で仕事をしてきた店主の大谷奏氏が２００９年８月にオープン。一階はカウンター席のみ、二階はテーブル席で壁際にはワインボトルがずらり。三階には落ち着いた雰囲気の個室もある。どの空間も洒落た空間であることに間違いないが、くつろいで過ごせるアットホームな雰囲気に満ちあふれている。

店主の大谷氏が絶大な信頼を寄せているのが、和食出身の料理長・兼重秀充氏だ。兼重氏の料理力がなかったら、店は成立しなかったと大谷氏。ソムリエの資格も持つ大谷氏のサービス力と兼重氏の技術が合わさって、地元客や周辺地域のお客だけでなく、遠くからもお客がやってくる店に成長した。

二人で食べて飲んで一万円の店づくり

同店では客単価を４５００～５０００円に設定している。大人２人が食べて飲んでちょうど一万円。気軽に焼肉とアルコールを楽しんでもらいたいという考えからだ。

そのため、使用する牛肉は和牛と輸入牛をうまく使い分け、原価を巧みに調整している。人気の定番メニューは原価50%をかける分、和牛肉のスジをスープに利用したり、端肉を一品料理にしたり余すことなく活用する。こまめな仕入れと無駄の出ない仕込みを徹底し、全体のコストパフォーマンスを高めている。

和牛肉はほどよいサシと肉の旨みを持つＡ４ランクの黒毛和牛を中心に使用。オープン当初はＡ５クラスも使っていたが、サシの強さに量の食べられないお客も多く、Ａ４クラスに落ち着いた。「和牛上ロース」１２８０円、「和牛上カルビ」９８０円、「和牛特選三角バラ」１９８０円、「和牛特選リブロース」１９８０円など定番の焼肉メニューの他、その日のおすすめメニューも用意している。

一方の輸入牛はサシも入るチョイスクラスのアメリカ産やオーストラリア産牛肉を使用。並にあたる「バラ」７８０円、「ロース」８８０円のほか、「熟成壺漬カルビ」１３８０円、「ハラミの西京漬け」など、兼重氏の真骨頂である和食の技術を施したメニューで、魅力を高める。手をかけて旨さを引き出すことで、新感覚の焼肉を作り出し、追加注文を呼び込むことに成功している。

内臓肉の売り方も酒客の気軽な利用を狙い、約９種類を税込で５５０円の均一価格で提供する。一皿70g前後と十分満足のいく

上：料理長との出会いがあったから、好きな焼肉で居心地のいい空間を作ることができたという店主の大谷奏氏。常にお客を楽しませる接客で店を盛り上げる。ソムリエの資格も持ち、焼肉に合うワインをセレクト。
下：和食出身の料理長・兼重秀充氏。柚庵漬けや西京漬け、薬味の取り合わせなど、和食の技術をふんだんに取り入れた味付けや手法で新鮮な焼肉メニューを作る。肉のカットは魚の刺身のように美しい。

量でほぼワンコイン。５００ｇ単位の小ポーションで仕入れるので、常に新鮮な内臓肉を揃えている。味付けはネギ塩ダレと味噌ダレを用意し、お好みで選んでもらうスタイル。３種盛り、５種盛りなど盛り合わせもあり、少しずついろいろ食べ比べしたいというお客の要望に応える。人気のタンも厚切りや塩タンなど５種類の食べ方を提案する。

繊細な切りつけや味付けで楽しませる

　焼肉メニューはすべて料理長が手切りで仕込み時にカットしておく。肉を引き切りにし、角を立たせる鮮やかな庖丁はまるで魚の刺身のようだ。さらに、タレや味付けにも和食の豊富な知識が生きている。「自家製スープ冷麺」７８０円、「こだわりナムルおまかせ５種盛り」７８０円など一品料理にも名物が多い。冷麺はニンニクや生姜といった香味野菜とゲンコツをじっくり煮出したスープで料理長自慢の一品だ。ナムルは定番野菜に加え、旬の野菜を使ったナムルも用意。マリネしたプチトマトや苦みを抜いてタレに漬け込んだゴーヤなど、それぞれ野菜をおいしく味わえる調理法や味付けが施されている。

　こうした焼肉や料理と一緒に楽しめるのが、ソムリエ資格を持つ大谷氏がセレクトする「肉に合う」ワインだ。イタリア産のワインを中心に、グラス４８０円〜、ボトル２５００円〜と手頃な価格で揃える。ワインのアドバイスだけでなく、お客の注文具合を見て肉やサイドメニューをすすめるなど、きめ細かなサービスが魅力となり、さらにファンを増やしている。

「炭火焼肉 筵 en」の和の技

あくまでも焼肉店として肉を楽しませることが大前提としてあるが、和食の要素を取り入れた目新しいメニューを織り交ぜることで、追加注文を誘うことにつながっている。特に肉を調味料に漬け込む柚庵漬けや西京漬けは、切って出すだけの肉の味わいとは異なるおいしさを生み出す。ポン酢をタレにする発想など、食べ飽きない工夫が随所に見られる。

バラ

バラ肉は和牛と輸入牛を併用。和牛は赤身とサシのバランスがいいＡ４ランクで、肉質のよさを生かし、"和牛"を冠してワンランク上のメニューとしてアピールする。「和牛上カルビ」の他、脂をさっぱり食べさせる"ポン酢焼き"、とろける脂の甘みを堪能させる"ホイル焼き"と個性的なメニューで提供する。

品種・等級

黒毛和牛 A4

提供メニュー

和牛上バラポン酢焼き	1,080 円→ P.158
和牛ユッケのホイル焼き	780 円→ P.151
和牛上カルビ	980 円

「和牛上バラポン酢焼き」のカット

サクの形を整え、刺身の切りつけのようにカットする。

和牛上バラポン酢焼き

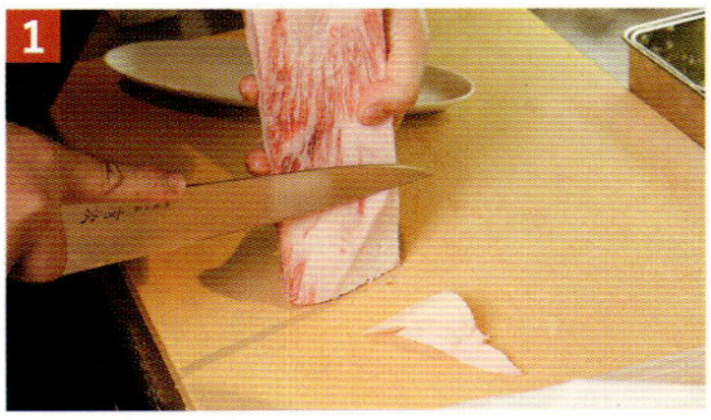

1 刺身のようなカッティングで美しく見せるため、歪みのない長方形にサク取りし、表面の脂もサクの形をこわさないよう取り除く。

2 サクに対して垂直に庖丁を入れ、なめらかな切り口になるよう引き切りにする。

3 １枚１枚の厚みも形もきれいに揃った庖丁の技。少しずつ重ねながら整然と器に盛る。

味付け

POINT

カツオ節で旨みを強める

1 薬味の小口に切った青ネギ、刻み海苔、カツオ節、炒り白ごま、一味唐辛子。ポン酢醤油をタレにする。

2 切り付けた肉の中心に、カツオ節と白ごま、一味唐辛子をのせる。肉の旨みにカツオ節の旨みを加えることで旨みが深まる。

3 青ネギはたっぷりとのせる。最後に刻み海苔をのせ、海苔の香りを効かせて仕上げる。

和牛ユッケのホイル焼き

1

生のユッケに変わる商品として開発。細切りにしたバラ肉に醤油ベースの甘いユッケダレをまぶす。

2

肉とタレをよくからめる。しっかりからめることで火を入れた時に肉がほどけやすくなる。

POINT
アルミカップを通して火入れする

3

製菓用のアルミカップに盛る。カップごと七輪で焼くことで火のあたりがやわらぎ、肉を焦がさずに焼ける。

4

卵黄を肉の上にのせ、青ネギの小口切りと白ごまを散らす。アルミカップを器にのせて提供する。

和牛ユッケのホイル焼き

780円(税込)

上質の和牛バラ肉を細切りにしてアルミカップで焼くオリジナルメニュー。タレをからめた肉を直火で焼かず、アルミカップに入れた状態で焼くことで、肉がふんわりとした食感に。とろけるような脂の甘みも楽しめる。

焼き方

POINT
じっくりと火を通す

1

肉を盛ったアルミカップを七輪の上にのせる。火が入り過ぎないよう、できるだけ火の弱い場所で焼いてもらう。

2
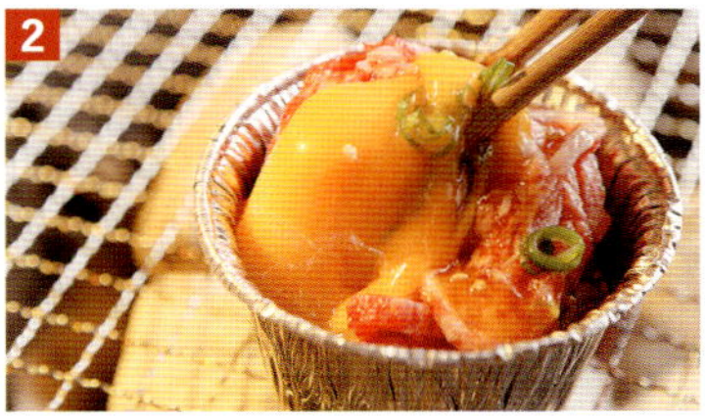

温まってきたら卵黄をくずし、肉にまんべんなくからめる。

3

熱しすぎると卵黄が先に固まってしまうので、肉を時々混ぜながら火を通す。

ボンレスショートリブ

看板メニューの一つ「熟成壺漬けカルビ」にはアメリカ産のボンレスショートリブを使用する。等級は肉の味が濃く、脂も適度に入る“CHOICE”クラス。柚庵漬けにすることで調味料が染み込んで肉がやわらかくなり、旨みも熟成される。

品種・等級

米国産 CHOICE

提供メニュー

熟成壺漬けカルビ	1,380 円→ P.156
バラ	780 円

柚庵漬け

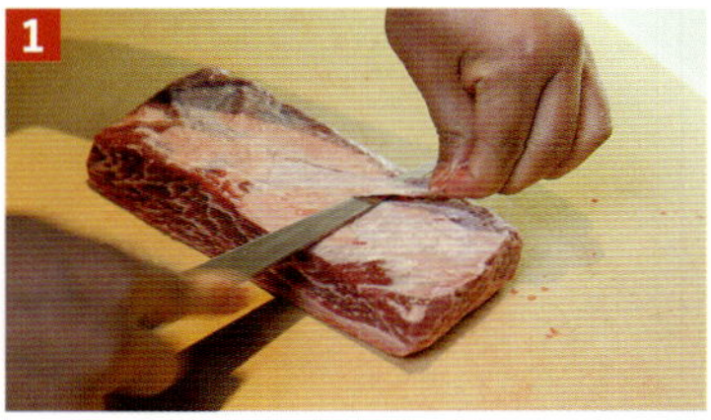

1 肉の表面のスジと脂を掃除する。脂は少し残る程度に丁寧にそぎ取る。

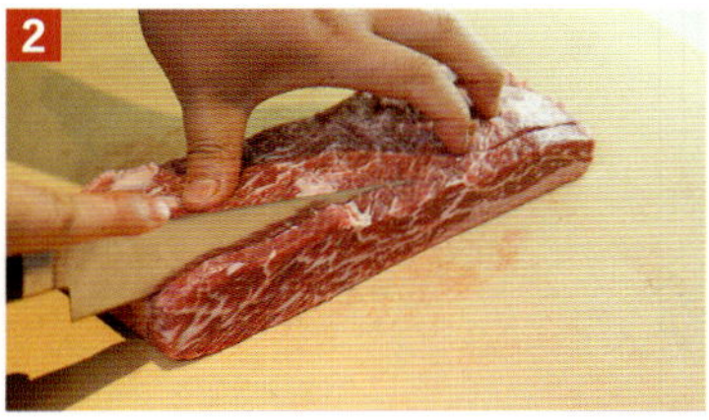

2 約 1.5cm の幅で切り分けていく。長さは 22 ～ 23cm で、1 切れ 80g 程度。この後、柚庵地に漬け込む。

POINT

柚子の香りが爽やかな柚庵地

3 柚庵地のタレは、濃口醤油と煮切り酒、みりん、ニンニク、生姜を混ぜ、だし昆布と輪切りの柚子を加えて作る。

POINT

3 ～ 4 日漬け込む

4 保存容器に柚庵地を注いで肉を並べ、さらに上から柚庵地をかける。密封して冷蔵庫に入れ、3 ～ 4 日漬け込む。

5 在庫を見ながら仕込み、よく漬かったものから出していく。

6 注文が入ったら壺に移し替えて提供する。1 本丸ごとの迫力がまた楽しい。

味がしっかり入っているのでサンチュで巻いて食べてもらう。

ハラミ

焼肉で西京漬けをやりたいと試作を繰り返し、行き着いたのがハラミ。脂が少ないので味の入りがよく、噛みしめると味噌の味がジュワッとあふれ出す。かたまりのまま漬け込むことで、味が入りすぎて塩辛くなるのを防ぐ。

西京漬け

POINT
サクの状態で漬け込む

1
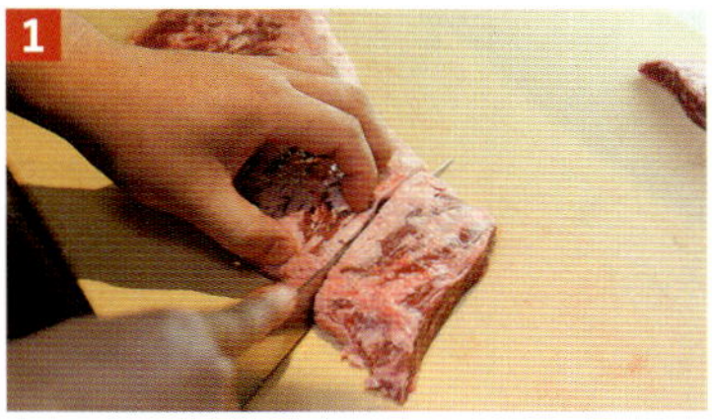

ある程度掃除したハラミをサクに取る。このサクの状態で漬け込んでいく。

2

スジが残っていると口にあたるので、気になるスジを取り除く。

POINT
味噌はゆるめにして味を入りやすくする

3

西京味噌を煮切り酒、みりん、濃口醤油でのばす。液状にのばすことで味を染み込みやすくする。

4

保存容器に③の味噌を流し入れて肉を並べ、さらに肉がかぶるよう上から味噌をかける。

5

密封して冷蔵庫で３日ほど漬ける。漬け込み時間が長すぎても肉がしまってくるので、３日を目安にしている。

6
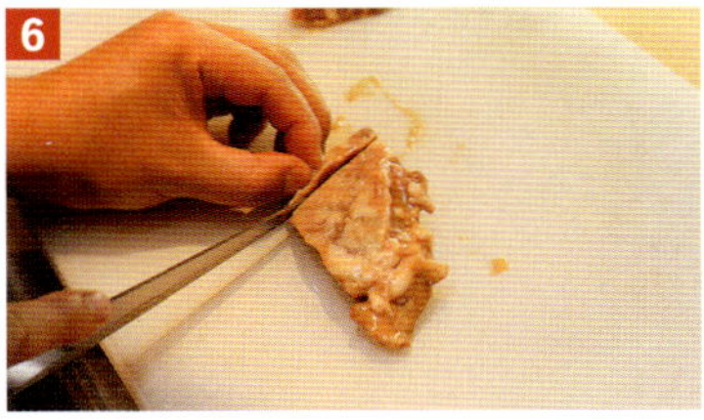

提供時に取り出し、そぎ切りにして器に盛る。白ごまをふって提供。

焼いてタレで食べる焼肉とは違う風味が人気で、売り切れもある。

品種・等級
米国産 CHOICE

提供メニュー

ハラミ味噌漬け	1,080 円→ P.157
上ハラミ	880 円

ホルモンには3種類のタレを用意

550円とお手頃価格のホルモンが9種類。仕入れの量を抑えてこまめに仕入れすることで常に新鮮な内臓肉を提供する。ホルモン用のタレは3種類で、ネギ塩ダレまたは味噌ダレを選んでもらう。「ミックスホルモン」のみ醤油ダレに漬け込んでおく。

ネギ塩ダレ

刻んだネギをたっぷり使用。塩、黒胡椒、ごま油におろしニンニクを加えて風味よく、味がぼやけないようしっかりとした味に調える。

1

内臓肉はそれぞれ仕込みの段階でカットしておく。注文が入ってから味付け。1人前65～70gが目安。

2

ネギ塩ダレの材料は提供時に合わせる。ボウルに刻んでおいた白ネギとおろしニンニクを入れる。

POINT

塩は旨みのある紅塩

3

適量のごま油を加え、塩、黒胡椒で味を調える。内臓肉の味を引き立てる塩加減。塩は旨みのある紅塩を使う。

4

タレをよく混ぜてから内臓肉を入れ、全体によくからめて味をなじませる。

「筵 en」の主な内臓肉

切り口が鮮やかな内臓肉のカット。他に上ミノ、ハツ、レバー、ウルテも550円で提供する。3種盛りや5種盛りの盛り合わせもある。

■ 赤センマイ

■ ミノサンド

■ 丸腸

■ 大腸

■ 小腸

味噌ダレ

ミノサンドや丸腸の脂の甘みによく合う濃厚な味噌ダレ。味噌をベースに煮きり酒、みりん、濃口醤油などで、甘みのある味に作る。ホルモンにからみやすいようほどよいかたさにのばしている。

POINT

脂の甘みに合う濃厚味

1

注文が入ったらカットしておいた内臓肉を取り出し、１人前量 65 ～ 70 g をはかる。

2

ボウルに入れ、味噌ダレを加えてタレをよくからめる。器に盛り、白ごまをふって提供する。

「ミックスホルモン」に使用するのは大腸、小腸、ミノサンド、赤センマイ（ギアラ）。食感も脂の付き方も違うホルモンが一堂に会する楽しさがある。

POINT

ニンニクを丸ごと漬ける

醤油ダレ

ホルモン用のタレ３つめは、ニンニクを丸ごと濃口醤油に漬け込んだニンニク風味の醤油ダレ。ネギも混ぜてニンニク、ネギの風味で内臓肉のクセをやわらげる。このタレは内臓肉４種類をミックスする「ミックスホルモン」のみに使用。

ミックスホルモン

780円（税込）

味わいの違う内臓肉４種類が一度に楽しめる一皿。１人前ずつビニール袋に入れ、ニンニクの風味が利いた醤油ダレを注いで漬け込んでおく。注文が入ったら器に盛って提供する。

熟成壺漬けカルビ

1.380円（税込）

柚子の香りが爽やかな柚庵地にカルビ肉のかたまりを３日間漬け込んで熟成。肉に味がしっかりと入り、お酒にもご飯にも合う濃い味で、噛むほどにおいしさが広がる。サンチュで包み、自家製旨辛味噌とニンニクチップをのせて食べてもらう。

ハラミ味噌漬け

1.080円(税込)

和食の西京漬けを焼肉で出せないかと試行錯誤。何度も試作し、味噌との味のなじみや味の入り方がいちばんよかったハラミで商品化した。サクの状態で漬け込み、最低２日寝かせたものを注文時にカット。角を立たせた鮮やかな切り口が美しい。

和牛上バラ ポン酢焼き

1,080円(税込)

「上カルビ」でも提供する和牛バラ肉をポン酢と薬味でさっぱり食べさせる。ネギや海苔、カツオ節、白ごまなど風味豊かな薬味を複数のせ、“和”の焼肉に。カツオ節の魚介の旨みが肉によく合い、新しい発見があるメニューだ。薬味をのせて片面を焼き、焼けてきたら薬味を巻き込み、少し蒸し焼きにして焼き上げる。

特上タン 1cm厚切り

1,280円(税込)

タンモトの中でも特にやわらかい根元から5cmまでの部分を使用。歯切れをよくするため、格子状に隠し庖丁を入れる。味付けは塩、胡椒のみ。片面はきつね色になるまで焼き、もう片面はさっと炙って食べてもらうよう、提供時に焼き方を指南する。

大腸（ネギ塩ダレ）

550円（税込）

内臓肉は550円均一にして、手軽に少しずついろいろな種類を食べてもらうよう工夫。ネギ塩ダレまたは味噌ダレが選べるが、大腸やミノなど脂の少ない部位にはさっぱりとしたネギ塩ダレをすすめる。

丸腸（味噌ダレ）

550円（税込）

脂たっぷりの丸腸は3cm程度の幅でぶつ切りにする。丸腸やミノサンドなど脂の多い部位には甘みのある味噌ダレが合うという。まろやかな味噌の味と脂が口の中で相まって、濃厚な味わいが楽しめる。

東京
六本木

牛牛
西麻布　総本店

地下に降りていくと重厚な黒の扉にゴールドの取っ手というゴージャス感に誰もが心沸き立つ。〝六本木〟という場所のイメージを裏切らない最高級のブランド牛に高級ワイン…。そしてエンターテイメント性の高い演出で『牛牛　西麻布総本店』は非日常の焼肉を提供し続けている。

DATA

住　　所：東京都港区西麻布 1-2-3 アクティブ六本木 BIF
電　　話：03-3478-3999
営業時間：月～土 18 時～翌 5 時（L.O. 翌 4 時）、日・祝 18 時～ 23 時（L.O.24 時）
定 休 日：年中無休
規　　模：70 坪・64 席
客 単 価：8000 円～ 1 万 5000 円

豪華であでやかな盛り付け。スペシャルな焼肉を演出する

六本木ヒルズ前の路地を入ったビル。入口の重厚な扉を開けると、左右にワインセラーと購入したブランド牛の品評会での表彰状が並ぶ。照明を暗く落とした店内に、カウンターやテーブル席を照らす間接照明がぼんやりと浮かび上がる。テーブル席は黒、奥には金と赤を基調にした煌《きら》びやかな個室もあり、シックでモダンな雰囲気の中でゆっくり焼肉とお酒が楽しめる空間だ。六本木という街のイメージそのままに、ここにしかない空間で贅沢な時間を過ごしたいというお客の願望に応え、２０１１年のオープン以来、早朝５時までの営業で平日でも約１００人を集客する大繁盛店だ。

最高の牛肉を驚きの演出で提供

『牛牛　西麻布　総本店』では、松阪牛をはじめ、近江牛、神戸牛などブランド牛や佐賀、宮崎、鹿児島など名だたる産地の牛肉を使用する。総料理長の小山内大悟氏の目利きで、その時々で最高のものを仕入れるため、一つの産地にこだわることはしない。仕入れは部位ごとに行うため、産地が分かれることも多い。精肉業者の買い付けに同行することもあるという。仕入れた肉はそのまま業者に保管してもらい、必要な時に届けてもらう。

小山内氏の実家はもともと都内で数軒の焼肉店を経営していた。幼いころから父親の仕事を間近で見て育ち、外に出てからは有名焼肉店で仕事を重ね、焼肉業界に携わってきた。その間に培った技術をベースに、この店だから出せるオリジナルの焼肉メニューを開発している。

最上級の松阪牛を使用した「エンペラーロース」１万円、「エンペラーブリアン」１万８０００円を筆頭に、小分割部位を部位名で売る正肉メニュー、芝浦市場から直送される内臓肉メニューなど幅広く展開する。その中で目を引くのが、「Ｄｒａｇｏｎカルビ」２０００円、「わさびまつり」１８００円、「Ｆｉｒｅカルビ」２０００円、「世界一長い特上タン」２８００円、「浦島太郎の玉手箱」２９００円など、えっと目を引くネーミングの創作焼肉の数々だ。黒毛和牛メスのA５を使いながら比較的リーズナブルな価格帯で揃えることで、新規客の獲得にも貢献しているという。

たとえば、「Ｄｒａｇｏｎカルビ」は火を点けた花火と一緒に肉がテーブルへ運ばれる。これだけでも十分楽しい演出だが、『牛牛』では、器を作るところから始めた。ドラゴンが火を噴く様を

総料理長の小山内大悟氏。自ら市場に出向いて目利きした最高級の肉を、独自性の高い焼肉メニューで提供する。

表現したくて、ガラス作家にドラゴンを象《かたど》った器を特注。何度か見本を作り直した末に、迫力あるドラゴンができあがった。片手に肉をのせるスペース、もう一方には漫画のドラゴンボールに出てくる龍珠を持たせる凝りようだ。

遊び心あふれるアイデアで楽しませる

「世界一長い特上タン」もタンを長くスライスしただけでは面白みがないと、約1メートルもある白木の箱を自分たちで作り上げた。ここへドライアイスと氷を敷きつめ、タンモトからタンナカにかけてのやわらかい部分をスライスしたタンを4枚盛る。提供直前にお湯を注ぎ、ドライアイスのスモークでスペシャル感を演出。食べるまでの高揚感も含めてご馳走になる。

こうした見た目のパフォーマンスだけではなく、味付けにも小山内氏の独自性が光る。前述の「Dragonカルビ」は焼いた時にドラゴンのウロコのように肉が開くようかたまりのまま飾り包丁を入れ、濃厚な味噌ダレをからめる。このタレが焼けることで香ばしい、風味のよい焼肉になる。

「わさびまつり」は、わさびの使い方が面白い。すりおろしたわさびに醤油漬けのわさびを叩いて加え、白だしやごま油で旨みやコクをプラス。たっぷりと肉にまぶし、これも特注のわさびの形に盛って提供。これでもかというわさびの量だが、焼くことでツンとくるわさびの辛味が甘みに変化し、爽やかに肉を食べられる。いずれも従来の焼肉の要素を残しながら、和のテイストを加えた味付けで、抜群のおいしさを作り出している。

「牛牛 西麻布 総本店」の演出

お客を楽しませる演出力が『牛牛』の大きな魅力になっている。料理長の小山内氏はじめとするスタッフのアイデアをどう具現化するか。アイデアは遊び心をもって、その実現には真剣に取り組む。特注でドラゴンやわさびの器を作ったり、自分たちで器を作ることもする。ドライアイスや花火といった仕掛けもある。

カイノミ

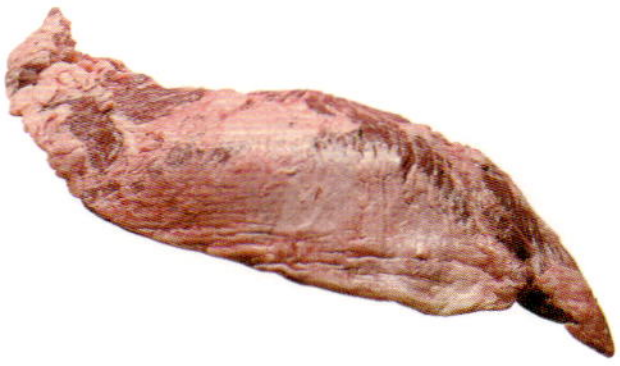

『牛牛』の演出性の高いスペシャルなカルビメニューに使用。ナカバラの一部だが、脂のしつこさはあまりなく、肉質もやわらかい。その肉質を生かして薄切りではなく、厚みのある焼肉カットやブロック、キューブカットで商品化する。

品種・等級

黒毛和牛 A5

提供メニュー

わさびまつり	1,800 円→ P.172
Dragon カルビ	2,000 円→ P.176
Fire カルビ	2,000 円→ P.173

POINT

脂が溶けないよう手袋で保護する

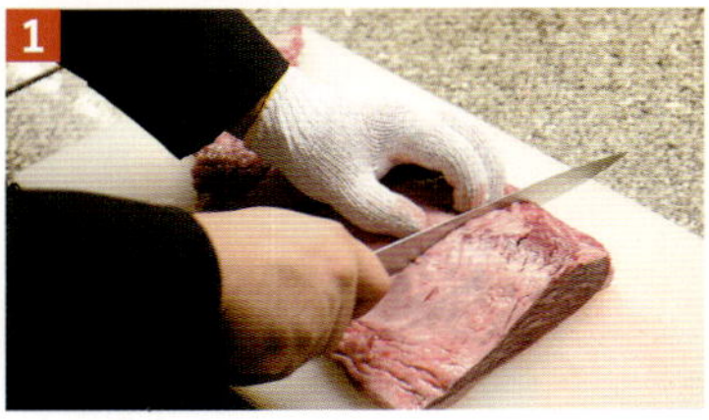

肉がだれたり脂が溶けないよう左手は手袋をはめて作業する。大まかに表面の脂を取り除き、サク取りする。

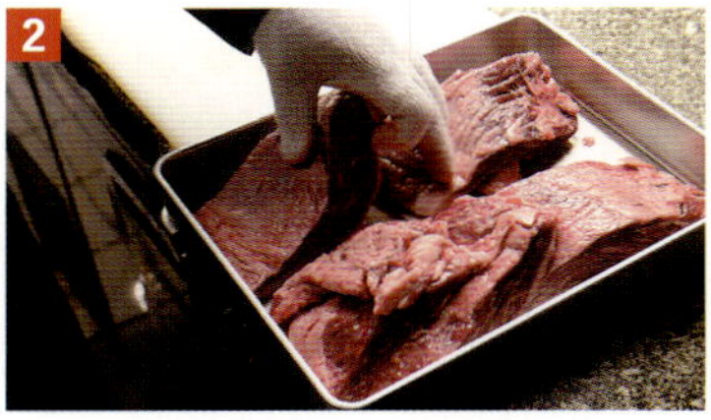

肉の繊維に沿って 7 ～ 8 cm 幅のサクに取る。

サクに取ってからスジを引いていく。大きなかたまりで引くよりも作業がしやすい。

POINT

それぞれの商品に合わせてカット

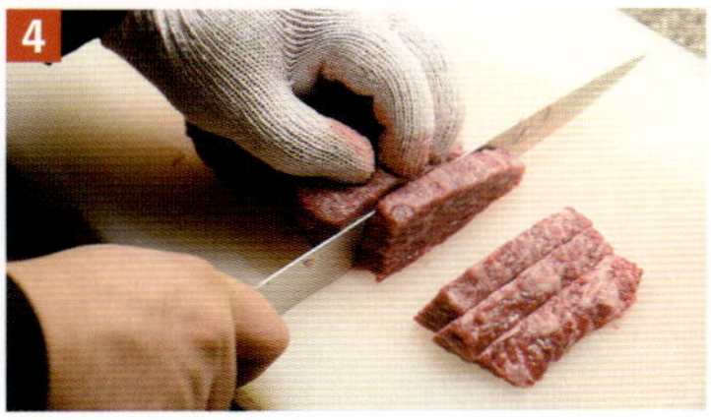

「わさびまつり」用には、繊維を断ち切る方向に庖丁を入れ、約 1 cm の厚切りにする。

かたまりで焼く「Dragon カルビ」は 1 カット 160g に切る。盛り付け時にねじれるよう約 1 cm 幅で斜めに飾り庖丁を入れる。

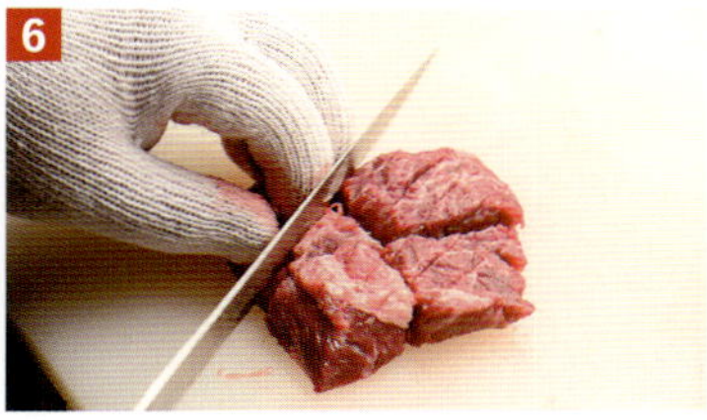

「Fire カルビ」用は 1 切れ約 40g のキューブ状にカットし、厚みの 1/2 程度まで隠し庖丁を入れる。

Fire カルビ

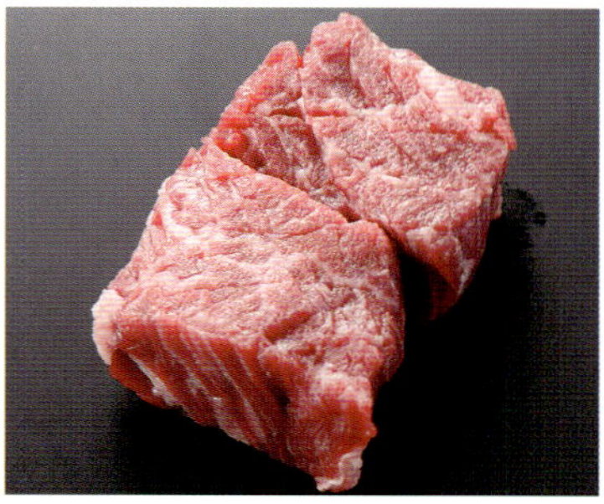

POINT
カイエンペッパー＋旨辛ダレ

1

タレは醤油ベース。韓国産とカイエンペッパーの２種類の唐辛子を使用。ニンニクやネギの香味野菜、旨みの昆布を加えて火にかけ、５日間寝かせる。

2

キューブ状にカットし、隠し庖丁を入れた肉にタレをもみ込み、なじませてから器に盛る。

3

小口切りにしたカイエンペッパーを肉が隠れるほどたっぷりのせる。辛いだけではない、熟成されたタレの味が好評だ。

Dragon カルビ

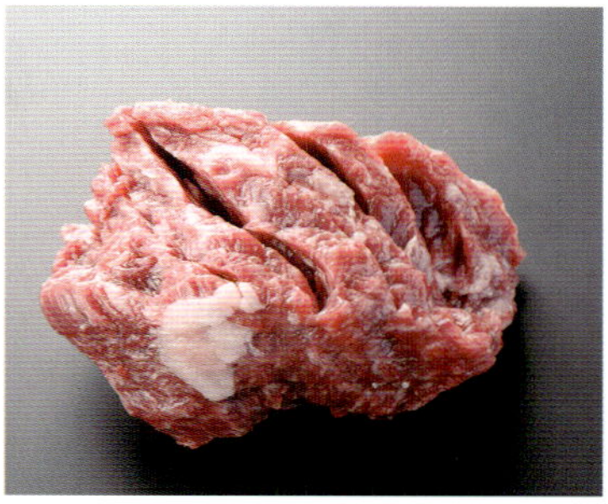

POINT
八丁味噌＋麹味噌の濃厚味噌ダレ

1

八丁味噌と麹味噌、ニンニク、韓国産唐辛子などで作るタレは濃厚な味が特徴。飾り庖丁を入れたブロックによくもみ込む。

2

制作に１台10万円かかったというガラス製のドラゴン。片方の手には龍珠、もう一方に味付けした肉をのせる。

わさびまつり

POINT
おろしワサビ＋たたきワサビ

1

ワサビのタレはすりおろした本ワサビと叩いたワサビの醤油漬けを合わせ、ごま油、塩、胡椒で味を調えたもの。爽やかな辛味の中に甘みもある。

2

ワサビの形を模したガラスの器にわさびのタレを詰め、この上に肉を重ねて盛る。

サーロイン

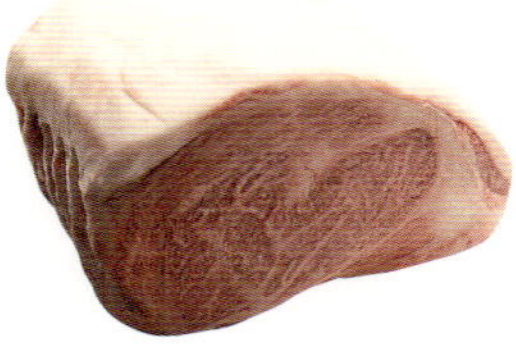

黒毛和牛メスのＡ５の中でもきめの細かい美しい霜降り肉を使用する。サーロインも断面の美しさを生かし、ゲタやミカヅキをはずして大判の薄切りにしたものを「３秒ロース」として提供する。脂が溶けないよう手際よく分割。

品種・等級

黒毛和牛 A5

提供メニュー

３秒ロース　　1枚 3,000円→ P.177

POINT

ゲタとミカヅキをはずす

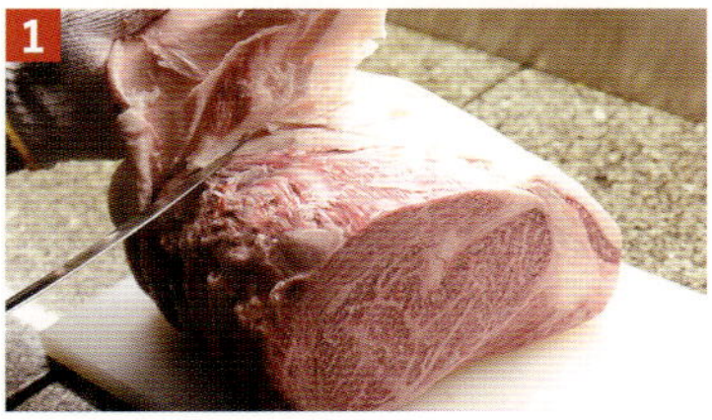

表面を覆う脂を丁寧に取り除く。取った脂はスープなどサイドメニューに使用。

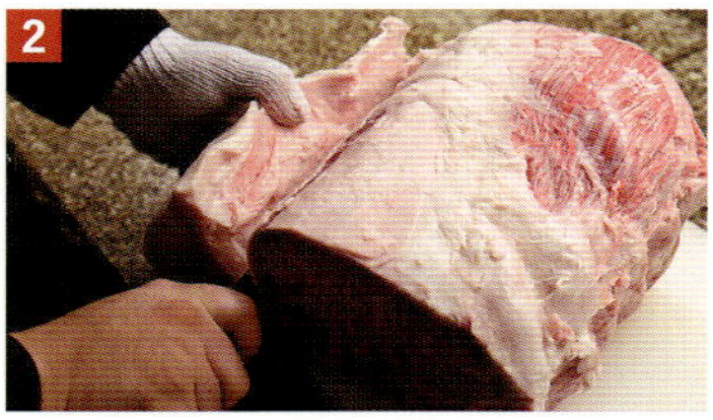

骨の付いていた部分“ゲタ”をはずす。ゲタはゲタカルビなどに回す。

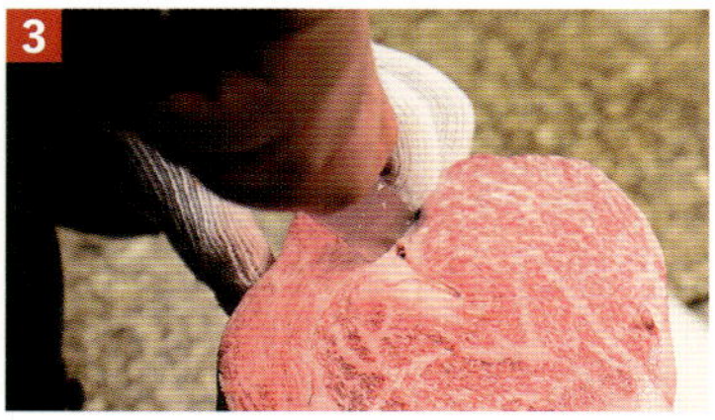

リブロース側についているミカヅキ（マキ）とサーロインの間に庖丁を入れる。

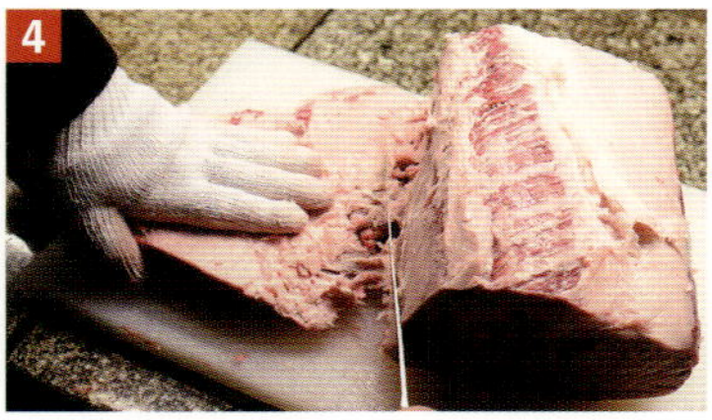

ミカヅキに沿ってぐるりと庖丁を入れ、サーロインからミカヅキを分割する。ミカヅキも商品化する。

ゲタ、ミカヅキをはずしたら、さらに残っている脂やスジを丁寧に掃除し、ぐるむきにする。

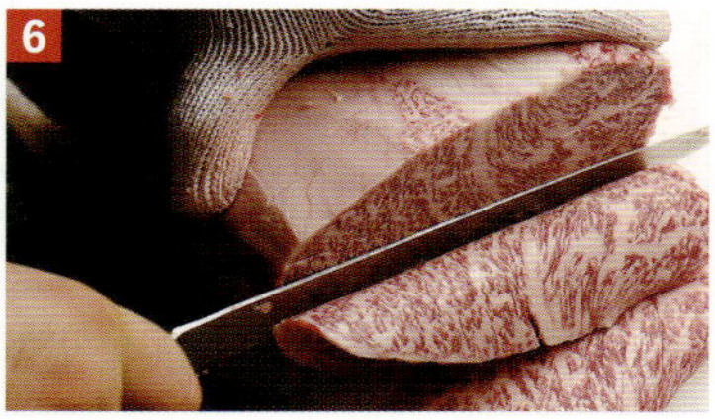

「３秒ロース」用に手切りで薄くスライスしていく。

「３秒ロース」は１枚 3000 円。おろしたニンニクと大根を加えたポン酢を添える。

味付け

POINT

ごま油をぬり、仕上げのタレをかける

1

味の濃い部位なので味付けもしっかりとしたものに。おろしニンニクを加えたごま油を刷毛で肉の表面にぬる。

2

黒胡椒、白ごまをふり、１人前４切れを器に盛る。

3

仕上げにタレを回しかける。タレはたまり醤油に砂糖、みりん、酒を合わせて煮詰めたもの。醤油ベースのサラリとしたつけダレを添える。

ミカヅキ

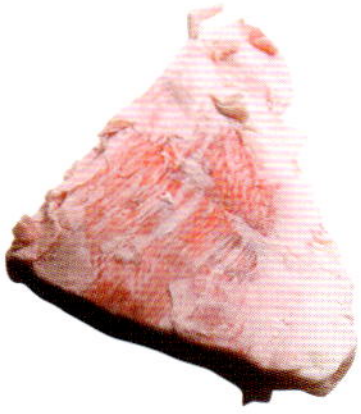

サーロインから分割したミカヅキ。脂がよく入り、濃厚な旨みが味わえる部位。同店では「三日月」と部位名で商品化する。斜めに庖丁を入れて厚みと大きさを調整し、口の中いっぱいに広がる肉の味を楽しんでもらう。

品種・等級

黒毛和牛 A5

提供メニュー

三日月　　3,000 円 → P.177

POINT

斜めに庖丁を入れて大きさを取る

1

ミカヅキに残っている脂やスジをきれいに掃除し、形も切り整える。

2

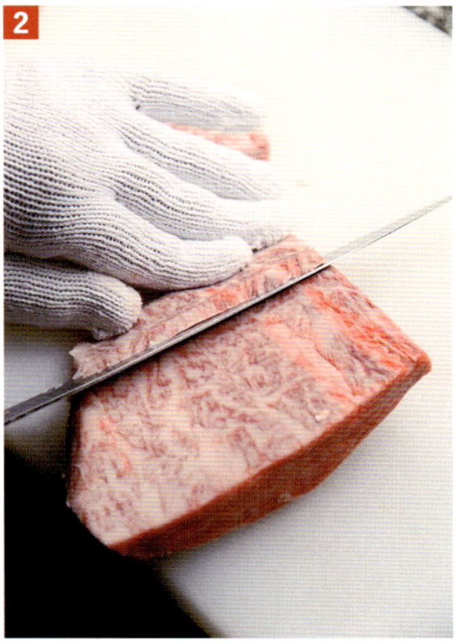

繊維の目に対しては垂直に、庖丁は斜めに角度を持たせて左側から入れる。６～７mm 程度の厚みにカットする。

「三日月」のカット

形の取りにくい部分だが、庖丁の角度で判を揃えて切っていく。

ミノ

内臓肉は常に鮮度抜群のものを使用。上ミノ、ミノサンドはともに庖丁の仕事をきちんと施し、酒をすすめる味付けが人気で注文率が高い。冷凍してごく薄くスライスした「焼きてっさ」も新鮮な味わいだ。丁寧に掃除した状態で仕入れる。

品種

黒毛和牛

提供メニュー

究極のミノ	1,300 円→ P.179
至高のミノ	1,300 円→ P.178
焼きてっさ	2,500 円

究極のミノ

POINT

2度目の庖丁で切り離す技

肉厚で新鮮な上ミノを仕入れる。コリコリとした歯応えを生かす『牛牛』の庖丁の技を紹介。まず、切り離さない程度まで深く庖丁を垂直に入れ、次の庖丁で切り離す。

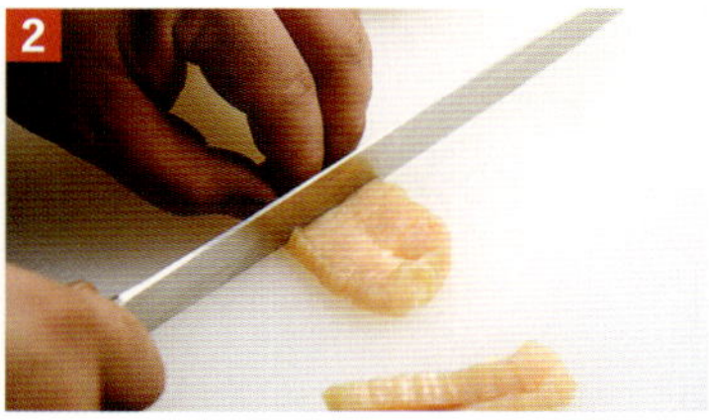

切り離したミノを大きく開き、開いた面に対して垂直に、等間隔で細かく庖丁目を入れる。

裏側は斜めに庖丁目を入れる。表側と庖丁目の向きを変えるのは、焼いた時にちぎれてしまうのを防ぐため。

POINT

辛味を利かせた味噌ダレ

もみダレのベースは唐辛子を加えて辛味を利かせた味噌ダレ。この辛味が入ることでいっそう酒がすすむ。

ベースの味噌ダレにごま油、ごま、胡椒、ニンニクを加えてよく混ぜる。

カットしたミノを加え、よくなじませる。庖丁目の間にも味が入るようよくもんで器に盛る。

ミノのコリコリ感を残しつつ食べやすさに配慮した独自のカット。

焼きてっさ

POINT
ごく薄いスライスで新食感に

肉厚のミノをフグの刺身“てっさ”のようにごく薄くスライス。冷凍してスライサーにかけ、約2mmの薄さにスライスし、フィルムに挟んで冷凍しておく。

解凍してしまうと肉がだれてうまく焼けないため、冷凍状態で器に盛り、客席へ。

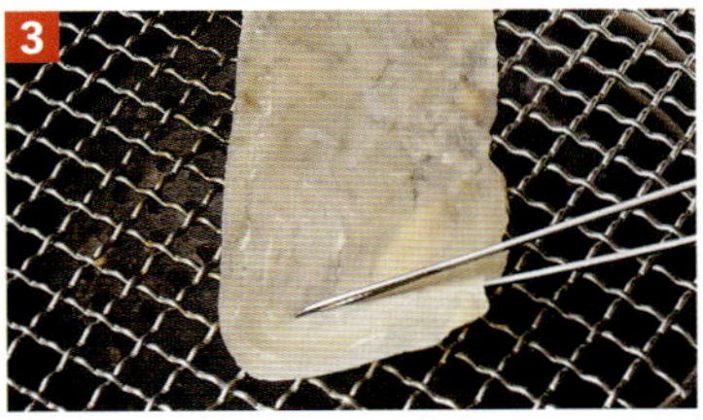

両面をさっと焼いてくるくると巻き、ニンニクポン酢で食べてもらう。

POINT
脂の甘みを引き立てるタレ

脂の甘みを引き立てる塩ベースの味付けにする。ごま油に白ごま、胡椒を加える。

さらにおろしニンニクを加えたごま油、塩を加えてよく混ぜる。

カットしたミノサンドを加え、手でよくもんでなじませてから器に盛る。

至高のミノ

POINT
濃厚な脂の甘みを生かすカットの技

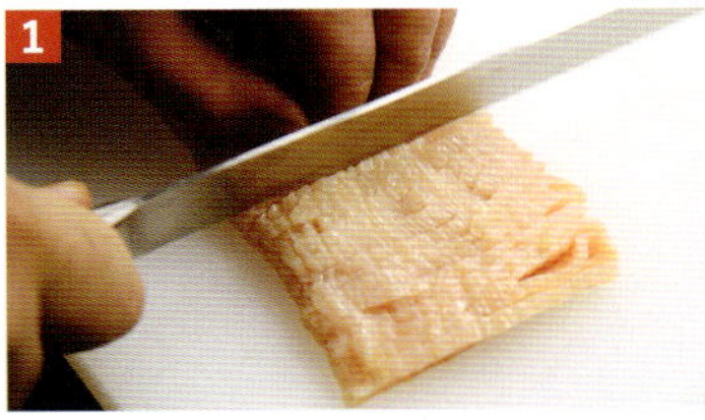

「至高のミノ」にはたっぷり脂がついたミノサンドを使用。サク取りした身に庖丁目を入れる。身側は身に対して垂直に、ハモの骨切りのようにリズミカルに入れていく。

脂側は身側と向きを変え、斜めに入れる。さらにこの庖丁に対して垂直に入れ、格子状にする。

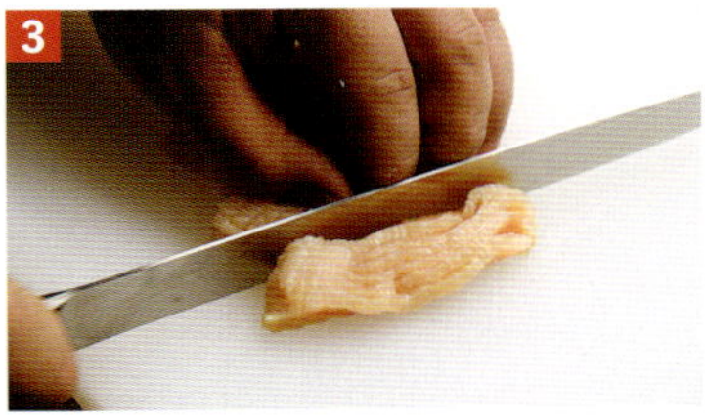

両面に庖丁を入れたら、2～3cm幅に切る。4切れで1人前90g程度を目安にカットする。

「至高のミノ」のカット

コリコリとした食感と脂の甘みが魅力の一品。

ハラミ
サガリ

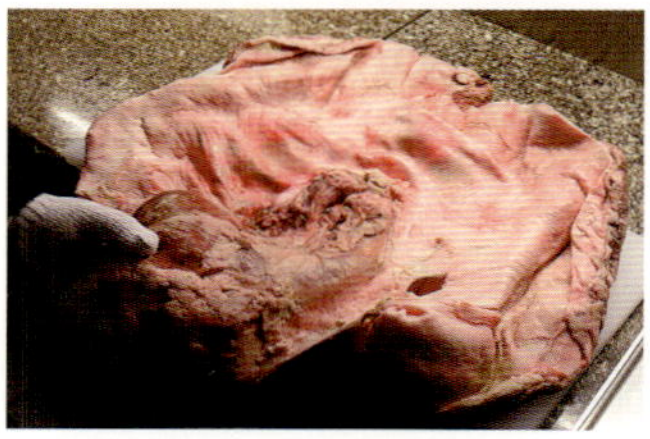

黒毛和牛のハラミとサガリを使用。身がやわらかく和牛ならではのコクがあり、どちらも人気が高い。サガリはサイコロカットにし、肉厚で楽しませる。基本は分割した状態で仕入れる。写真は分割前。脂が溶けないよう手袋をはめて作業する。

品種

黒毛和牛

提供メニュー

浦島太郎の玉手箱	2,900円	→ P.171
サガリサイコロ焼き	3,500円	→ P.174

サガリ

POINT

身のやわらかさを生かす厚切りのカット

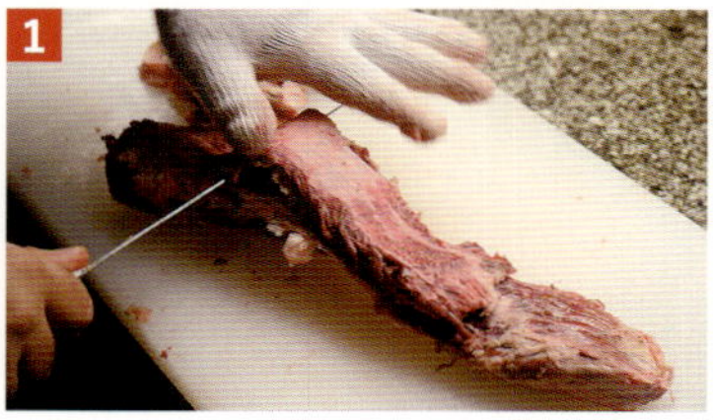

1 サガリは縦に1本大きなスジが入っている。表面の脂を掃除してから、スジを取り除くため、縦に切り、スジを取り除く。

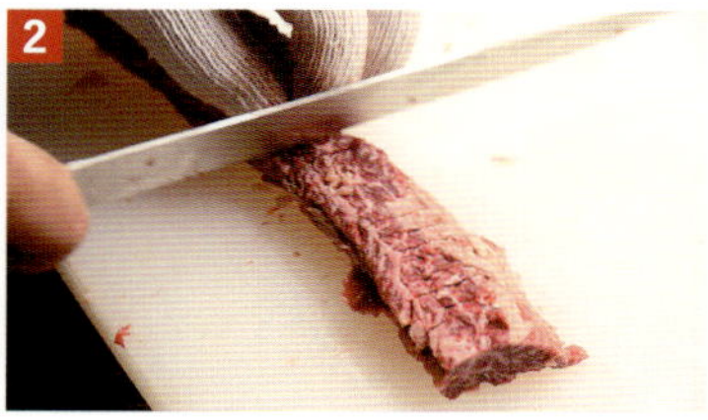

2 身の厚みを生かしてカットする。まず、表面に等間隔で庖丁目を入れる。

3 約3cm幅でカットし、サイコロ状にする。1切れ約40g。1人前4切れで盛り付ける。

ハラミ

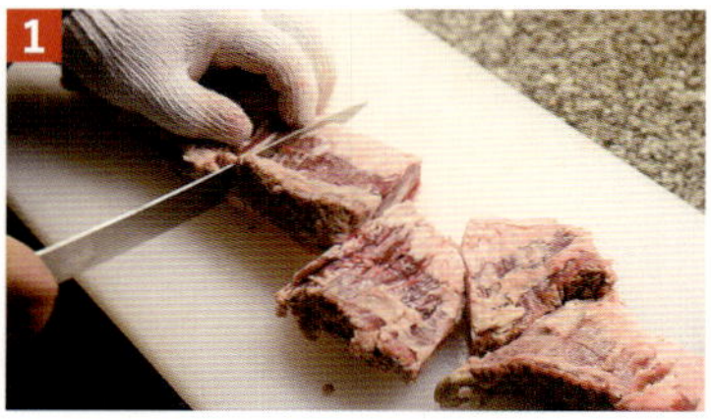

1 最初に余分な脂とスジをある程度まで掃除する。1本のままでは掃除しにくいので、ここではざっくりと。繊維に沿って約8cm幅のサクに切る。

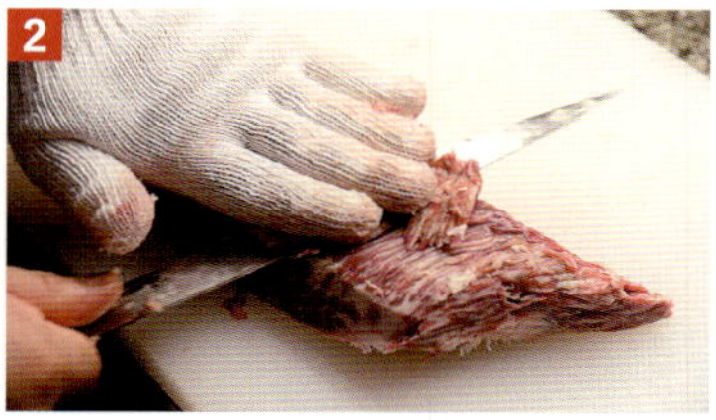

2 サク取りした身に残っている脂をきれいにそぎ取る。サクに取った後の方が掃除しやすい。

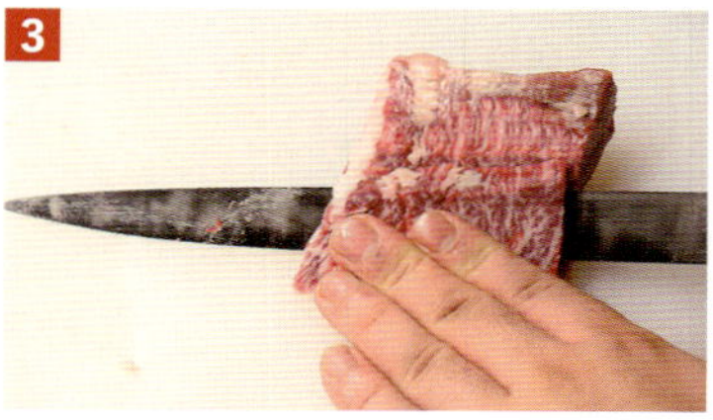

3 きれいに掃除したら、サクの厚みを見ながら斜めに庖丁を入れ、約5～6mm程度の厚みになるよう切りつける。

「サガリサイコロ焼き」のカット

庖丁目を入れることで厚切りでも食べやすい。

「浦島太郎の玉手箱」のカット

庖丁の角度で判の大きさ、厚みを調節する。

東京
六本木

牛牛
西麻布 総本店
のメニュー

浦島太郎の玉手箱

2,900円(税込)

玉手箱を開けると中からドライアイスのスモーク。このアイデアを実現するため、六本木の東京ミッドタウンの中を探しまわって玉手箱を探した。玉手箱に塩味に丸みのあるピンクロックソルトを入れ、この岩塩プレートをロースターにのせた上でハラミを焼く。焼いている間にじんわりと塩が移る。

玉手箱の中には岩塩プレートとドライアイス、亀の置物。ドライアイスにお湯を注いでおき、蓋をしめて客席へ。蓋を開けると浦島太郎さながらのスモークがモクモクと立ち上る。岩塩プレートをロースターで熱し、この上でハラミを焼く。

わさびまつり

1,800円（税込）

ワサビ型の特注の器で提供。厚切りのカイノミに切り目を入れてワサビのタレをまぶす。約5分間おいて味をなじませるが、焼くとワサビの辛みが飛んで香りだけが残る。ワサビダレは、塩と醤油に漬けたワサビとおろしたてのワサビを合わせ、白だし、ごま油で風味を出す。1日40食を売る。

Fire カルビ

2,000円（税込）

真っ赤なカイエンペッパーの下には、キューブ状にカットしたカイノミが4切れ。もみダレは醤油と三温糖、韓国産粗挽き唐辛子、カイエンペッパー、ニンニク、青ネギ、白ネギに昆布を加えたもの。これを沸騰直前まで温め、5日間寝かせたものをたっぷりからめる。見るからに火を噴きそうだが、ほどよく焼き落ちるので旨辛で食べられる。

サガリ
サイコロ焼き

3,500円（税込）

やわらかい肉質を生かしたサガリのサイコロカット。下味の塩、黒胡椒をふる前におろしニンニクとごま油、日本酒少々を加えたニンニクオイルをぬり、肉の表面がぱさつかないよう工夫する。風味よくさっぱりとするおろしニンニクポン酢ですすめる。

世界一長い特上タン

2,000円（税込）

木箱の長さはなんと１ｍ。お客が驚く盛り付けを試行錯誤し、その実現のために木箱から自分たちで手作りしたという。ここへドライアイスと氷を敷きつめ、薄くスライスしたタンをのせる。客前にはドライアイスのスモークを出しながら。１枚目のタンはスタッフが焼き、焼き方をレクチャー。さっと両面を焼いたらロール状に丸め、８種類の岩塩を合わせた塩と金粉、スダチの果汁で食べてもらう。

タンは黒毛和牛の黒タンを使用。冷凍してタンモトからタンナカまでを縦に２mm程度にスライスし、１枚ずつフィルムに挟んでおく。約20cmと迫力のある長さ。

Dragon カルビ

2,000円（税込）

１日40食を売る人気メニュー。焼き上がりが龍のウロコのようになるよう、厚さ約３cmの肉の両面に切り込みを入れ、龍をかたどった器で提供。さらに口に花火を差し、火を点けて客席へ。龍が火を噴くという遊び心いっぱいの演出に歓声があがる。肉は八丁味噌と麹味噌、ニンニク、韓国産唐辛子などを合わせたタレでもんでいる。

かたまりのまま両面を色づくまで焼いてから、食べやすくハサミでカット。さらに好みの焼き加減まで焼いて食べてもらう。

3秒ロース

1枚3,000円（税込）

黒毛和牛Ａ５メス、その中でもサシが細かく入った最高級の部位・サーロインを焼きしゃぶに。さっと両面を焼いてもらい、貝割れ菜と茗荷を巻き、ニンニクポン酢で食べてもらう。ニンニクポン酢は徳島の柚子果汁と醤油をアゴだしで割り、寝かせてから粗くおろしたニンニクと大根を混ぜたもの。

三日月

3,000円（税込）

リブロース寄りのサーロインから分割したミカヅキを部位名で商品化。約9cmもの長さと食べ応えのあるカットで、この部位ならではの濃厚な旨みを堪能させる。トロリと濃度のあるタレはたまり醤油ベースで甘みを利かせたもの。

至高のミノ

1,300円（税込）

ハモの骨切りのような細かい庖丁の技が光るミノサンド。印象的な器に日本料理のように上品に盛り付ける。裏面にも格子状に隠し庖丁を入れ、食べやすさとともに味がしっかり入るよう考慮する。ニンニクとごま油の利いた塩ダレで。1人前 90g。

究極のミノ

1,300円（税込）

身の厚い上ミノの部分だけを使う。１度目の庖丁は肉を切り離さない程度まで深く入れ、２度目の庖丁で切り離す。この庖丁目を開き、さらに隠し庖丁を入れている。味噌ベースのもみダレでミノのクセをやわらげ、甘みを引き出している。１人前90g。

兵庫
芦屋市

焼肉食堂ジェット

〝芦屋〟の高級なイメージとはかけ離れている店。それが『焼肉食堂ジェット』だ。店名からすでに怪人や探偵が出てきそう。ダクトが伸びたプレハブの店舗は秘密基地のような趣き。そして、ここで供される焼肉はお客が焼くスタイルではない。店主がおいしいと思う味加減、焼き加減の焼肉だ。

DATA

住　　所：兵庫県芦屋市西山町 2-4
電　　話：0797-38-2939
営業時間：18時～、20時15分～の二部制（完全予約制）
定 休 日：月曜日（祝日の場合は営業し、翌日休業）
規　　模：7 坪・10 席
客 単 価：5800 円

焼肉食堂 ジェットの焼肉

兵庫 芦屋市

焼き上がるまでお客に一切手を触れさせない〝俺流〟焼肉

客席はカウンターのみ10席。1～3人客の間に置かれる七輪は全部で5台。その七輪にカウンターから手をのばし、網の上の肉を監視するかのように目を配り、トングでどんどんひっくり返していくのが店主の野間敏敬氏。滞在するお客のすべてが焼かれた同じ肉を同じ間合いで食べていく。ここで肉を焼くのは店主のみ。『焼肉食堂ジェット』がオープンしたのは2010年8月のこと。まだ丸4年だが、網の上の肉を自分で焼こうとするお客はもういない。すべて店主にまかせればいいのだと、初めて訪れるお客でさえ知っている。それだけ、評判の高い店だからだ。

芦屋の高級住宅地を背景に、芦屋川駅近くに店はある。駅からの通りには、小規模ながら個性的な店がポツポツ。その通りに長屋のようなプレハブ造りの建物。この一角が『ジェット』だ。

コース1本のおまかせスタイルで楽しませる

野間氏が最初の店を持ったのは、1992年のこと。もともと実家はうどん店で、料理の知識は大人になるまでにひと通り習っていた。だが、志望した道はまったく違うマスコミ業界。そんな中で父親が急死し、父親の希望でもあった〝店を継ぐ〟ことを決心。商売の形は違うが、約2年間の準備期間を経て、甲南山手に『嘉祥』という焼肉店をオープンした。当時としては珍しい、ミスジ、ヒウチと部位名で出す高級店だ。

ヤマはあったが、いいお客もつき、15年この地で営業したのち、常連客のすすめで北新地に出店。これがうまくいかなかった。内装や設備にお金をかけ、いい肉を使う。いい肉をおいしく食べてもらおうとスタッフが焼く。肩に力を入れた商売のしかたが、北新地という利用動機が様々な土地柄に合わず、ストレスだけがたまっていき、店も自分自身も回らなくなってしまった。

そうして、いったん店をたたみ、再出発したのがここ『焼肉食堂ジェット』だ。自身のストレスフリーな店をやりたいと、見てくれよりもコストパフォーマンスの高い店。この値段でこれくらいの焼肉が食べられるという店づくりにこだわった。

10席という客席も、ベストの状態に自分が焼き上げるのにぴったりだという。メニューはおまかせのコース1種類のみ。焼き物は2種類のタンからはじまる。タンモトを厚切りでステーキに、タンサキを薄切りで山椒焼きに。続くゲタカルビはとろのタレで食べさせる。焼く前の肉が客前に出されるのは、焼き物最後の

店主の野間敏敬氏。ストレスなく店をやりたい、自分のスタイルで肉を出したいと高級焼肉店から転換をはかり、『焼肉食堂ジェット』をオープン。お客の目の前に置かれる七輪すべての肉を焼く。「煙も油も味のうち」と備長炭で焼き上げる。

目玉であるランプやイチボの焼きしゃぶのみ。テッチャンを柚子胡椒風味で焼いたり、赤センマイを西京漬けにしたりと、タレで食べる焼肉ではなく、それぞれの肉に合い、なおかつコースの中で緩急を計算した味づくりがなされている。その合間には、口の中をさっぱりさせる季節の浅漬けやガスパチョ、スジや端肉を無駄なく使った煮込みなどを挟み、最後のしめまで一気に楽しませる。しめは6種類。ソーメンやうどん、お茶漬け、カレーなどから選べる。しめのご飯を楽しみにしているお客も多い。

肉の焼き物は正肉とホルモンがバランスよく配されているが、中でもホルモンは神戸牛のホルモンのみを使用する。『嘉祥』時代から付き合いのある精肉業者から神戸牛の上質で新鮮なホルモンが手に入る。このホルモンを軸にしたコースを作りたいと考えたのが、今のおまかせコースなのだ。自信を持って提供する1切れだから肉のリピートは禁止。もう少し食べたいというお客の気持ちも理解しているが、二度食べることで飽きられないよう、追加はコース以外の肉をすすめる。

完全予約制で2回転。ロスがほとんど出ないオペレーションを確立している。来店頻度が高い焼鳥店と同じように利用してもらいたいと、コースの値段は4000円。『嘉祥』時代に50％を超えていた原価率も30％台。「今やっと自分のやりたいことができている」と野間氏。ただ、ここがゴールではないのは確かだろう。実際、仕事を覚えたスタッフが2年で独立し、同じ芦屋市内に『焼肉食堂ジェットツー』をオープンした。店の規模もコースも同じ。ジェットスリー、ジェットフォーができる日もそう遠くない。

「焼肉食堂ジェット」のコース

①盛合せ（センマイの酢味噌 etc.）②炭火焼の皿…タンステーキ・タンの山椒焼き・ゲタカルビのトロロ焼・テッチャン（柚子胡椒）・イチボの焼シャブ etc. ③本日の季節野菜④飯物（炭火焼牛ごはん or 稲庭うどん or 特製まかないカレー）

飲み物のメニュー表に書かれたざっくりとしたコースの内容がこれ。実際は品数はもっと多い。肉は7～8種類、合間に出される料理も4品程度あって4000円。④の飯物は他にソーメンや茶漬け、卵かけご飯もあり、6種類から選ぶ。

タンの山椒焼き

1

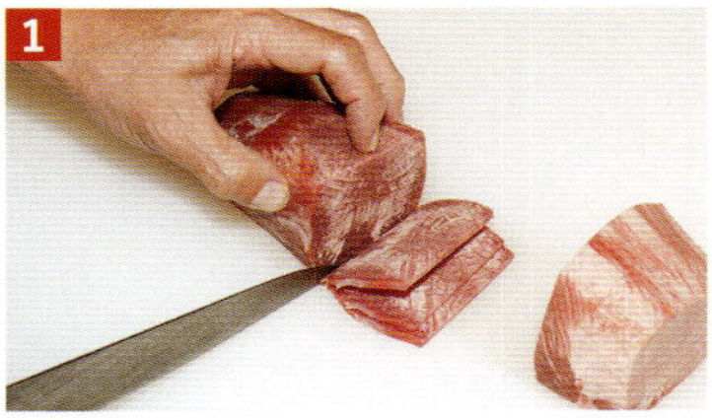

「タンステーキ」を取った後、やや身がかたくなるタンナカからタンサキを薄切りにする。

2

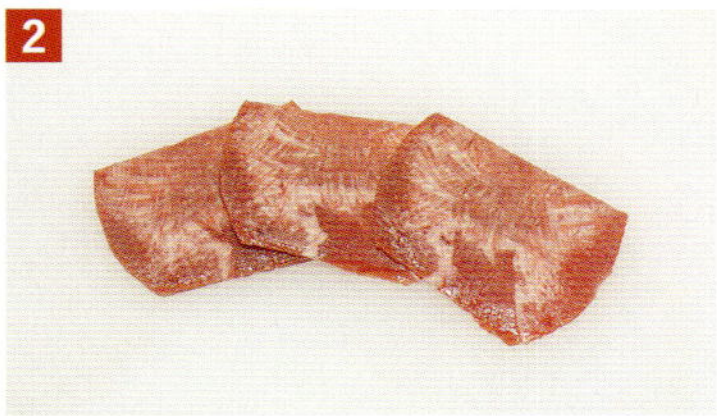

薄切りのカット。肉質はややかたいが、味の濃い部分。

POINT
だし醤油をからめて下味にする

3

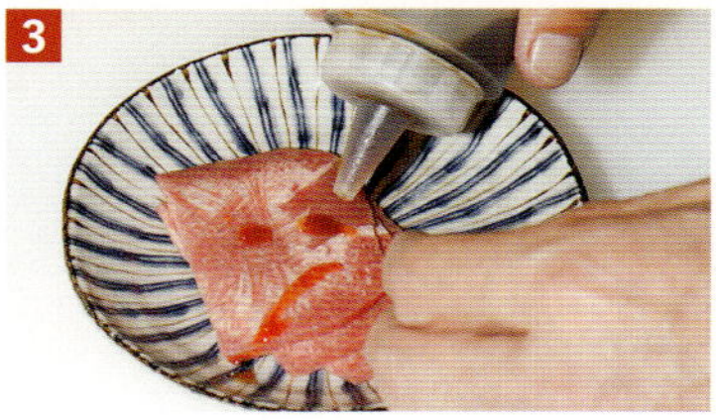

カットした薄切りタンにだし醤油をからめる。だし醤油は素材に合わせていくつか用意している。

4

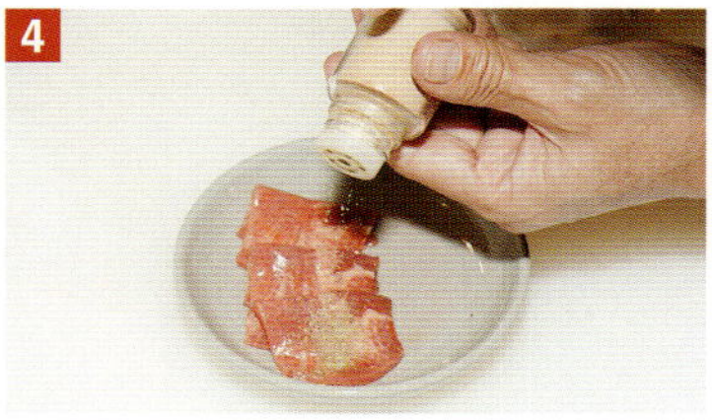

粉山椒をふる。焼き落ちることも考えてたっぷりふる。焼き上がったら、実山椒の佃煮「有馬山椒」を添え、これをのせて食べてもらう。

タンステーキ

1

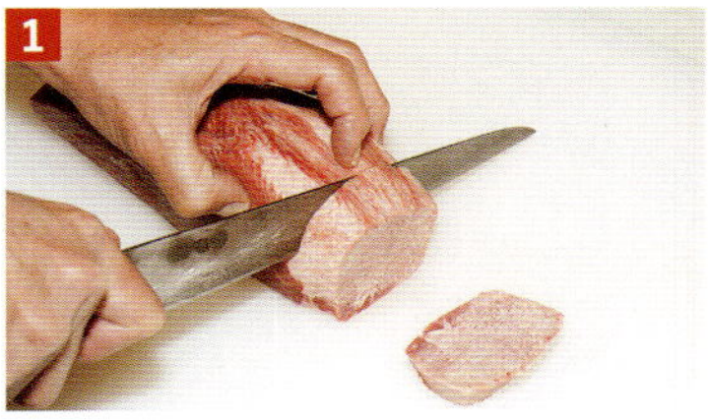

チルド状態で仕入れたタンは一度冷凍庫でしめてから皮をむき、タンシタは取り除く。端を薄く切り落としてから、2cm くらいの厚切りにする。

2

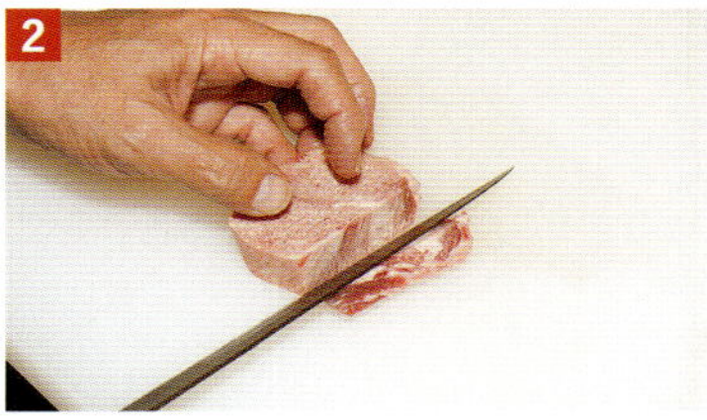

タンシタがついていた部分をトリミングする。ここは血とスジがあるので、きっちり取り除く。

POINT
深い庖丁目で食べやすさと見た目の変化を

3

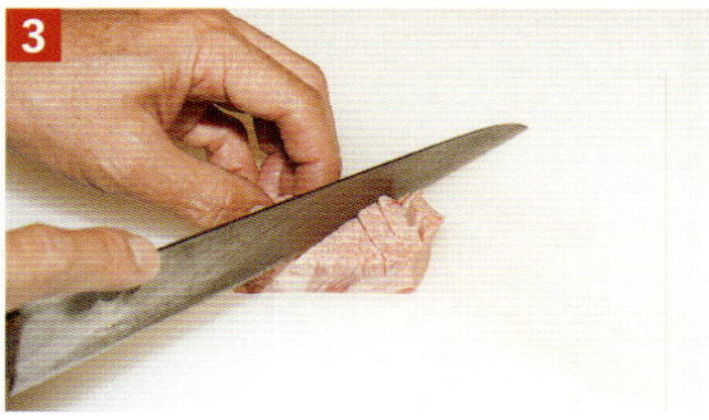

鹿の子庖丁を入れる。切り離さないよう厚みの 2/3 程度まで。これを焼くと切り目が開き、花のようになる。

POINT
ミネラル豊富な岩塩で味付けする

4

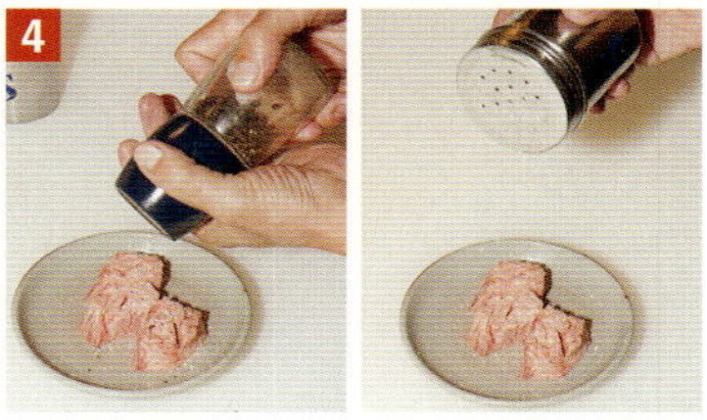

塩をふる。アンデスの紅塩を使用する。南米のアンデス山脈で採れる岩塩で、ミネラル豊富でマイルドな味わい。最後に黒胡椒をふる。

タン

焼き物の最初に出すタンは2種類。タンモトを「タンステーキ」で、タンサキは「山椒焼き」にする。サクサクとした歯切れのよさとジューシーさを味わってもらう厚切り、山椒の風味で食べてもらう薄切り。ともにおいしく焼きはしっかり。よく焼くことで旨みが引き出されるのだという。この段階ですでにお客の感動はマックス。

品種
オーストラリア産

提供メニュー
タンステーキ
タンの山椒焼き

■ アンデスの紅塩

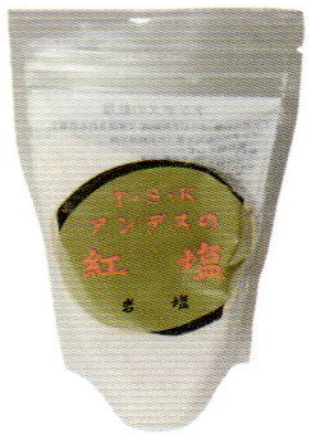

■ 有馬山椒

焼き方

「タンステーキ」と「タンの山椒焼き」は一皿で同時に提供する。厚切りタンから焼き始める。

厚切りタンの焼き具合を見て、薄切りタンを七輪の網の上にのせる。どちらもきっちり火入れすることで旨みを引き出す。

タンステーキとタンの山椒焼き

この焼き加減。タンステーキは庖丁の切り目から肉汁があふれ出さんばかり。さらしネギとレモンでさっぱり食べたら、有馬山椒をのせて山椒焼きを食べる。ピリリとした実山椒がアクセントになり、日本料理の一品のよう。

ゲタカルビ

ナカバラのゲタの部分。産地にはあまりこだわらず、サシの脂がしつこくない黒毛和牛のA4クラスを使用する。それでも充分、脂の甘みやコクがあり、とろろをタレに合わせることでさっぱりさせる。もみダレは、店主が感銘を受けた店の味を踏襲。

品種・等級

黒毛和牛 A4

提供メニュー

ゲタカルビのトロロ焼き

POINT

厚切りのキューブ状にカット

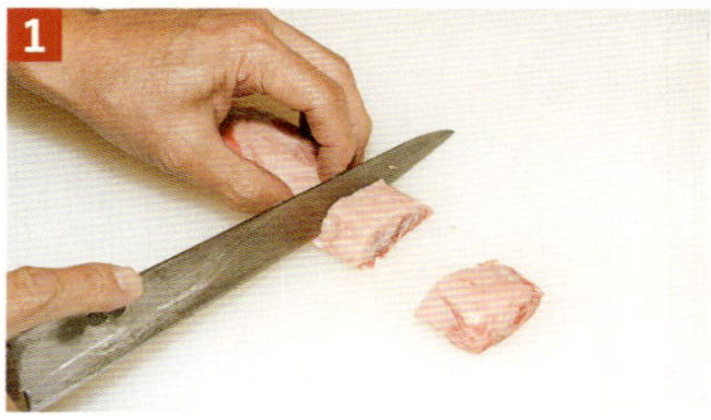

1 骨肌が残っていないか確認し、余分な脂やスジを取り除いてから、キューブ状にカットする。

2 噛んだ時に肉からあふれ出す肉汁を存分に味わってもらうため、厚切りで。

3 肉に回る程度のもみダレをかける。もみダレは醤油に砂糖、果物などを加えて作っている。

4 肉にタレをからめる。

焼く前にタレを用意しておく。すりおろしたとろろにタレを加える。

ゲタカルビのトロロ焼き

タレをからめて香ばしく焼き上げていくカルビは、タレの焦げる香りも食欲をそそる。表面のカリッとした焦げ味に、内側のジューシーな肉の甘み。これをとろろダレにからめて食べると、カルビなのにさっぱり。肉汁が溶け出したとろろを飲み干す人も多い。

表面に焦げ色がつくまで肉を何度も返しながら焼く。続くテッチャンも焼くのに時間がかかるため、カルビを焼いている途中で焼き始める。

テッチャン

牛の大腸のこと。味の濃いゲタカルビの後に出すテッチャンは、柚子胡椒の爽やかな香りと辛味で味付けする。同店自慢の神戸牛のテッチャンを使用。クニュクニュとした歯応えが特徴だが、しっかり焼き上げることで歯切れがよくなる。

品種

神戸牛

提供メニュー

テッチャンの柚子胡椒焼き

POINT

脂を適度に残す

丁寧に掃除した状態で仕入れる。脂はくどくないほどに残してもらう。水洗いしたのち、ひと口大にカットしておく。

その日に使う分を味付けしていく。1度の仕込み量は1人2切れで約15人前。保存容器にカットしたテッチャンを入れ、柚子胡椒を加える。

POINT

柚子胡椒の他にだし醤油も

だし醤油とごま油、柚子胡椒風味のドレッシングを加える。だし醤油は薄口醤油にだしを多めに配合したもの。焼き上がりの味がぼやけないよう、味は強め。

全体を混ぜ合わせ、テッチャンにからめる。翌日になると味が入りすぎ、テッチャンの身も縮んでくるので、その日のうちに使い切る。

ゲタカルビを焼き始めたら、すぐにテッチャンも焼き始める。焼きに時間がかかるので、タイミングよく提供するため。

テッチャンの柚子胡椒焼き

ゲタカルビの甘みから一気に食べ味が変わり、柚子の爽快な香りが楽しい。ここで2切れを供するテッチャンの独特な噛み応えでお酒もすすむ。脂は残しているが、肉の食感を邪魔しない程度。少しの脂の甘みがまたいいアクセントになっている。

赤センマイ

牛の第４胃・ギアラ。柚子胡椒味であっさりめのテッチャンの後は、濃厚な味の西京漬け。コクのある甘みがよく染み込んでいて、噛むほどに味が出てくる赤センマイの肉質とのバランスが抜群。焼き切ることで食感と旨みがアップするという。

品種

神戸牛

提供メニュー

赤センマイの西京漬け

POINT

味噌床に漬ける

1

掃除した状態で仕入れた赤センマイは水洗いしたのち、水気を切ってひと口大にカットしておく。これをその日に使う分を味噌床に漬ける。

2

味噌床は西京味噌を砂糖、みりんなどで味を調えたもの。１人２切れで約15人前を仕込む。味噌床はゆるゆるとした状態で、３時間ほどで味が入る。

3

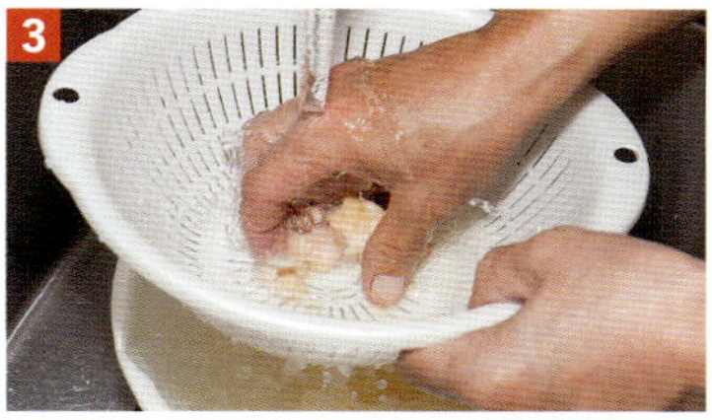

提供時に漬け込んだ赤センマイを取り出し、ザルに取って流水で味噌を洗い流す。

4

水気をしっかり切ってから焼く。

炭の勢いなども見ながら、網の上をどんどん移動して焼いていく。何度も焼き加減を確認し、肉を返していく。

赤センマイの西京漬け

周りがこんがりと焼け、カリッとした歯触り。噛みしめると味噌の甘みがじんわり出てくる。ここまでカリッと焼く赤センマイに驚くお客も多い。恐らく自分で焼くスタイルでは体験できない焼き上がり。

コメカミ

牛のコメカミからホホ肉にかけての部位。よく動かす部分なので、非常に噛み応えがあり、この歯応えと肉の濃い味が魅力。赤センマイの西京漬けの後に提供。仕入れによってコメカミがアゴスジ、テールのスライス、ハツモトなどに変わる。

品種
神戸牛

提供メニュー
コメカミの塩焼き

POINT
2cm 程度に小さくカット

1

ツラミの中でもスジばっている部分。細かく切ってから２人前 50 g ずつまとめ、ラップに包んで冷凍しておく。

2
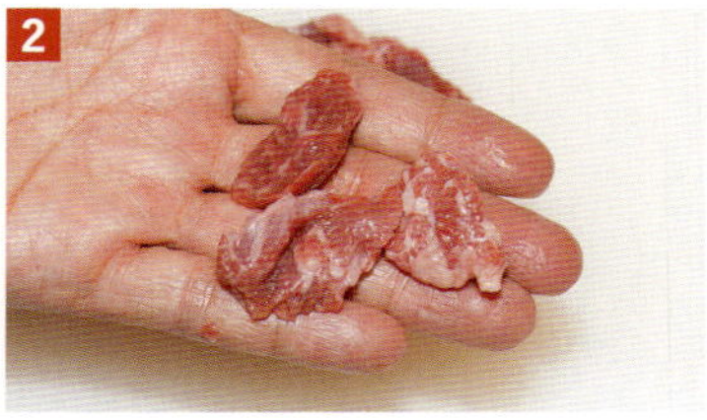

１切れの長さは２cm 程度で、厚みをやや持たせている。通常の焼肉カットよりずっと小さい。

焼き方

1

２人前の焼き。下味はつけずに焼く。これもトングで返しながらじっくりと焼く。

POINT
表面に脂と肉汁が浮き出る

2

焼き上がり直前の状態。表面に脂と肉汁が浮き出てきて、ジュワッと肉がつややかになる。すぐに七輪から皿に取り、塩をふって客前へ出す。

コメカミの塩焼き

スジばった肉が歯切れのよい弾力になるまでよく焼く。肉が小さいので下味はつけずに焼き上げ、イタリア産のトリュフ塩をふって提供する。トリュフの香り、まろやかな塩味で、コメカミの旨みが贅沢な味わいに変わる。

■ トリュフ塩

アゴスジ

コメカミ同様、よく動かすアゴの部分の肉。肉質はかたく、スジばっているが、その分、旨みが強い部分だ。歯応えが非常に強いので、『ジェット』では、薄くスライスした状態で仕入れる。これも２人前 50 g ずつ小口に分け、冷凍しておく。

品種

神戸牛

提供メニュー

アゴスジの塩焼き

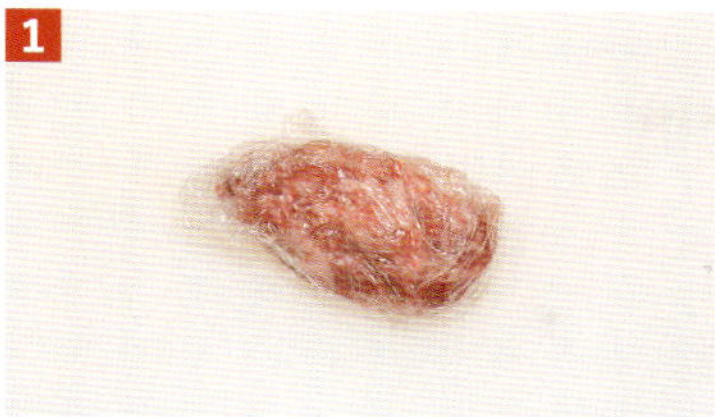

1 スライスされたアゴスジは２人前ずつに分けてラップにきっちり包み、冷凍保存しておく。その日使う分を解凍する。

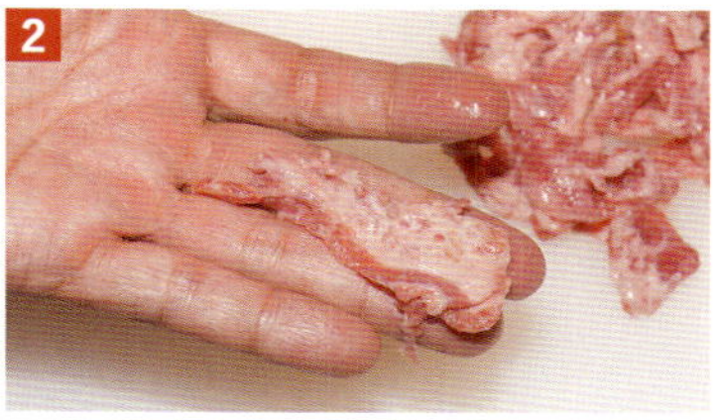

2 味のいい神戸牛のアゴスジを使用。１切れの大きさは写真の通り。この大きさで充分味の濃さがわかる。

焼き方

1 写真は２人前。小さくカットされているが、肉がかたいのでじっくり、焼きムラができないよう焼いていく。

2 脂が表面にジュワッと浮いてくるまで焼く。写真が焼き上がりの状態。

アゴスジの塩焼き

焼き上げたアゴスジはトリュフ塩をかけて客前へ。ここまで焼いているので肉はかたさを感じず、歯切れもいい。肉感も残っていて香ばしく、つまみ感覚のクセになる味わい。いくらでも食べられそうな一品だ。

ランプ

焼き物の最後は正肉のランプの焼きしゃぶ。美しいサシが入り、赤身もおいしく、肉質もやわらかな部位を、薄切りの大判の口いっぱいに広がる大きさで提供する。生卵で食べさせる店が多い中、同店では温泉卵を使用。巻き込むネギとも好相性だ。

品種・等級
黒毛和牛 A4

提供メニュー
ランプの焼シャブ

1

ランプはスライサーにかけてパックした冷凍状態で仕入れる。牛の個体差にもよるが、スライス1枚は25～26cmの長さ。

2
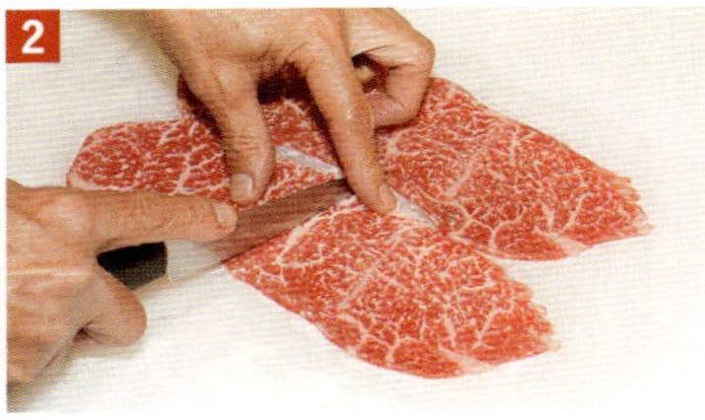

その日使う分を半解凍しておき、半分に切る。1/2枚が1人前になる。

3

器に盛り、塩と黒胡椒をふり、下味をつける。塩はアンデスの紅塩を使用する。筒切りにした青ネギを添え、焼く前の肉をお客に見せてから焼き始める。

焼き方

POINT
1枚ずつ丁寧に焼く

1

塩、胡椒した面を上にし、網の上に広げる。すぐに火が入るのでできるだけ1枚ずつ丁寧に焼く。

2

半分に折りたたむようにして青ネギを巻き込む。

3

もうひと折りし、トングで上から押さえ、肉の内側を蒸し焼きにする。温泉卵にタレをかけた器に取る。

ランプの焼シャブ

コースの流れの中で、肉を生の状態で客前に出すのはこの一品だけ。サシの美しさを見てもらってから焼き始める。生卵よりも温泉卵のトロトロ感が合うと、焼き上がったらタレをかけた温泉卵をからめて食べてもらう。内側に巻いたネギの風味、少し甘いタレの味が一体となり、感動を呼ぶ味わい。

焼肉コースに登場する多彩な料理

焼き物の合間に出される個性的な料理の数々もまたお客の満足感を高めている。季節に応じた旬の野菜の一品や寒い季節には温かい汁物と、メニューはコース１種類ながら、店主の心配りが行き届いた料理に新鮮さを覚えるリピーター客は多い。

盛合せ

コースはこの盛り合わせからスタートする。アキレス腱の湯引きやセンマイの酢味噌が、お酒の進む味わいだ。アキレス腱の心地いいコリコリ感をピリッとした辛味の味付けで。ハツはたっぷりのやわらかい青ネギと一緒に食べるようアドバイスする。それぞれ後口はさっぱり。

ツラミのハリハリ

吸い物替わりに提供する。和風だしの旨みにツラミのコクが溶け込んで、滋味豊かな味わいが楽しめる。寒くなってくるとコースに組み込むメニューの一つ。

筍の浅漬け

箸休め的に提供する野菜の料理。筍のサクサクとした歯切れのよさが口直しにちょっとあることで、さらに肉がおいしく食べられる。吸い物の味加減に酸味と辛味を加えてすっきりと調え、刻み入れた大葉の香りで爽やかに。

スジと赤身肉のトマト煮込み

煮込み料理はロス活用にも重宝する。スジの端肉の他にもタンを利用した煮込みもある。圧力鍋を使ってスジや肉をやわらかくし、トマトや調味料を加えて味を入れていく。バゲットを添え、煮汁ごと食べてもらう。

ガスパチョ

恐らくイメージするガスパチョよりさっぱりあっさりの味。生トマトとカットトマトにコンソメ、ニンニク、塩、砂糖を加えて、水でふやかしたバゲットを加えて撹拌して作る。肉の合間に出して口中と胃をすっきりさせる。

スタッフが洒落でパッケージを作った会計時に渡すガム。「店主が怒るので肉には触らないでください」という内容の注意書きがある。

すだちソーメン

しめは6種類を用意する。他に稲庭うどん、カレー、牛丼、牛肉時雨煮のお茶漬け、卵かけご飯がある。どれも魅力があり、選びがたいラインナップ。さっぱりしたい向きに人気はすだちソーメンで、少し甘みのあるスープにすだちを絞り込む。すだちの輪切りも浮かべて涼やかに提供する。

徹底した赤身肉にこだわる話題店

WORLD DINER produced by 牛の達人

モダンな内装と独創的なメニュー展開で訴求し女子会ニーズ、接待が好調

競合店ひしめく銀座において、女性をターゲットとした店づくりで高稼働率をキープしている『WORLD DINER produced by 牛の達人』。ほぼ全面ガラス張りで、入り口から店内の奥まで見通せる設計が親しみやすい印象だ。上階が結婚式場のため、2次会ニーズも意識している。

次なる特徴は、飲み物に重点を置いている点。店内にバーカウンターを設け、待ち合わせや食後の〝一杯飲み〟に対応する。「女性は時間の使い方、飲食店の使い方が上手。男性がそのときの勢いで店を選ぶのと対照的に、『何日にどこの店で誰と』と、前もって計画をして飲食を楽しむ傾向がありますね」と、取締役の岡久聡さん。

肝心の肉については、最高ランクの赤身へのこだわりのひと言に尽きる。脂の多いサーロイン、バラは不使用と潔い。店ではコースをすすめており、値段別に3種を設定。肉は階段状の器に盛りつけ、上から順に食べていくスタイルで、これがおもしろいと好評だ。また、輪切りでなく横に切るタンや、焼いて食べる焼きすき焼きなど、趣向をこらしたアラカルトメニューも人気。

ロースターは、迷うことなくシンポを導入したという。

「焼肉無煙ロースター販売シェアトップという信頼性に加え、店のコンセプトに合わせて、ロースターだけでなく繁盛店づくりを一緒に考え、様々な提案をしてもらえる事が最大のメリットです」

さらに、「不調のときに電話したらすぐに担当者が駆けつけてくれるのもありがたいです。お客様のご不便解消をよく考えてくれるメーカーだと思います」と、岡久さん以下スタッフ一同からの信頼は厚い。

肉は国産和牛を中心に、最高レベルのものをセレクト。同店ではワインとの組み合わせを前面に訴求。ソムリエが在籍し、ワインリストの充実に努める。

(上左) 店内にウェイティングバーを設置。待ち合わせのほか、食後酒ニーズを掘り起こす狙い。(上右) エノラウンドというプリペイドカード方式のワインディスペンサー。テイスティング100円、グラス800円前後といった価格で、セルフ方式でワインが注げる。ソムリエ相手だと気恥ずかしくてもこれなら気軽。(下) 照明は控えめで客席はゆったり。ランチ・カフェ目当ての客も増加中。

Shop Data

住　　所	東京都中央区銀座1-8-19　キラリトギンザ7F
電　　話	03-6264-4929
営業時間	ランチ11時～14時（L.O.13時30分）、カフェ14時～17時、ディナー17時～23時（L.O.22時30分）
定 休 日	なし
規　　模	80席＋バー9席、83坪
客 単 価	昼2000円、夜10000円

SHINPO®
TOTAL SYSTEM PRODUCTS
MADE IN JAPAN
シンポ
検索
SHINPO TOTAL SYSTEM
お客様のニーズ収集
多様なニーズに対応した製品開発
徹底した品質保証体制による生産
換気ダクトシステムなどの設計
据え付け工事施工管理
アフターサービス
SHINPO.
お客さまの欲しいがある
無煙ロースター
世界シェア
NO.1
無煙ロースターを世界で初めて開発。
品質と環境にこだわり続けて35年。
「焼く」食文化の創造と発展を追求する
無煙ロースター世界シェア ナンバーワンブランド。
無煙ロースターも遂にハイブリッド化
鍋と網焼きの同時調理
ハイブリッド・スモークレス・クッカー
焼肉を食べながら、鍋料理も楽しめる。
メニューの幅が広がる、
画期的無煙ロースターが誕生しました。
これ一台で様々な料理の提供が可能です。
蒸し鍋と網焼きの同時調理
鉄板と網焼きの同時調理
焼肉調理（網焼き）
焼肉調理（ロストル焼き）
シンポのスタンダード無煙ロースター
省エネ無煙ロースター
安全性と使いやすさ、
さらに省エネ性能を追求した、
人と環境に優しいロースターです。
熱源もお店の雰囲気に合わせてお選び頂けます。
炭火
セラミック炭
熔岩セラミックス
熱板
繁盛店づくりを支えるシンポ製品。
使い捨てグリスフィルタはもう不要。3Dフィルタ
どの向きで置いても先端がテーブル面に触れないトング
美味しく焼き上げるための秘密 オリジナル焼網
シンポの無煙ロースターは五徳で鍋料理もできます。
煙の効果でおいしさの演出。昇降式スリムフード
脱煙・脱臭効率95%以上 油煙・臭気処理装置
焼肉店設置例
焼肉ビジネスフェア2015
に出店いたします。
東京会場 2015年1月21日（水）▶22日（木） 10:00~17:00 池袋サンシャインシティ文化会館
大阪会場 2015年2月3日（火）▶4日（水） 10:00~17:00 大阪南港 ATC ホール
無料ご招待状をご用意いたしております。
ご利用の方はお気軽にお問い合わせください。
無煙ロースタートータルシステムプロダクツ
シンポ株式会社®
中国販売子会社／神府貿易(上海)有限公司
本　　社 /名古屋市名東区若葉台110番地 TEL.052-776-2231 FAX.052-776-2263
札幌支店/東京支店/名古屋支店 /大阪支店/仙台営業所 /福岡営業所/海外事業部/名古屋工場
ベストサービス24 シンポだからできる! 24時間つながる365日メンテナンスサービス

育ちの良さに自信あり。

ニュージーランドの緑豊かな大自然、さわやかな風、新鮮な空気。大地いっぱいに広がる栄養豊富な牧草だけを食べて育ったニュージーランド牧草牛。のびのびとストレスフリーの環境だから、自然のおいしさにあふれています。

本来のえさである牧草を食べている牧草牛には、「鉄分」や「オメガ3脂肪酸」など、大切な栄養素が、穀物を飼料とする牛（穀物牛）よりも多く含まれています。

「低カロリー」「低脂肪」「低悪玉コレステロール」現代人の健康でありたいという願いにかなう、理想的な赤身牛肉です。ニュージーランド育ち。自然育ち。ぜひ、牧草牛ならではの、栄養と自然なおいしさをお試しください。

自然育ちのヘルシービーフ
NEW ZEALAND 牧草牛

www.newzealand-beef.jp

beef+lamb new zealand

ビーフ アンド ラム ニュージーランド
〒141-0022 東京都品川区東五反田1-10-7 アイオス五反田ビル807号
TEL: 03-6277-4611　FAX: 03-6277-4613　お問い合わせ: info@newzealand-beef.jp

肉をやわらか〜くします。肉をおいし〜くします。

ぶどうのちから

ヴィネッタ

自然の果実が肉の美味しさを最大限に引き出します。

「ヴィネッタ」は、イオン反発原理を利用した新技術の果実調味料。
粉末の「ヴィネッタ」を水に溶かし、一定時間お肉を浸漬するだけで、肉料理が一層美味しく、柔らかく仕上がります。

- ●ヴィネッタは酵素製剤（食品添加物）とは異なり、「調味料」ですので、安心してお使いいただけます。
- ●肉質を柔らかくし、しかも肉重量が増加します。
- ●肉本来の旨み成分を引き出し、お肉のクサミを軽減できます。
- ●料理が冷めても、お肉が硬くなりません。
- ●煮込み料理が早く仕上がります。

無料サンプルと使用マニュアル差し上げます!!

【包装形態】500g×12袋/段ボール

ヴィネッタは、ホテル、飲食店、ステーキ店、焼肉店、惣菜メーカー等で使用され、高い評価を得ています。

内外マシーナリー株式会社
【製造元:株式会社キティー】

詳しくはコチラ▶　http://naigai-ma.com/
〒101-0046 東京都千代田区神田多町2−2−22 千代田ビル
TEL.03（5256）4611 FAX.03（5256）4612

※こちらの商品は、高瀬物産㈱ または 服部コーヒーフーズ㈱ からもご購入いただけます。

焼肉の技術

いま注目の視点

本書で紹介した大評判焼肉店の「焼肉の技術」からも分かるように、現代の焼肉メニューの商品開発には、様々な面において新しい視点がある。その中でもいま特に注目したい視点を、本書の最後に解説しておきたい。

肉の仕入れ 注目の視点

一 等級の高さだけで肉を選ばない

まず最初に、「焼肉の技術」と深く関連している「肉の仕入れ」について、いま注目される視点を取り上げてみたい。

一つめの注目点は、「等級の高さだけで肉を選ばない」という焼肉店が増えているように感じられる点だ。たとえば、国産牛肉の等級の最高クラスはＡ５。そのＡ５を「あえて使わない」という取材店の声を聞くようになった。

注目したいのは、その理由が「価格」だけではないこと。Ａ５は当然、仕入れ価格が高くなるが、「あえてＡ５を使わない」理由は別にある。「Ａ５はサシが強すぎて、お客様が量を食べられない」「Ａ５はサシが強すぎて、自店のタレに合わない」などの理由からＡ５は使わず、Ａ４以下の等級を選んでいるのである。

また、Ａ５を使っている店からも、こんな声を聞く。「Ａ５にも色々あるのは確か。中には、サシが多いだけで脂っぽさばかりを感じてしまうＡ５もあるが、本当においしいＡ５のサシはやっぱり格別に旨い」。「バラ系に関してはＡ５だとサシが強すぎることもあるが、モモ系などの赤身の部位は、Ａ５だと適度にサシが入っていてお客様の評判がすこぶるいい」。Ａ５の評価が高いことに変わりがないことが分かると同時に、無条件で高い評価をしているわけではないという姿勢もうかがえる。

これらの声から言えるのは、牛肉の等級は大事な目安ではあるものの、だからといって、それがすべてではない。そういう仕入れの視点を持った焼肉店が多くなっているということではないだろうか。

とことんおいしいＡ５にこだわる店もあれば、あえてＡ５ではなくＡ４以下を使う店もある。さらに言えば、国産ではなく、輸入牛肉のよさを存分に生かす店もある。

どんな等級や産地の牛肉を選ぶにしても、最終的に大事なことは、自店が仕入れる肉のよさを、売れるメニュー開発にしっかりとつなげること。そこが真の勝負どころになっているからこそ、「等級の高さだけで肉を選ばない」という声が多く聞かれるようになってきたと言える。

二 ロスが出ない状態で仕入れる店も

肉の仕入れに関するもう一つの注目点は、「ロスが出ない状態で仕入れる」ということ。これだけ聞くと、ロスの出ない状態で仕入れるのがいいのは当たり前…と思われるかもしれないが、いわゆる〝職人の技術〟をベースにしている焼肉店では、自店で肉をさばくブロック肉で仕入れているケースが多い。

その場合、部位にもよるが、肉をさばく際にかなりの量のスジや脂を破棄する。破棄するということは、「ロスが出る状態」の肉を仕入れているということだ。

なぜ、そうした仕入れを行なうのか。当然ながら、その大きな理由の一つは仕入れ単価が下がるからである。焼肉店が自店で肉をさばけば、卸し業者で肉をさばく手間が減るので、その分、仕入れ単価が下がる。逆に言えば、卸し業者に脂やスジをきれいに掃除してもらった「ロスが出ない状態」で仕入れれば、一般的には仕入れ単価が上がることになる。

ここで注目したい視点というのは、仕入れ単価が上がっても、あえて「ロスが出ない状態で仕入れる」という考え方があることだ。〝職人の技術〟をベースにした焼肉店であっても、そうした考え方をする店があるのだ。店によっては、肉の仕込みがほとんど終わっている状態（少し残っているスジや脂をとって肉をカットすれば提供できる状態）で仕入れているケースがある。

では、なぜ肉の掃除の多くを業者にまかせるのか。その大きな理由は、「仕入れ単価が上がっても、店で肉をさばく手間の大きさを考えれば業者にまかせた方がいい」という考え方にあるが、それだけではなさそうだ。他にも「自店で肉をさばけばロス活用の利益商品を開発できるかもしれないが、売れなければ手間がかかるだけ。だったら最初からロスが出にくい状態で仕入れた方がいい」「肉の業者には肉をさばくプロがいる。だから、そこはまかせる」などの理由から、〝職人の技術〟をベースにした焼肉店でも業者に仕込みをまかせるのである。そして、「仕込みの手間は省くが、お客様に提供する最終的な肉のカットにはこだわる」という形で、〝職人の技術〟を生かしている。

ここで紹介した仕入れの考え方は、これが正しいかどうかという話しではない。そうした考え方もあるということだ。店で肉をさばくにしても、そこを業者にまかせるにしても、やはり大事なのは、自店が選んだ仕入れ方法の長所をより生かし、短所を少なくするということだろう。

「うちが取り引きしている業者さんは、肉の仕入れについて細かいことまで相談にのってくれる」。取材する焼肉店で、そんな話を聞く機会も増えたように感じる。つまり、仕入れの方法は色々と選択できる。だからこそ、自店が選ぶ仕入れ方法の長所がどこにあるのか、それを生かしきれているのかを、より探求することがますます大切になっている。

一　部位ごとのカット技術を追求

ここまで本書をお読みの方々はお分かりの通り、本書は「焼肉の技術」の中でも、特に「肉の切り方」をクローズアップしている。理由は現代の評判焼肉店には、「肉の切り方」に特徴があると強く感じたからである。

その特徴の一つが、「各部位ごとのカット技術を追求していること」。もちろん、いまに限らず、昔から各部位ごとのカット技術を追求している店は少なくないに違いないが、現代においては、その技術が焼肉メニューの商品力により反映されやすくなっていると言える。

背景にはカルビ、ロースという従来の商品化だけではなく、ミスジ、ザブトン、カイノミ…といった「小分割部位」の焼肉メニューが一般的にも広く認知されるようになったからだろう。小分割部位は店や地域によって呼び名が違うなど、統一された部位名は確立されていないものもあるが、下の図で例を紹介した通り、現代の焼肉店では多彩な部位が商品化されている。そして、それぞれの小分割部位には肉質の違いがある。その部位ごとの肉質をどう生かすか。そうした視点で「肉の切り方」が探求されている。

また、従来のカルビやロースを基本とした売り方でも、「肉の切り方」は大事なポイントになっている。いまでは多くの店で提供されるようになったサイコロ状のカルビや、薄切りの焼きしゃぶロースなどからもそれは分かる。タンにおいては、ステーキのような超厚切りから、一枚が長い薄切りのカットまで、「同じタンでもここまで違うのか！」と驚くほどカットの仕方が多様化している。こうした商品開発においても、各部位ごとの肉のかたさややわらかさ、スジの入り方などを踏まえて「肉の切り方」を工夫することが大切であることに変わりはない。ひと昔前よりも「肉の切り方」が重要な要素になっており、それが焼肉メニューの商品価値を高めている。

そして、商品価値が高まっているのは、現代の焼肉ファンが、「肉の切り方」による食感や味わいの違いに、おいしさの差を感じるようになっているからに他ならない。それだけ焼肉ファンの味覚も肥えている。だからこそ「肉の切り方」にいまスポットが当たっ

主な小分割部位

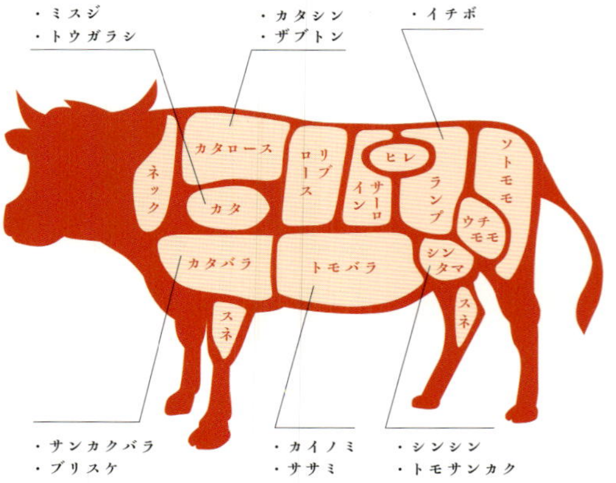

「小分割部位」の主な例。地域や店によって呼び名や規格（部位の場所や成形した時の肉の形等）が違うものもあるので、あくまで一例だが、いま焼肉店では、これらの部位名で商品化された焼肉が増え、各部位ごとの「焼肉の技術」がより注目されるようになった。

ている。そうした中で、焼肉メニューにおける「肉の切り方」は今後さらに重要なポイントとして注目されるだろう。たとえば本書の中で紹介している「同じ小分割部位でも、肉の場所によって切り方を変える」といった技術も、より深く探求されていくのではないだろうか。

二　店の焼肉哲学にともなう技術

では実際に、「肉の切り方」の技術を向上しようと考えた場合に、何がポイントになるのか。もちろん肉の目利きや肉質を見極める力、庖丁のテクニックも大事だが、まず必要なのは「自分の店は、お客様にどんな焼肉を食べてもらいたいのか」を、しっかりと考えることではないだろうか。

たとえば、「肉のカットは大きめにし、インパクトのある焼肉を提供したい」という店と、「肉のカットは小さめにし、食べやすさを重視した焼肉を提供したい」という店では、自ずと「肉の切り方」は違ってくる。これは分かりやすい例として紹介したが、他にも「お酒のつまみになる濃い味付けの焼肉を提供したい。そのためにタレがよくなじむように細かく庖丁を入れる」など、味付けの考え方によっても「肉の切り方」は変わってくる。「どんな焼肉を食べてもらいたいのか」という〝焼肉哲学〟を、いかに具現化するのかという視点を持つことが、「肉の切り方」の向上につながるのではないだろうか。

ただし、言うまでもないかもしれないが、〝焼肉哲学〟といっても、ひとりよがりの押し付けでは上手くいくとは限らない。お客に受け入れられ、「また食べたい！」と思ってもらえてこそ、その〝焼肉哲学〟と〝焼肉技術〟が真価を発揮することになる。

肉の味付け　注目の視点

一　塩からタレへ。そんな動きが

「味付け」に関する注目点としては、まず「塩からタレへ」という動きが感じられる。タン塩をはじめ、塩・胡椒などのシンプルな塩焼きの焼肉も人気があることに変わりはないが、少し状況が変わってきた印象だ。

というのも、十数年前から塩焼きで食べるロースやハラミ、ホルモンなどの人気が高まり、それまでは「タレ」が主流だった焼肉業界に「塩焼き」のブームが起きた。そうした中、「いい素材は塩焼きが旨い」という感覚が売り手にも食べ手にも広がり、たとえばサーロインやリブロースなどの高級部位を「塩焼き」で提供する焼肉店が増えた。この「塩焼き」のブームが、焼肉の味わい方に広がりを持たせることになったのは確かだ。

しかし、「いい素材は塩焼きが旨いと決めつけるのはどうか」。そんな疑問を呈するような形で、最近は高級部位でもあえて「タレ」をおすすめするというケースも目に付くようになった。少し状況が変わってきたというのは、そういうことである。

たとえば、サーロインをタレで提供する場合は、タレに合う肉の大きさや厚みを工夫し、高級部位ならではの肉の旨さと、タレ焼肉ならではの甘みや香ばしさを調和させる。そんな「タレ焼肉」のおいしさを探求している店が増えていると言える。

また、比較的、塩焼きが定着しているロース系や赤身系の部位で、「タレ焼肉」の旨さも追求している店が増えてきた印象だ。赤身系の部位に合うさらっとしたタレにするなどし、「塩焼きも旨いが、タレも捨てがたい」と思わせる味づくりを工夫している。

赤身肉ブームと言われる時代だけに、赤身肉と焼肉のタレの融合も、いま注目されるポイントと言える。

二 新しい調味料・薬味が続々

「味付け」に関しては、新しい調味料・薬味を取り入れた焼肉も多くなってきた。本書でも、「柚子胡椒」で味付けしたテッチャンや、「塩昆布」と一緒に食べる塩タンなどを紹介。新しい調味料・薬味を使った焼肉が、現代の焼肉ファンを魅了している。

　これは、おまかせのコースで焼肉を提供し、人気を博する店が目立ってきたこととも関係していると言える。おまかせのコースでは、どの肉を、どの味付けで、どの順番で出すのかという〝コースの流れ〟がポイントになる。コースの流れの中でアクセントとなる味付けを工夫する際に、新しい調味料・薬味がより効果的な役割を果たしているのだ。言い方を変えれば、新しい調味料・薬味の活用で、焼肉店のコースの可能性がさらに広がっている。これも、一つの焼肉の進化ではないだろうか。

肉の提供法 注目の視点

一 多様な盛り付け、皿の大きさ

　本書をご覧になっていただいても分かるように、いま焼肉メニューの盛り付けは多様なスタイルがある。お皿の大きさ一つとっても、それぞれの店の個性が感じられる。ひと昔前、多くの焼肉店が画一的なお皿と盛り付けだったことを考えれば、時代が大きく変わったことを実感する。

　しかも、単にお洒落な盛り付けにしたというレベルの工夫ではない。たとえば、肉の切り方にこだわれば、その肉の形や断面をより美しく見せる盛り付けを考える。あるいは、肉の迫力を感じてもらうために、あえて小さめの皿を使うといった計算もされている。また、エンターテイメント性にとことんこだわった見せ方を工夫したり、和風の空間に合わせて趣きのある和食器を用いるなど、店のコンセプトが反映された盛り付けも多くなっている。

　盛り付けは、お客への最終的なプレゼンテーションである。いくら肉の切り方や味付けの技術を駆使しても、この最終的なプレゼンテーションがいま一つだと、商品価値を下げることにもなりかねない。その点をしっかりと認識し、盛り付けを工夫している店がどんどん増えている。

　盛り付けや器づかいも大事な〝焼肉の技術〟。そうした姿勢で商品開発に臨む焼肉店の情熱が、焼肉メニューをもっと魅力的なものにしていくことだろう。

二 商品力を高める焼き方の技

先ほど、「盛り付けが最終的なプレゼンテーション」と書いたが、実は、その先のプレゼンテーションに力を入れる店が増えているのも、現代の焼肉店の時流と言える。それが、「焼き方の技」である。つまり、焼肉をテーブルに運ぶだけでは終わらないのである。焼肉をテーブルに運んだ後、焼肉をよりおいしく焼き上げる「焼き方の技」を、店主やスタッフがお客の前で披露するのだ。〝お客が焼く焼肉〟ではなく、〝店のスタッフが焼く焼肉〟を売り物にしている店が目立ってきている。

　当然だが経営的に見れば、これは人手がかかる。それでも、スタッフが焼肉を焼く店が増えてきているのはなぜか。肉を焼く際の接客トークなども含めて、よりおいしく焼き上げる「焼き方の技」が高い商品価値になっているからだろう。

焼肉店にとって、それが必ず必要かと言えば、そうとは限らない。いろいろなタイプの焼肉店があり、スタッフが焼かなくても大人気の店はたくさんある。それでも、現代の焼肉業界において、注目の動きであるのは確かだ。

いま、焼肉マニアと呼ばれるようなグルメな人たちの間では、「部位ごとのおいしい焼き方」や、「炭火やガス火ごとのおいしい焼き方」などが知識として広がっているという。焼肉店においても、「おいしい焼き方」についての知識を一層深めることは、焼肉のプロとして大事な心構えかもしれない。スタッフが焼くかどうかは別にして、「おいしい焼き方」の知識はお客への焼き方のアドバイスなどにも生かすことができそうだ。

これからも焼肉は進化する そして多くの焼肉店に可能性がある

以上、「焼肉の技術」について注目の視点を解説してきたが、最後に付け加えておきたいのは、焼肉はこれからも進化する可能性を大いに秘めていること。そして、それは一部の店だけの話ではなく、多くの焼肉店にとって可能性があるということだ。

まず、本書がスポットを当てた「焼肉の技術」は、それぞれの店の創意工夫が溢れている。いわゆる〝基本の技術〟と言われるものとは違い、そうした〝独自の技術〟には創造性がある。それによって多様な〝おいしい焼肉〟が生まれることで、今後も焼肉は進化を遂げていくだろう。

そして、進化した「焼肉の技術」は、これからより多くの店で見られるようになるのではないか。店の業態やタイプによっては、調理や接客のオペレーション面で、できることが限られるケースも多い。しかし、すべての焼肉メニューではなく、一部の焼肉メニューに取り入れるやり方であれば、多くの店が挑戦しやすくなる。庖丁技のひと手間を加えた焼肉や、味付けに少し凝った焼肉、スタッフが焼く焼肉などを、メニューの一部に取り入れるのである。メニューの一部であっても、それによって店の評判がグッと高まる可能性もあるのだ。

経営には色々な側面があり、これは考え方の一例に過ぎないが、それでも一つの考え方として参考になれば幸いである。

※本稿の記述にある焼肉店の声は、本書の取材店だけでなく、小社刊行の年刊誌「焼肉店」などの取材店の声も紹介しています。この場を借りて、取材にご協力いただいている焼肉店の方々すべてに、心より御礼申し上げます。

焼肉の技術 大評判店の「肉の切り方」「味付け」「提供法」

発行日　2015年1月9日　初版発行
2019年4月13日　第3版発行

編　者　旭屋出版編集部《あさひやしゅっぱんへんしゅうぶ》

発行者　早嶋　茂
制作者　永瀬正人
発行所　株式会社　旭屋出版
〒160-0005
東京都新宿区愛住町23番地2 ベルックス新宿ビルII 6階

電　話　03（5369）6423（販売部）
03（5369）6424（編集部）
03（5369）6422（広告部）
F A X　03（5369）6431（販売部）
旭屋出版ホームページ　http://www.asahiya-jp.com
郵便振替　00150-1-19572

デザイン　三村 漢（niwa no niwa）　山本怜央

構成・編集　駒井麻子

撮　影　後藤弘行　曽我浩一郎（社内）
佐々木雅久　キミヒロ　川井裕一郎
㈱トライアウト　渡部恭弘　三佐和隆士

編　集　亀高 斉
※北浦岳朗　榎本総子　細田泰隆

印刷・製本　株式会社シナノ印刷

ISBN978-4-7511-1115-4 C2077
※定価はカバーにあります。